컴퓨터 통신언어 연구

A Study of Computer Communication Language

컴퓨터 통신언어 연구

A Study of Computer Communication Language

정진수

머리말

컴퓨터 통신언어는 저자가 대학원 진학을 생각할 때부터 연구 주제로 삼고자 했던 것이다. 그 당시는 인터넷과 모뎀을 이용한 BBS가 공존하던 시기였고 언어학 연구분야에서도 막 컴퓨터 통신언어에 대한 논의가 시작되던 때였다. 통신언어는 그 변화가 매우 불규칙적일 뿐만 아니라 어느 것 하나로 정의되기 힘든 언어이다. 그래서 한때는 다른 연구 주제에 관심을 갖기도 했지만 역시 통신언어 만큼 흥미로운 주제는 없었다. 통신언어는 컴퓨터 통신에서든 통신을 벗어나서든 재미있다라는 느낌을 준다. 어떤 경우에는 언어연구자 사이에서 일시적 현상이라거나 사회적 방언의 하나로 취급되어 무시되기도 한다. 그러나 몇몇 언어학자에 의해 컴퓨터 통신언어에 대한 산발적인 논의가 있어 왔고 매년 한글날이면 통신언어로 인한 한글오염이 회자되곤 하였다. 2000년 문화관광부에서 통신언어에 대한 체계적인 연구보고서가 발표되었다.(바람직한 통신언어 확립을 위한 기초연구, 이정복) 그리고 통신 어휘를 수집하여 정리하기도 하였다. 이러한 체계적인 연구 활동은 나의 연구를 더욱 충실하게 해주었고 그 결과로 「컴퓨터 통신언어 연구」라는 학위 논문을 내놓을 수 있었다.

이 책은 2003년 12월에 쓴 박사학위 논문을 수정 보완한 것이다. 통신언어가 가지는 언어적 특성들을 다 담아보고자 했지만 결국 일부분에 대한 연구만 가까스로 하였다. 통신언어를 본격적으로 파헤쳐 연구하고 들기는 쉬운 일이 아니었다. 나는 매우 어려운 과정을 통해 너무 작은 결과를 만든 것 같은 느낌이다.

이 책을 내놓기까지 나와 더불어 가장 고생하신 분은 지도교수이신

김희숙 교수님이시다. 부족한 제자를 너무 어여삐 봐주셔서 많은 부분을 배려해 주셨다. 또한 어리석은 제자를 위해 많은 조언을 아끼지 않으셨던 김영진, 강규선, 정종진, 권희돈, 양희철, 임승빈 교수님들께도 항상 고마움을 느낀다. 학위과정 중에 퇴임하셨지만 항상 마음 써주신 맹택영 교수님과 항상 열심히 공부하시는 모습을 묵묵히 보여 주셨던 고 유재일 교수님 또한 항상 죄송하고 고마운 분들이다. 그리고 많이 부족한 논문을 열심히 보아주시고 지도해 주신 조항범 교수님과 박병철 교수님께도 항상 고맙고 너무 기대에 못 미치는 듯하여 죄송한 마음이다.

학문에 힘들어 할 때마다 항상 힘을 준 선배들께도 고마움을 전하고 싶다. 학문적으로 부족한 부분을 열심히 짚어주던 황경수, 김상태 선배, 힘들어 할 때마다 격려와 질타를 해주던 한규섭 선배 모두 고마움을 전하고 싶다.

마지막으로 남편 뒷바라지에 항상 고생한 아내와 전화 통화할 때면 '아빠 공부 언제 끝나?'라고 묻던 아들 의종이에게 고마움을 전한다.

2005년 1월

새로운 시작을 준비하며 저자 씀

차 례

차 례

표차례

표차례

표차례

표차례

표차례

표차례

1. 시작하며

1.1 컴퓨터 통신언어에 대한 문제제기

이 연구는 컴퓨터 통신에 의해 변이된 언어가 일반언어[1]와 어떤 차이가 있는가를 언어학적으로 해석하는 것을 목적으로 하고 있다. 근래 들어서 빈번한 컴퓨터 통신언어의 사용은 온라인(on-line)뿐만 아니라 오프라인(off-line)까지도 영향을 주어 특히 젊은 세대를 중심으로 급격한 언어변이가 나타나고 있다. 언어라는 것은 기본적으로 세월의 흐름에 따라 변이되는 것이지만 근래 언어변이는 속도가 너무 빨라서 언중의 언어사용이 언어변이를 따라가지 못하고 있는 실정이다. 그렇기 때문에 컴퓨터 통신언어에 대한 제반 언어학적 연구가 필요하다고 할 수 있다.

인간에 있어서 언어의 존재라는 것은 인류 사회를 발전 시켜온 원동력이라 해도 과언은 아니다. 언어의 존재로 인해 인간은 상호간 의사소통이 가능해졌고, 지식의 전승과 공유가 가능해져 인간만의 고유한 문명을 이룩할 수 있었다. 지금의 인간사회가 이룩된 것은 결국 언어의 힘이었다고 할 수 있을 것이다. 문화(文化)와 문명(文明)이라는 단어에 언어(文)가 들어있다는 것은 그만큼 언어가 중요한 위치를 차지하고 있다는 것을 증명하고 있는지도 모른다.

원시사회에서 인간은 그저 약한 동물로서 존재했고, 개인사이에 의사

---

1) 컴퓨터 통신언어와 대비되는 일반언어활동의 언어를 의미한다.

소통이 가능해 지면서 집단을 이루었고, 가진 지식을 공유하여 문명의 토대를 이루었을 것이다. 언어시대로 진입하면서 인간은 역사를 갖게되었고 지식의 공유가 시간과 공간을 넘어 가능하게 된 것이다. 구술에 이어 문자가 발명되고 쓰이게 되면서 정보는 더욱 정확하게 시간과 공간의 제약을 넘을 수 있었다. 그 문자로 인해 현대문명의 토대가 마련되었고, 문자의 인지정도가 문명의 발달 척도가 되었다. 이러한 문자는 농업혁명과 산업혁명에 이어 정보혁명이라는 인류문명의 새로운 장을 열게 되었다. 이 문명사의 새로운 장을 열 수 있게 해준 결정적인 매개체는 인쇄술의 발명 이후 최고의 발명품인 컴퓨터일 것이다.

컴퓨터가 등장함으로 해서 좀더 손쉽게 정보를 보관하고, 검색하고, 출력하고, 전달할 수 있게 된 것이다. 방대한 양의 백과사전도 한 장의 CD-ROM 안에 담겨져 손쉽게 정보를 검색하고 이용할 수 있게 된 것이다. 이런 컴퓨터는 이용의 편리함에 전문적인 분야에서 점점 인류의 일상에 이용되기 시작하였고 급속하게 진보되었다. 진보된 컴퓨터는 이제 컴퓨터 고유의 공간을 만들게 되었는데, 그것이 인터넷(Internet)으로 대변되는 컴퓨터 네트워크이다. 이 거대한 컴퓨터 네트워크는 인간의 상상력과 결합하여 현실과는 다른 가상의 공간을 형성하게 된다. 그리고 이 가상 공간은 정보 저장과 전달의 매체가 된다. 접속과 동시에 시간과 공간의 제약을 넘어 시청각의 자료를 공유하게 된 것이다. 컴퓨터에 의해 형성된 가상의 공간(Cyberspace)[2]은 현실 공간(Realspace)이 가진 제약에서 벗어나는 즉, 말 그대로 거짓과 상상이 존재할 수 있는 공간이 되었다. 여기에 컴퓨터 네트워크가 가지는 익명성은 현실에 대한 일탈을 가속시키게 된다.

가상공간에서 발생하는 일탈은 현실공간이 가진 상상력의 제약에서 벗어나는 것이고 사회규범에서 벗어나는 것이기도 하다. 컴퓨터 통신에

2) 사이버스페이스(Cyberspace)라는 말은 윌리엄 깁슨의 소설 『뉴로맨서(Neuromeancer)』에서 처음 사용되었으며 깁슨에 의하면 매일 수억의 사람들이 합의된 환각에 빠지게 하는 세계적인 통신 네트워크를 가리킨다.

서 사용되는 언어도 언어 규범에서 벗어나 사용되기도 한다. 컴퓨터는 그 탄생 때부터 일반언어와는 다른 언어를 가지고 다루어져 왔다. 베이직(BASIC), 코볼(COBOL), C언어(C language) 등이 그것이다. 그러다 점차로 인간 생활과 밀착되면서 일반적으로 사용되는 어휘로 컴퓨터를 다룰 수 있게 발전하였다. 그리고 지금에 와서는 다양한 소프트웨어로 인해 그 사용이 더욱 편리해졌다. 이러한 상황이다 보니 컴퓨터 네트워크 또한 초기의 전기적인 신호만을 주고받아 그것을 따로 해석해야 했지만, 컴퓨터가 점차로 인간 생활과 밀착되면서 일반적으로 사용되는 언어를 점점 많이 사용하게 되었다. 지금에 와서는 컴퓨터를 통해 일반적으로 사용되는 언어를 실시간으로 주고받는 '대화'[3]가 가능해졌다.

컴퓨터를 이용한 실시간 통신에서 가장 중요한 요건은 안정성과 속도인데 초기 컴퓨터 통신에서는 그러한 안정성과 속도를 보장받지 못하였다. 불안정성, 느린 속도와 그로 인한 비용 문제는 통신 공간 언어활동에 많은 제약을 가져왔고, 이것이 경제성을 추구하는 통신언어로 나타나기 시작하였다. 현재는 초기 컴퓨터 통신의 제약에서 벗어나 수많은 정보와 온라인 컨텐츠를 효율적으로 사용할 수 있게 되었다. 그럼에도 초기 컴퓨터 통신의 제약에 의해 발생된 통신언어는 더욱 많이 사용되고 있다.

우리나라는 국가적인 컴퓨터 통신망의 보급에 힘입어 컴퓨터 통신 사용자가 급격히 증가하여 컴퓨터 통신이 본격적으로 시작된 지[4] 10년 만인 1996년에 200만을 넘어섰고,[5] 다시 4년 후인 2000년에는 1,600만에

---

3) 이 논문에서 '대화'란 단순히 실시간으로 주고받는 대화뿐만 아니라 전자게시판이나 전자우편 등 컴퓨터 통신상에서 이루어지는 언어활동 전체를 뜻한다.

4) 1986년 한국데이타통신(현 데이콤)에서 H-MAIL을 처음 서비스를 시작함으로서 국내의 PC통신이 시작되었다. 물론 그 전에 일부 선각자들이 운영한 사설 BBS들이 있었으나, 컴퓨터와 모뎀가격이 워낙 비싸서 그렇게 활성화되지는 못했다. 한국데이타통신은 처음엔 H-MAIL로 전자우편(E-MAIL) 서비스를 시작하였으나, 얼마 후 여러 곳의 정보 제공자(IP ; Information Provider)들에게 정보를 제공받아 이용자에게 필요한 정보를 검색할 수 있게 하는 데이타베이스 서비스(천리안II)를 시작했다. 네이버 지식in 웹페이지, '한국가정에 최초로 인터넷이 들어온 날?', http://kin.naver.com/browse/db_detail.php?dir_id=10301&docid=48655

이르렀으며,[6] 현재 약 2,900만 명이 컴퓨터 통신을 사용하고 있다고 한다.[7] 이런 컴퓨터 통신의 보급은 컴퓨터 통신언어를 빠르게 확산시켰고, 언중에게 많은 영향을 주고 있다.

컴퓨터 통신공간 즉, 가상공간이 현실공간에서 일탈의 특성을 갖는다는 것은 앞서 이야기한 바 있다. 통신언어는 단순한 언어 경제 원리라고 하기보다는 가상공간의 일탈이 언어에 나타난 것으로도 볼 수 있다. 대부분 문자언어로 이루어지는 통신공간의 '대화'는 처음에는 표준적인 표기체계에 맞추어 사용되었지만 조금씩 쓰기 편리에 의해 변이되었고, 일반언어활동[8]과 가상공간 언어활동에 차이가 나타나 일반언어와 통신언어를 구분짓게 하였다. 표준적인 표기체계에서 벗어나 개개인마다 자유롭게 표기하는 것으로 언어 규범에 대한 일탈이 일어난 것이다. 이러한 현상은 때때로 언어의 기본 기능인 의사소통을 불가능하게 만들기도 하였다. 컴퓨터 통신 사용자들도 그들 사이에서 사용되는 언어를 이해하지 못하거나, 의미 전달 오류로 본래 의미를 왜곡시키기도 한다.

통신 사용자 증가에 따라 표준 언어 규범에서 일탈한 언어가 일반언어활동에 부정적 영향을 미치고 있는 것이다. 따라서 컴퓨터 통신언어를 언어학적 측면으로 해석하여 원인을 규명하고 표준 언어 규범을 올바르게 세우는 일이 필요하다. 언어학적으로 통신언어와 일반언어를 분석하

---

5) 동아일보, 1996. 5. 7. 「PC통신 유료가입 1백만 명 돌파」.

6) 이정복(2000가:99).

7) 송관호(한국인터넷정보센터 원장)=올해 7월 전국을 대상으로 저희 센터가 조사한 바에 따르면 우리나라 인터넷 인구는 이미 2,900만 명에 육박하고 있다. 이는 우리나라 전체 인구의 65% 이상이 사이버 공간에서 생활하고 있음을 의미하는 것이다. 초고속망이 보급된 가구수도 1,100만 호에 달해 포화상태에 접어들었으며 이동전화 가입자는 3300만 명에 이르는 등 놀라운 현황을 보여주고 있다. 인터넷 kr 도메인 역시 55만여 건에 달하는 등 4년 전 2만 건에 비해 폭발적인 신장을 기록했다. 더욱이 인터넷은 이제 단순한 e메일이나 정보검색 수단을 넘어 전자상거래, 전자정부, 사이버대학, 사이버뱅킹, 사이버공동체 등 모든 경제, 사회활동의 실질적인 공간이 됐다.
전자신문 2003. 9. 30. 「[인터넷 거버넌스]토론회-인터넷 기술과 인간사회 변화, 대응」.

8) 본고에서 컴퓨터 통신언어와 대비되는 통신공간 밖의 즉, 현실공간에서 이루어지는 언어활동을 의미한다.

여 나타난 차이는 통신언어와 일반언어를 구별지을 수 있는 기준이 된다. 이러한 기준을 통해 통신언어의 부정적인 측면을 해소하고 한국어를 긍정적인 방향으로 이끌 수 있을 것이다.

여기서는 우선 이미 많이 진행된 기존 연구를 토대로 통신어휘를 정리하고자 한다. 다음으로 통신언어 텍스트를 통한 문법체계에 대해 알아보고자 한다. 통신언어 텍스트를 통한 문법체계에 대한 분석은 아직 본격적으로 이루어진 바가 없으므로 통신언어 텍스트를 통한 문법체계를 분석하여 통신언어로 인한 문법 파괴가 어떤 양상으로 일어나고 있는지 검증해 보고자 한다.

컴퓨터 통신이 일반생활에 많은 영향을 미치고 있다 보니 통신언어도 일반언어와 점점 밀착되고 있다. 통신언어를 언어학적으로 분석하여 컴퓨터 통신에 의한 언어변이를 해석한다면 가상공간과 현실공간이 혼재되어 가는 사회상황에서 한국어의 미래를 예측하고 긍정적인 방향으로 이끌 수 있도록 방안을 마련할 기틀이 될 수 있을 것이다.

1.2 연구방법 및 범위

컴퓨터 통신언어는 컴퓨터 통신이 일상 생활과 밀접한 관계를 맺으면서 발생하게 된 것이다. 다시 말하면 컴퓨터 통신이라는 하나의 사회적 현상이 발생하면서 생겨난 것이라고 할 수 있다. 그리고 통신언어가 문제되는 이유도 일상과 밀접하게 연관되어 사회 전체 언어와 괴리가 발생하기 때문이다. 따라서 컴퓨터 통신언어를 사회적 현상으로 보고 연구의 대상으로 삼고자 하는 것이다.

컴퓨터 통신 영역에서 벗어난 언어활동을 일반언어활동이라 하여 구별하고, 일반언어활동에 사용되는 언어를 일반언어로 규정하여 통신언어와 대조의 대상으로 삼고자 한다. 일반언어와 다른 컴퓨터 통신언어를 정의하고, 통신언어 어휘와 일반언어 어휘를 비교하며, 통신언어 텍스트와 일반언어 텍스트를 각각 분석한 뒤 그 결과를 대조하여 차이점을 정리해 나갈 것이다. 정리된 차이점은 통신언어로 인한 문제 해결의 기준으로 삼을 것이다. 컴퓨터 통신 언어가 가지는 다음 세 가지 양상을 중심으로 논의를 하고자 한다.

첫째, 컴퓨터 통신언어를 정의하고 컴퓨터 통신의 환경적 특성이 언어에 어떠한 영향을 주며, 일반언어활동에 어떠한 영향을 주는가에 대해 논의할 것이다. 이 논의를 통해 컴퓨터 통신이라는 환경이 언어 사용에 어떠한 영향을 주는지, 그리고 한국어는 어떤 영향을 받고 있는지 알아볼 수 있을 것이다.

컴퓨터 통신이 점점 일상화되어 감에 따라 통신에서 사용하는 언어의 영역도 점점 넓어진다. 이러한 상황의 컴퓨터 통신언어 환경은 현재 한국어 사용의 미래를 담보하는 세대에게 중요한 언어적 환경을 제공한다고 할 수 있다. 더구나 컴퓨터 통신은 변화에 민감한 젊은 세대가 주사용층이고, 사용자층의 범위는 위로보다는 아래로 더 빨리 확산되고 있다. 그렇기 때문에 컴퓨터 통신 사용자가 2,900만 명을 넘어서 통신언어와 일반언어를 공유하는 사용자가 많은 현재 통신언어의 환경이 한국어 환경에 미치는 영향은 중요하다고 할 수 있다. 따라서 컴퓨터 통신이 갖는 특성과 그에 따른 언어환경을 고찰하고자 한다. 그리고 통신언어와 일반언어가 환경에 의해 어떠한 차이를 보이는지, 통신언어가 한국어에 어떠한 영향을 주고 있는가를 논할 것이다. 이러한 논의는 한국어가 컴퓨터 통신의 영향으로 어떻게 변하는지 예측할 수 있게 해 줄 것이다.

둘째, 컴퓨터 통신에서 사용되는 어휘를 선별하고 일반언어와 비교하여 변이 유형을 분석하겠다. 통신언어에 의한 언어의 변질이 매우 심각해지고 있고, 더구나 일반언어로 역류 현상을 보이고 있다. 그리고 그런 역류에 대한 거부감이 점점 사라지고 있어 심각성을 보인다고 할 수 있다. 이미 국가 차원에서 통신어휘에 대한 조사가 이루어져 그 결과가 발표되기도 하였다.[9] 그만큼 한국어의 변질이 심각하다는 의미도 될 것이다. 그렇기 때문에 컴퓨터 통신에 의한 언어의 변이가 어떠한 양상으로 나타나고 그 원인은 어디에 있는지 고찰해 봄으로써 일반언어와 통신언어를 차별할 수 있는 기준을 마련하게 될 것이다. 그 기준을 통해 한국어 본래 모습을 유지하고 미래의 한국어 모습을 조망할 수 있을 것이다.

이 부분의 분석 대상이 되는 컴퓨터 통신 어휘는 인터넷 등 컴퓨터 통신에서 직접 선별한 어휘와 『컴퓨터 통신언어 사전』, 『인터넷 통신어휘 사전』에서 선별한 어휘를 대상으로 하였다. 많은 어휘를 다루기보다는 통신언어의 특성을 나타내는 어휘를 선별하여 양상을 논하고자 한다. 선별된 어휘는 체언(명사, 대명사, 수사), 용언(동사, 형용사), 수식언(관형사, 부사), 독립언(감탄사), 조사와 어미, 기타(문장기호, 비문자언어 등)로 분류하여[10] 그 형태와 의미가 어떻게 변이하였는지 살펴보고, 일반언어와 비교, 분석을 통해 변이양상을 살펴볼 것이다.

세 번째, 컴퓨터 통신어의 특징을 갖고 있는 텍스트와 일반언어영역에서 작성된 텍스트를 선정하여 각각 텍스트의 말뭉치 구축을 통해 형태소, 음소, 음절 등을 분석하고 각각의 빈도와 백분율을 구한 후 서로 대조하여 그 차이를 알아보고자 한다.

문장이라는 것은 언어의 종합체라고 할 수 있다. 한 언어가 지니는 모든 어휘와 문법의 총체라고 할 수 있다. 문장에서 나타나는 차이는 통신언어가 일반언어의 어휘뿐만 아니라 형태소 등의 문법요소도 바꿔 가고 있음을 나타내는 것이라 할 수 있다. 따라서 현재 통신언어가 일반언어와 어떠한 문법적 차이를 보이는지 알아보는 것은 중요하다고 할 수 있다. 일반언어와 통신언어 두 텍스트 분석 결과 대조를 통하여 통신언어

9) 문화관광부에서 「바람직한 통신언어 확립을 위한 기초연구」(2000), 「통신언어 어휘집」(2001)을 발간하였다.

10) 이 분류 기준은 뒤에 이야기될 국립국어연구원의 공개소프트웨어인 '지능형 형태소 분석기 2.0'의 매뉴얼에 있는 품사와 형태소를 기준으로 하였다. 매뉴얼에서 품사분류의 기준을 취하였고 관계언을 조사로, 의존형태에 따른 각 형태소를 어미로 분류하기로 하겠다. 이 기준은 어휘를 분석하는 과정에서만 사용하기로 한다. 텍스트의 분석은 직접 프로그램을 사용하였기에 프로그램의 매뉴얼을 따르지만 어휘 분석에는 위와 같이 수정하여 사용하기로 하겠다.

와 일반언어의 차이와 그 정도를 고찰하고, 한국어 문법이 통신언어에서 어떻게 나타나는지, 표준 문법과 차이가 있다면 올바른 한국어 문법을 살릴 수 있는 방안이 무엇인지 살펴보고자 한다. 이 연구를 위하여 일반언어 텍스트와 통신언어 텍스트를 선정하여 형태소를 분석하고 그 빈도를 추출하여 각각의 데이터를 만들었다.

일반언어 텍스트는 '조선일보', '중앙일보', '동아일보'의 신문기사와 고등학교 교과서의 수필 1편 그리고 이상문학상 수상 작품집에서 소설 두 편이다. 신문기사와 교과서의 지문은 그 표기가 가장 표준적인 표기에 가깝기 때문에 통신언어와 대조할 경우 일반언어와 통신언어의 차이를 극명하게 보여 줄 수 있기에 선정하였고, 문학 작품의 경우 다양한 언어의 사용 유형들이 나타날 수 있기에 선정하였다. 소설은 한국에서 대표적인 문학상 수상작품 중 비교적 통신언어의 영향을 덜 받았을 것으로 생각되는 작가의 작품인 「천지간」과 「아내의 상자」를 선정하였고 그 일부를 분석에 이용하였다.

통신언어의 텍스트는 일반언어와 대조하기 위해 신문기사와 전자게시판문, 통신소설을 각각 선정하였다. 인터넷신문은 '오마이뉴스'와 '딴지일보' 기사를 선정하였다. '오마이뉴스'의 경우 일반 메이저 신문과 마찬가지로 표준적인 표기체계를 사용하고 있지만 통신공간의 신문이라는 점에서 선정하였고, '딴지일보'는 통신언어를 사용하여 기사가 작성된다는 특성에 의해 선정하게 되었다. 그리고 포털사이트 '다음(www.daum.net)'의 인터넷 카페 게시판에 게시된 게시문 중에서 통신언어의 특성이 나타나는 게시물을 선정하였다. 인터넷 소설 작품도 선별하였는데 영화로 제작되어 대중적으로 잘 알려진 「엽기적인 그녀」와 「동갑내기 과외하기」를 선정하여 역시 일반소설과 마찬가지로 그 일부를 분석에 이용하였다.

품사와 형태소의 분석은 국립국어연구원 웹사이트에 공개된 '지능형 형태소 분석기 2.0'을 사용하였는데 분석된 결과를 그대로 이용한 것이 아니라 분석 결과를 문맥에 맞추어 수정하여 데이터화하였다. 분류 기준은 '지능형 형태소 분석기 2.0'의 매뉴얼에 있는 품사와 형태소를 기준으로 하였는데 공신력 있는 기관에서 일반에게 공개된 프로그램의 기준이라는 점에서 그 기준을 사용하였다. 분석된 결과에 대한 빈도 처리는 연세대학교 언어정보연구원 웹사이트에 공개된 '깜짝새 1.5.5 베타'를 이용하였다.

1.3 선행연구검토

통신언어에 대한 언어학적 접근은 이정민(1994)이 서울YWCA에서 주최한 조사 결과 보고 및 토론회의 주제 강연문인 「PC통신이 청소년 언어에 미치는 영향」이 처음이다. 이정민은 이 글에서 통신언어와 일상언어를 규범적으로 비교하여 통신언어의 특징을 발음되는 더로 적기, 축약된 형태로 적기, 생략과 애용, 명사형 어미로 맺음, 말투더로 쓰기를 들었다. 이 연구는 체계가 간소하기는 하지만 통신언어의 주요 현상들을 포괄적으로 지적하였다는 점에서 주목된다.

이정복(1997)은 컴퓨터 통신에서 사용되는 외래어의 순화를 논의하면서 '약어'라는 표현으로 일부 컴퓨터 통신언어를 다루고 있다. 이정복은 이후 단순한 실태조사 차원을 넘어 주로 사회언어학적 접근을 통해 통신언어의 실태를 조사하고 분석하였다.

천리안 자료로 인하대학교 국어국문학과로만 알려져 있는 「컴퓨터 통신어 연구 - 통신대화실 Chatting語를 중심으로」는 본격적으로 통신어의 개념과 유형을 논하고 있다. 통신언어란 광의의 의미에서 컴퓨터 통신에서 사용되는 모든 관련 용어 및 문장을 말한다고 전제하고 협의의 의미로 통신의 기본 개념인 채팅에서 사용하는 문자대화만을 통신어라 개념 정리를 하고 있다. 그러면서 통신언어의 형태상 특징을 축약, 생략, 형태의 장형화, 전이 등으로, 어휘상의 특징을 일반적인 속어와 중복되는 어휘, 통신에서만 사용하는 어휘로 분류하여 고찰하고 있다. 그 밖의 특징으로는 '-방'의 생산성, 인사말, 대화 중 사용되는 간단한 표현(의성어, 의태어)을 다루고 있다. 그러면서 컴퓨터의 필요성이 늘어가는 만큼 통신언어의 연구와 일상 언어생활에 미치는 영향에 대한 연구의 필요성을 강조하고 있다. 그러나 이 자료 경우 출처는 있으나 연구자가 밝혀지지 않은 관계로 공신력을 얻지 못하고 있다.

권연진(1998)은 통신언어의 개념에 대해서는 천리안 출처 자료와 같은 견해를 보이면서 컴퓨터 통신의 특징에 대해 다음의 다섯 가지를 들고 있다.

첫째, 컴퓨터 통신의 대화는 속도를 높이기 위해 간결하고 의미 전달이 명확한 언어를 사용해서 대화하며, 통신비를 줄이기 위해 원래 글자 형태를 모두 표현한다는 것이 비효율적이고 구차하여 될 수 있으면 축약형을 쓴다. 둘째, 컴퓨터 통신 세대는 개인적이고 동시에 솔직하며 직설적이다. 그래서 감각적인 언어를 선호한다. 셋째, 통신 이용자들은 자신의 실명이 아닌 ID라는 암호화된 이름을 가지고 대화에 참가한다. 따라서 통신에서 금기 사항으로 여기고 있는 성 폭언이 대화에 나타나기도 하는데, 이러한 용어는 통신업체의 제재 등으로 인하여 극히 드물게 사용되고 있다. 넷째, 컴퓨터 통신 초보 이용자들이 숙련자들로부터 기존의 통신언어를 배우고 이를 변형 또는 다른 어휘에도 적용시켜 스스로 새로운 어휘를 만들어 내기도 한다. 다섯째, 어법에 어긋나는 표현 및 새로운 어휘를 사용함으로써 애교스러운 점을 부각시키거나 대화에 신선함을 준다.

그리고 컴퓨터 통신언어를 어휘적 특징, 음운론적 특징, 형태론적 특징, 그 밖의 통신언어 특징으로 고찰하였다. 통신언어와 스마일리를 따로 분류하여 논하면서, 통신언어가 일상언어에 미치는 영향에 대한 연구의 필요성을 주장하고 있다.

이동우(1998)는 통신언어에 대한 최초의 학위논문이다. 그러나 컴퓨터 통신언어에 대한 개념 정립이 없고, 통신언어 표현에 따른 어휘적, 문법적 특징에 대해 논의하고 있다.

이 밖에 통신언어 일반에 대한 전반적인 연구로 이진성(1999), 권연진(2000), 노형남(2000), 이동현(2000), 임규홍(2000), 박동근(2001), 권순희(2001), 차인태(2001) 등이 있다.

2000년 이후에 들어서면서 통신언어에 대한 논의가 더 세부적이고 다양한 방법론에 의해 진행되었다. 먼저 사회언어학적 방법에 의한 통신언어의 연구가 있는데, 한국사회언어학회 국제학술발표회(2000)에서 이정복, 송경숙, Larry Dwan Chong, Nina Vinogradova 등이 컴퓨터 통신언어에 대한 주제발표가 그것이다. 이정복(2000가:114)은 컴퓨터 통신에서의 '님'의 사용에 대해 논하면서 사전적 의미의 '님'과 비교하여 '님'이 통신공간의 익명성과 평등성, 경제성에 부합하는 성공적인 새말이라고 하였다. 송경숙(2000)은 컴퓨터 통신의 은유와 반복에 대해 고찰하였고, Larry Dwan Chong(2000)은 사이버언어를 일종의 사회방언으로 보고 구어체와 문어체의 양쪽 모두의 특징을 갖는 규정되지 않은 언어라고 하였다.

임칠성(2000)은 통신 대화방에서 쓰이는 말을 '글말'이라 정의하고 통신언어 중 약 2,000개의 어휘를 통계적으로 분석하였고, 송민규(2001)는 자료의 수집과 분류·사례제시의 단계를 넘어 PC통신에서 일상 언어가 변화되어 나타나는 근본 원인을 파악하고 그 규칙성을 밝히는 단계까지 나갈 필요가 있음을 논하고 통신언어에서 음절을 줄여서 쓰는 것과 그 음절 줄이기에 의한 '폐음절화'를 설명하였다.

전병용(2002)은 대화방 언어의 음운론적 특성이 구어체의 구현, 입력의 편의, 새로움 따위를 추구하는 통신언어의 일반적인 특성과 밀접한 관련을 가지면서 일상언어와 차이를 나타낸다고 하였다. 구개음화 발음이 드물고, 귀여운 분위기나 이국적 분위기를 연출하기 위해 움라우트가 자주 등장하고, 음절 생략이 많으며, 비원순모음을 원순모음으로 발음하여 강조 효과를 얻기도 하며, 복모음을 단모음으로 사용하는 등의 특징을 설명하고 있다. 이러한 대화방 언어의 특성은 신속성, 경제성, 친신성을 추구하는 긍정적인 면도 있으나 '언어 규범의 파괴'와 '경박한 말장난'이라는 문제점을 뚜렷이 보여 주고 있다고 설명했다.

이정복은 "통신언어의 문장종결법의 특성"(2002가), "전자편지 언어에 나타난 우리말 변용현상"(2002나) 등으로 통신언어를 세분화하여 연구하기도 하였다. 구현정(2002)은 통신언어가 젊은 세대들의 문화를 반영한다는 측면에서 포스트모더니즘 문화가 가지는 반형식주의, 전통의 거부, 다양성의 추구, 차별성의 강조라는 특성을 바탕으로 나타나는 현상이라고 하였다. 이진성(2001)은 통신언어의 영향으로 나타나는 대학생들의 맞춤법 오용 실태를 조사하였고, 도효근(2001)은 통신언어가 국어 생활에 미치는 역기능에 대해 연구하였다.

이러한 기존 연구의 성과로 인해 통신언어에 대한 인식의 폭이 넓어져 정부 주도의 통신언어 연구도 이루어져 『바람직한 통신언어 확립을 위한 기초연구』(2000), 『통신언어 어휘집』(2001)을 문화관광부에서 발간하였다. 2002년에는 조오현・감용경・박동근(2002)이 『컴퓨터 통신언어 사전』을, 권오경・서은아(2002)가 『인터넷 통신어휘 사전』을 만들기도 하였다.

통신언어에 대한 기존의 연구들은 주로 통신언어 어휘 유형, 또는 사용 범위에 따라 통신언어를 분류하고 발생 동기 등을 연구하고 있다. 그러나 그 분류 유형 등이 대동소이하고, 통신언어에 의한 비판적 시각을 동일하게 유지하고 있지만 그에 따른 명확한 대안을 제시하지 못하고 있기도 하다. 또한 기존 연구의 문제점 중 하나는 통신언어에 대해 분류하고 분석하면서 어떠한 언어학적 기준을 제시하기보다는 주관적인 분류 기준을 가지고 통신언어를 분류하고 분석하였다는 점이다.

통신언어는 그 변화의 양상이 다양하고 변화의 속도가 빠르기 때문에 전체를 포괄하여 분류하고 분석하기는 불가능하다. 그렇지만 여러 연구의 유형 분류가 대동소이하다는 것은 기존의 연구가 통신언어의 언어적인 측면 전반을 고려한 연구라고 하기보다는 현재 사용되고 있는 통신언어의 모습을 제시해 주는 측면에 머물러 있다는 것을 보여 준다고 할 수 있을 것이다.

따라서 어휘와 텍스트를 통하여 통신언어가 일반언어와 차별되는 점을 찾아 기준을 마련하는 것은 중요한 일이다. 그렇기 때문에 본 연구는 언어학적 기준을 가지고 일반언어와 통신언어를 비교, 분석하여 그 차이점을 찾아내고자 한다. 그 차이점을 통해 통신언어로 인한 문제를 극복할 방안을 마련할 수 있을 것이다. 아울러 통신언어의 극복 방안을 탐구하다 보면 한국어 변화 양상을 예측할 수 있게 되고, 그것을 통하여 한국어의 미래상을 제시할 수도 있을 것이다.

2. 컴퓨터 통신의 언어 환경

컴퓨터 통신언어란 넓게는 컴퓨터 통신에서 사용하는 모든 관련 용어 및 문장을 뜻한다.[11] 일반적으로는 초기 컴퓨터 통신의 채팅(Chatting)에서 주로 사용하는 언어 중 일반언어와 다른 변이된 언어를 말한다. 물론 지금에 와서는 주로 채팅에서만 사용되는 것이 아니라 전자우편(E-Mail ; Electroinc-Mail) 및 전자게시판(BBS ; Bulletin Board System) 등[12] 모든 컴퓨터 통신상에서 쓰여지는 변이된 언어를 의미한다고 할 수 있다.

컴퓨터 통신언어는 종종 사이버 언어(Cyber Language)[13]라고도 불리는데 컴퓨터 통신, 즉 네트워크의 가상공간(Cyberspace)에서 쓰이는 언어라 하여 불리어진 명칭이다. 그러나 사이버 언어라는 것은 기표와 기의가 일치하

---

11) 인하대학교 국어국문학과(1997), 「컴퓨터 통신어 연구 - 통신 대화실 Chatting語를 중심으로」, 천리안.

12) 전자우편(E-Mail ; Electroinc Mail) - 컴퓨터 통신을 이용해 편지를 주고받는 것을 말한다. 전자우편은 네트워크를 통해 전달되기 때문에 즉시 전송이 가능하고, 동시에 여러 명에게 전송이 가능하고, 수신자가 컴퓨터 통신망에 접속했을 때 바로 읽어 볼 수 있다.
전자 게시판(BBS ; Bulletin Board System) - 주 컴퓨터(Host Computer)에 연결된 다수의 사용자들이 컴퓨터 통신을 통해 각종 정보와 편지를 교환하고, 대화하거나 공개질의 및 응답 그리고 비상업적이면서 유용한 프로그램들을 공유하기 위한 시스템이다.
채팅(Chatting) - 컴퓨터 통신망을 통해 대화를 하는 것으로 키보드로 대화내용을 입력하고 모니터에 나타난 대화 내용을 읽는 것이다. 1 : 1 또는 다자간 대화가 가능하다.
『정보통신 용어해설집』(1999, 한국정보문화센터)에서 부분 발췌.

13) Larry Dwan Chong(2000:118)에서는 사이버언어를 '네트워크에 의해 연결되는 통신에 사용되는 언어'라고 정의하고 있다.

지 않는 전자적인 신호체계로서 우리가 일반적으로 인식할 수 없는 기호체계를 의미한다고 할 수 있다. 0과 1이라는 전자적 신호체계인 비트의 조합에 의한 디지털 방식으로 네트워크에서 컴퓨터 사이에 데이터를 주고받을 때 사용되는 언어가 사이버 언어이다. 그러나 컴퓨터 통신언어라는 것은 네트워크상에서 전송되는 전자적인 신호체계가 아닌 컴퓨터에서 쓰이는 인간의 언어를 뜻한다. 결국 사이버 언어는 '디지털 신호(Digital Signal 또는 Digital Sign)'를 의미하는 것이고, 컴퓨터 통신언어는 네트워크에서 사용되는 인간의 '언어(Language)'를 의미하는 것이다.

사이버 언어는 변이형이 존재하지 않는 세계 공통 언어이다. 컴퓨터 통신언어의 경우 각 언어에 따라 다르며, 또한 그 언어의 사용자와 그 사회적 환경에 영향을 받는다. 그 발생의 배경을 보아도 사이버 언어라는 것은 컴퓨터 발명 이후부터 컴퓨터 상호간의 네트워크가 생겨나고 그로 인한 가상의 공간이 생성된 지금까지 변하지 않는 신호체계이다. 그러나 컴퓨터 통신언어의 경우 인간의 언어가 컴퓨터에 의해 전달되는 과정에서 조금씩 변화해 왔다. 사이버 언어는 컴퓨터라는 기계가 갖는 전자적인 특성이 바뀌지 않는 한 고정되는 것과 달리 컴퓨터 통신언어는 인간의 언어활동처럼 변하고 있는 것이다.

현재 컴퓨터 통신언어는 인터넷언어와 동일한 의미로 사용되고 있다. 그러나 엄밀히 말하면 컴퓨터 통신언어와 인터넷언어는 구별된다. 인터넷이 컴퓨터 통신의 전부는 아니기 때문이다. 오히려 인터넷이 컴퓨터 통신의 한 종류이다. 따라서 컴퓨터 통신언어의 하위범주로 인터넷 통신언어를 들 수 있을 것이다. 컴퓨터 통신의 주 활동영역인 채팅, 전자우편, 전자게시판은 모두 컴퓨터 통신 초기의 BBS에서 시작되었고, 이러한 BBS가 전세계적으로 연결되는 것이 바로 인터넷이라고 할 수 있다.

전자우편의 경우 인터넷메일(웹메일 web-mail)을 많이 사용하기 때문에 전자우편과 인터넷메일이 동일시되지만 아직도 SMTP(Simple Mail Transfer Protocol)와 POP3(post office protocol version 3)를 사용하는 전자메일도 많이 사용되고 있다. 이런 전자우편은 인터넷을 통하지 않고 서버와 서버를 연결하여 우편을 주고받는 것이다. 그러므로 인터넷언어는 컴퓨터 통신에 사용되는 언어전체를 대상으로 하는 용어로는 적당하지 않다고 생각된다.

컴퓨터 통신언어라는 것은 컴퓨터 통신에서 사용되는 언어로 일반언어와 구별되는 변이된 언어를 의미한다고 앞서 이야기했다. 그러나 통신언어는 일반언어를 기반으로 하기 때문에 일반언어와 전부가 다른 것은 아니다. 예를 들면 국립국어연구원에서 만든 국어사전인 『표준국어대사전』(1999)의 경우 약 60만 개의 어휘가 있지만 컴퓨터 통신언어를 수집한 『컴퓨터 통신언어 사전』과 『인터넷 통신어휘 사전』의 어휘는 중복 어휘를 제외하고 대략 8,000여 개 어휘가 있다. 그렇기 때문에 컴퓨터 통신언어를 일반언어와 구별지어 사용하고자 한다면 변이된 언어만을 컴퓨터 통신언어로 정의하는 것이 타당하다.

2.1 컴퓨터 통신공간의 특성

컴퓨터로 인해 인간은 3차원의 한정된 공간에서 벗어나 시간과 공간의 제약이 사라지는 사이버스페이스(Cyberspace)[14]를 창조해 내었다. 컴퓨터의 네트워크에 존재하는 가상공간은 실체화되어 존재하는 공간이 아니라 0과 1의 비트(bit)[15]의 조합으로 이루어진 전자적 기호의 세계이다. 이러한 전자 비트의 공간은 말 그대로 가상의 공간이기 때문에 현실공간에서 이루지 못하는 내재된 감정을 표출시키는 경우도 생긴다. 이러한 가상공간의 특성은 현실공간에서 가상공간에 접속하는 접속자 사이에서 이루어지는 통신에서도 현실공간과 괴리된 환경을 만들어 낸다.

컴퓨터 통신의 특성은 신속성, 정확성, 그리고 익명성이다. 접속과 동

14) 사이버스페이스(Cyberspace)라는 말은 윌리엄 깁슨의 소설 『뉴르맨서(Neuromeancer)』에서 처음 사용되었으며 깁슨에 의하면 매일 수억의 사람들이 합의된 환각에 빠지게 하는 세계적인 통신 네트워크를 가리킨다.
15) 정보량의 최소단위. 2진법에서의 0 또는 1.

시에 쏟아져 들어오는 정보는 그 신속성이 타의 추종을 불허한다. 네트워크에 의해 연결되는 정보의 전달은 전자의 속도로 세계의 어느 곳이라도 연결해 준다. 인간의 명령에 작동하는 컴퓨터는 스스로 잘못된 정보를 생산하지는 못한다. 예를 들어 컴퓨터에서 워드프로세스 프로그램으로 작업을 하는 경우 나타나는 오타는 인간의 잘못이지 컴퓨터의 오류는 아닌 것이다. 컴퓨터는 입력된 명령에 의해 연산을 수행하고 그 결과를 출력하기 때문에 정확성을 특징으로 하는 것이다. 컴퓨터 통신에의 접속은 나[我]를 대신하는 아이디(ID : IDentifier)로 이루어지기 때문에 나를 숨기고 가상의 자신을 나타낼 수 있는 익명성을 보장한다.

정기도(2000:44~48)는 가상세계의 특성을 이미지성, 상호작용성, 단절성 및 조작가능성, 탈일상성 등으로 특징짓고, 컴퓨터라는 가상공간과의 연결 매체가 갖는 매체적 특성을 설명하고 있다. 통신공간 즉, 가상공간은 컴퓨터에 의해 모사(模寫)된 이미지의 세계이며, 이러한 이미지는 접속자에게 실제하는 것으로 보일 수도 있으며 컴퓨터의 입력장치들을 통해 상호작용을 한다는 것이다. 그리고 가상공간은 현실공간과는 단절되어 있으며, 우연하고 임의적인 조작이 가능하다는 것이다. 이러한 특징들은 일상으로부터 벗어난 체험을 가능하게 하기 때문에 탈일상성이라 할 수 있다.

황상민 · 한규석(1999:17~24)은 가상공간의 특성을 심리적인 측면에서 접근하여 사이버 교류 즉 통신에서 나타나는 인간심리의 유형을 탈억제, 개방성과 평등성, 친밀성과 협동성, 복합적 정체성이라 말했다. 컴퓨터 통신에서 익명성의 직접적인 효과가 탈억제이며, 그리고 가상공간의 시공간적 초월로 인한 개방성과 익명성을 통한 사회적 신분에 대한 정보의 부재로 인한 평등성을 이야기하고 있다. 또한 익명성이라는 특성으로 인해 다양한 자신의 부속물을 소유할 수 있고 이를 통해서 여러 측면의 정체감을 가진다고 한다. 협동성과 친밀성의 경우 상반된 연구 견해를 제공하여 구체적인 특성으로 분류하기보다는 단순한 제시에 지나지 않는다.

위의 두 견해에서 공통적으로 존재하는 탈일상성과 탈억제는 가상공간에서 억제된 자아가 해방됨을 보여주는 듯하다. 앞서 이야기한 익명성에 기반을 두는 특성이라 할 수 있다. 나를 숨기고 허구의 자아(아바타, arvatar)[16]를 내세움으로써 현실공간에서의 제약에서 자유로울 수 있는 것이다. 이렇게 제약에서 풀려 자유스러울 때 인간은 내재된 욕망을 표출하게 된다. 이러한 내재된 욕망 표출 과정에서 현실 사회의 규범에서 일탈도 나타나게 된다.

김현주(1995:8~9)는 컴퓨터 통신의 매체적 특성에 대하여 논의하였다. 첫 번째는 상호작용성(interactivity)으로 컴퓨터 통신은 상대방과 마주보며 진행하는 면대면 접촉과 비슷한 상황에서 주로 이루어진다. 두 번째는 탈대중화(demassification)로서 메시지가 동시에 많은 수용자를 대상으로 보내지는 것이 아니라 특정 이용자 사이에서만 교환되는 특성을 지니고 있고, 바로 이러한 메시지의 개별화가 컴퓨터 통신의 면대면 접촉과 유사한 것으로 인식하게 한다. 세 번째 특성은 비동시성(asynchronitv)으로서 메시지가 전달되는 동일한 시간에만 이용가능한 것이 아니라 컴퓨터 통신은 이용자의 편의에 따라 언제라도 접근, 이용할 수 있다는 것이다. 따라서 컴퓨터 통신은 일방향적인 기준의 매스미디어보다 대인커뮤니케이션과 유사한 성격을 띠며 대인채널에 대한 기능적인 대체가 될 가능성을 가진다는 것이 공통된 견해이다.

컴퓨터 통신은 풍부한 정보를 원하는 상황에서는 단연 면대면 접촉과 전화를 대체하는 대안적 채널로서, 그리고 참여감과 접근성이 중시되는 상황에서는 면대면 접촉을 능가하는 채널로 자리매김하는 것으로 풀이할 수 있다(김현주, 1995:30).

탈일상과 탈억제, 그리고 탈대중화 즉 일탈이 컴퓨터 통신의 특성임을 나타내주고 있는 것이다. 컴퓨터 통신은 남과 다른 자신만의 일탈이

---

16) 아바타(avatar) - 원래 산스크리트어로 힌두교 신화에 나오는 비수누 같은 신이 인간이나 동물의 몸을 빌려 나타나는 것을 가리킨다. 가상인간이라는 의미로의 아바타는 1980년대 중반 루카스 필름에서 개발한 가상 공동체 환경 해비타트(Ha- bitat)를 근간으로 만들어졌다.(정기도, 2000:155)

라는 점에서 개성을 나타내고 있으며, 일탈이라는 점에서는 통일성을 보이고 있는 것이다. 통신언어도 마찬가지로 생각할 수 있다. 표준적인 표기에서의 일탈이라는 공통점을 가지지만, 일탈의 형태는 사용자마다 다르게 나타나는 개성을 보여주고 있는 것이다.

2.2 컴퓨터 통신언어의 특성

컴퓨터라는 도구가 인간의 언어활동, 특히 문자 언어활동에 활용되면서 그 활용 영역이 급속히 확장되어 왔고, 이제는 대화라는 인간의 음성언어 영역을 컴퓨터의 네트워크로 끌어들여 그 변화를 가속하고 있다. 컴퓨터 통신언어라는 것은 기존 언어의 틀을 과감히 깨뜨리고 있으며, 그 영향력이 온라인(on-line)을 넘어서 오프라인(off-line)까지 미치고 있다. 따라서 통신언어는 무한한 변화의 가능성과 언어 영역 확장의 가능성을 가지고 있다고 할 수 있다.

컴퓨터 통신 언어활동은 주로 전자우편, 전자게시판, 채팅 등으로 이루어지는데, 전자우편과 전자게시판은 직접성이 없는 반면 채팅의 경우의 직접적이며 다자간 실시간 교류가 가능하다. '잡담하는 것'을 의미하는 채팅은 한국에서 '대화방'이라는 공간을 통하여 이루어지며, 컴퓨터 통신 초창기에는 상업용 대형 BBS에서 시작되어 현재는 주로 인터넷에서 이루어지고 있다.

한국의 경우 현재 광범위하게 고성능 개인용 컴퓨터와 컴퓨터 통신용 네트워크가 구성되어 있고 인터넷 등의 컴퓨터 통신 사용자도 증가하고 있다. 또한 이전의 모뎀으로 전화선을 통해 이용하던 것이 고속 인터넷 전용선 등의 발달로 전송 속도나 비용에 대한 효율이 높아졌다.

> 한국인터넷정보보호센터(사무총장 송관호)가 전문 조사 기관인 인터넷메트릭스사에 의뢰해 지난해 12월 전국 3,452가구 1만186명을 대

> 상으로 실시한 '인터넷 이용자 실태조사'에 따르면 7세 이상이 '한 달에 한 번 이상' 인터넷을 이용하는 인구는 1,904만 명에 이른 것으로 나타났다. 이는 지난 99년 말 1,086만 명 보다 818만 명이 늘어난 수치며, 7세 이상 인구의 44.%, 전체인구의 40.3%에 해당된다. 특히 일주일에 한 번 이상 이용자는 1,811만 명으로 전체 인터넷 이용자의 95.1%를 차지했다.
>
> (중략)
>
> 인터넷 이용 시간은 "일주일에 평균 5∼15시간 이용한다"는 응답이 49.5%로 가장 많았고 15시간 이상 이용한다는 인터넷 매니아도 22.2%나 됐다. 전체 평균 이용 시간은 주당 11.73시간으로 8월 조사 때 보다 1.36시간이 늘어났다. 인터넷을 아직 이용하지 않는 응답자의 41.8%가 앞으로 인터넷을 이용할 의사가 있다고 답했고 22.8%는 앞으로 1년 안에 인터넷을 이용할 것이라고 응답했다.[17)]

한국에서 더 이상 컴퓨터 통신이 어느 특정한 계층의 전유물이 아닌 일상과 긴밀하게 접목되어 모든 계층이 쉽게 접하고 이용할 수 있는 기반이 구축되었다는 것을 알게 해 준다. '컴맹, 넷맹, 인맹' 등으로 컴퓨터나 네트워크, 인터넷을 사용하지 못하는 것을 비하하는 사회적 환경은 컴퓨터와 통신망의 보급과 사용의 증가를 가속화시켰다고 할 수 있다.

통신망의 대중적 보급은 컴퓨터 통신언어가 일상에서 무리없이 사용되는 계기를 만들기도 하였다. 과거에는 통신언어를 접할 수 있고 사용할 수 있는 사람이 적었지만, 현재는 전체 국민의 절반에 가까운 숫자가 통신언어를 접하고 사용할 수 있는 것이다. 따라서 컴퓨터 통신 초기의 통신언어에 의한 의사소통 문제는 통신언어를 접하고 사용하는 사람이 늘어난 현재는 다소 경감되었다고 볼 수 있다. 즉, 일상에서 통신언어를 사용해도 무리가 없다는 것이다. 그렇기 때문에 통신언어의 일상 사용이 늘고 있으며, 그에 따른 일반언어 오염도 점점 더 심각한 수준에 이르고 있다.

---

17) 머니투데이, 「국내 인터넷인구 1900만 돌파 - 국내 인터넷 이용인구가 지난 12월 말 기준으로 1900만 명에 이른 것으로-」, 2001. 1. 15, 머니투데이 홈페이지(http://www.moneytoday.co.kr/news/news.html).

전자우편이나 전자게시판 등에서 사용되던 통신언어가 일상 편지나 광고문구 또는 소설 같은 문학작품에서 사용되고 있는 실정이다. 이것에 대한 우려의 목소리도 없지는 않으나, 굳이 통신언어와 일상언어를 구별해서 사용할 만큼 컴퓨터 통신과 일상과의 거리가 없어져 버렸고 그 향유층도 폭넓기 때문에 통신언어의 사용은 증가 추세에 있다고 할 수 있다.

컴퓨터 통신의 언어활동 중 직접적인 언어활동인 채팅의 경우 사용되는 언어가 일반언어와 다른 양상을 띈다. 컴퓨터 통신의 언어활동의 특징을 살펴보면 익명성에 기반을 둔 자유로운 언어사용을 들 수 있다. 말하는 사람의 본 모습이 드러나지 않기 때문에 일반언어활동에서 금기되거나 비난받을 수 있는 금기어, 비속어, 욕설 등의 사용이 자유롭고, 이로 인한 부작용으로 언어 폭력이 사회적 문제가 되기도 한다.[18)]

> 청소년은 물론 직장인들에게 폭발적인 인기를 끌고 있는 인터넷 게임 스타크래프트(일명 스타크)에 저질 언어와 욕설이 위험 수위를 넘어서고 있다.
>
> 인터넷을 통해 다른 곳의 마니아와 1대 1 또는 팀을 이루어 2대 2, 3대 3, 4대 4 등 4종류의 게임을 벌이는데 각각 방 제목을 정해 참가자를 모집하고 있다. 그런데 '1대 1'이나 '2대 2' 등으로 적으면 되는 방 제목에 아무 의미없는 저질, 욕설을 경쟁적으로 집어 넣고 있어 심각한 언어 공해를 야기하고 있다. '2대 2 X 같은 매너 게임', '1대 1 X발 나 여자다 덤벼 봐' 등은 점잖은(?) 표현에 속한다.

---

18) 수원정보산업고 안익철(安益哲) 교사는 "학교 홈페이지가 가상학습, 정보제공 등 긍정적 측면이 많지만 학교측은 게시판 활성화를 꺼리는 경우가 많다."며 "도저히 교사가 대처하기 어려울 정도의 원색적 욕설과 비방으로 가득 차 버리기 때문"이라고 지적했다. 안교사는 또 "홈페이지에 특정교사에 대한 음해가 쏟아지면 사실이 아닌 데도 '실제로 무슨 잘못을 하지 않았나' 하는 의심의 대상이 되는 게 현실"이라며 "그래서 교사들 사이에는 아예 '문제가 될 소지를 만들지 말자'며 지도를 포기하게 되는 분위기가 팽배해 있다."고 토로했다. (중략) 서울 언남고 2학년 조혜원(趙惠苑)양은 "주변 학생 50명을 대상으로 설문조사를 해보니 절반에 가까운 학생들이 사이버 언어폭력을 행사한 경험을 갖고 있었다."며 "인터넷에서의 언어폭력이 너무나 자연스러운 데다 학교와 사회 생활로 퍼지고 있다."고 말했다. 한국일보, 「'사이버 폭력' 위험 수위 도달, 이래서는 안된다」, 2000. 10. 4.

> 성행위를 직설적으로 표현하는 저질 '오빠시리즈'에서부터 'XX칠 사람 오시구랴', 'XX와 XX사이' 등 남녀 성기를 묘사한 저속한 언어들이 난무하고 있다. 여기에 김희선, 고소영, 한고은 등 인기 여자 연예인의 이름 뒤에 저속한 언어를 넣은 방 이름도 유행하고 있다. 그래도 낮 시간은 좀 괜찮은 편, 심야 시간대로 갈수록 차마 입에 담을 수 없는 노골적인 성행위를 묘사한 방 제목이 수시로 떠오르고 있다.
>
> 서로 보이지 않는 공간이라는 이유로 욕설도 난무하고 있다. 게임 중 아군이나 적군과의 대화 때 'X발'이나 '18', '너 몇 살 쳐먹었냐' 등 욕설을 예사로 사용하며, '2대 2, 좀하는 X들 와라', '3대 3, 아까 그 새끼 다시 와', '1대 1, 어서 들어와 XX놈아', '1대 1, 하자이노무 쉐끼' 등 욕설 투성이의 방 제목이 수시로 올라온다.[19)]

'스타크래프트'라는 게임을 네트워크를 통해 다른 사람과 게임을 하기 위해 접속하는 배틀넷(Battlenet)에서 나타나는 방제목이라든지 게임 도중에 나누는 대화는 게임 자체가 전쟁 게임이라는 측면도 작용하지만 상대방에 대한 사회적 정보의 부재와 자신의 사회적 정보의 통제는 상대방에게 자신을 드러내지 않음으로 해서 사회적인 규범(도덕, 관습 등)에서의 일탈을 불러오고 그러한 것이 언어적으로 표출될 때 언어폭력에 가까운 표현으로 나타나게 되는 것이다.

이러한 언어적 일탈이 단순히 가상공간에서만 일어나는 것이라면 문제의 심각성이 저하될 수도 있을 것이다. 그러나 현재 가상공간의 언어적 일탈이 문제가 되고 있는 것은 이러한 언어적 일탈이 현실공간에 유입되어 나타나고 있다는 데 있다.

> '쪼가리 없다고? 생까지마', '야자시간에 담탱이한테 야리다가 열라 깨졌어', '센터깐다 따가리 숨겨라', '뜨아, 원빵하지 않그 졸라 짭시리…쯧쯧', '살까게 야리니까 그렇지'
>
> 요즈음 교실이나 등·하교길 버스 안에서 흔히 들을 수 있는 10대들의 대화 내용이다.
>
> (중략)
>
> 이를 풀이해 보면 이런 뜻이 된다. '이성친구 없다고? 시치미 떼지

---

19) 스포츠조선, 「PC통신에 난무하는 '스타크 언어폭력'」, 1999. 9. 28.

> 마', '야간 자율학습 시간에 담임선생님한테 말대꾸하다가 심하게 혼났어', '소지품 검사한다 라이터 숨겨라', '야 1 대 1로 싸우지 않고 집단 구타를 하다니 조잡하고 한심하다', '무섭게 째려보니까 그렇지'[20]

언어의 기능인 의사전달은 이 정도가 되면 거의 불가능한 상황에까지 이른다. 컴퓨터 통신언어는 그 확대 속도만큼이나 변화의 속도도 빠르다. 그래서 종종 같은 컴퓨터 통신 이용자들 사이에서도 혼란을 야기한다.

> 통신 경력 3년에 채팅경력 2년 차인 나에게 독해 불가능한 통신방언은 없다며 큰소리 치고 다니지만, 모처럼 들린 채팅방에서 "켜드(키워드)가 머져(뭐죠)?"란 메모와 함께 "띠구르르~!!" 굴러 들어와 "안냐뛔엽(안녕하세요)"하고 인사하면서 "전 02 - 75 - 01예엽(서울에 사는 75년생 남자입니다)"라는 소개말과 함께 "뽀효효효!!"하고 웃어 제끼면, 또 어떤 신조 통신방언들이 튀어나올까, "방가(반갑습니다)" 하나로 버티다가는 채팅 세계에서도 "영따(영원히 따돌리다)" 당하겠다는 생각에 자판 두드리는 속도가 현저히 떨어지고 만다.[21]

통신언어는 언어 자체에서도 일탈이 나타난다. 현실공간의 맞춤법, 존경법, 문법, 사회적 약속인 문자의 제약에서 벗어나 의사소통이 가능하다면 무엇이든지 이용된다. 그 대표적인 경우가 이모티콘(emoticon)[22]이라 불리는 감정표현문자의 등장이다. 일반적으로 보기에는 단순한 기호의 조합이지만 그 속에 담고 있는 의미는 다양하게 나타난다. 컴퓨터 통신을 접해보지 않은 사람이라면 그 의미를 알 수 없다. 이는 매체적인 특성과 사용자의 욕구에 의해 등장한 새로운 방식의 언어라 할 수 있을 것이다.

---

20) 제주일보, 「선데이 - 은어, 그들만의 언어」, 2000. 4. 30.
21) 일요시사, 「사이버 세대의 은어통신」, 1999. 10. 10.
22) 이모티콘은 감정(Emotion)과 아이콘(Icon, 컴퓨터 프로그램 기능표시 형상)의 합성어로 컴퓨터 자판의 문자와 기호, 숫자 등을 적절히 조합해 미세한 감정이나 특정 인물, 직업 등의 의미를 전달하는 사이버공간 특유의 언어다.
한국경제신문, 「사이버문화 - '이모티콘' 사이버언어로 인기」, 1999. 11. 2.

컴퓨터 통신언어의 특성은 대부분 그 통신환경에 의해 발생된 것이다. 즉 컴퓨터를 매개로 하는 통신환경에서 컴퓨터 통신언어가 시작되었다 할 수 있다. 컴퓨터 통신언어는 일반대화와는 차이를 나타내는데 첫째, 음성언어로 이루어지는 것이 아니라 문자언어로 이루어진다. 즉, 컴퓨터를 매개로 하여 텍스트로 의사를 전달하는 것이다. 네트워크에 접속하여 대화 상대와 연결되고, 컴퓨터의 자판을 두드려 의사를 전달한다. 텍스트로 이루어지지만 문어체의 표현보다는 구어체의 표현이 주로 사용된다.

둘째, 대화의 전달이 직접적이지 못하고 컴퓨터를 매개로 하고 있어 간접적이다. 그렇기 때문에 대화 진행의 속도를 높이고, 컴퓨터의 자판을 여러 번 두드리는 번거로움을 줄이기 위한 경제적 원리로 인해 원래의 어휘를 변이시켜 사용하는 경우가 많다. 이러한 간접성은 기존 어휘의 형태와 의미를 변이시켜 통신공간만의 어휘를 만들어 내고 있다. 이러한 어휘변이는 언어활동의 비용이 낮아지고 있는 현재에도 계속 사용되고 있다. 어휘의 형태뿐만 아니라 의미도 변이시켜 사용하는 경우가 있다. 가장 대표적인 예가 은어나 숫자언어의 사용이다. 특히 은어의 경우 유행어와 마찬가지로 매스미디어보다 빠른 파급 효과를 나타낸다.

현재 사용되는 대부분의 통신어휘는 언어경제의 측면뿐만 아니라 유희적인 면에서 사용되는 경향을 나타내고 있다. 현재 컴퓨터 통신에 의한 언어의 변질은 일반 언어활동에서도 자연스럽게 받아들여질 정도로 매우 심각한 수준에 이르렀다. 더구나 변질된 컴퓨터 통신언어의 사용에 대해 별 거부감이 없다는 점이 더욱 심각한 문제이다.[23] 또한 컴퓨터 통

23) 통신언어 90% 이상 사용경험 = 조사 결과에 따르면 '인터넷상에서 채팅언어를 사용한 경험이 있나'라는 질문에 응답자의 90.1%가 '그렇다'고 대답해 온라인상의 언어왜곡이 일상화된 것으로 드러났다. 그 이유(다중응답)로는 먼저 '짧고 간단하게 축약해서 타자 치기가 편하다'는 응답이 71.4%로 가장 많았고 '재미있다'가 44.5%로 두 번째였다. 또한 '맞춤법에 구애받지 않아도 되므로 편하다'는 대답도 33.7%에 달했고 '많은 사람들이 사용하므로 나 혼자 사용하지 않으면 뒤처지는 것 같다'는 유행파도 32.4%나 됐다. '자기 개성을 표현할 수 있다'는 응답이 16.6%로 뒤를 이었다.

신 사용자의 연령층이 점점 낮아짐에 따라 올바른 언어관을 갖추지 못한 어린 세대에게 미치는 영향이 매우 부정적으로 나타나고 있다.[24)]

셋째, 컴퓨터 통신에서 사용되는 언어를 살펴보면 일반 언어활동에서 구어와 문어가 확연하게 구별되는 것과는 달리 구어와 문어의 특징이 함께 사용되고 있다는 것이다. 컴퓨터 통신은 문자언어에 한정되어 나타나지만[25)] 반드시 문어적인 성격만을 가지고 있는 것은 아니다. 얼굴을 마주 하고 이루어지는 대화가 아니기에 의성어나 의태어, 또는 컴퓨터 자판에 있는 기호들을 조합하여 화자의 감정이나 행동을 표현하기도 한다. 이것을 '스마일리(smiley)', '이모티콘(emoticon)', 또는 '이모텍스트(emotext)'라 부른다. 스마일리의 경우 미국 UNIX 네트워크에서 시작되었는데 웃음을 표현한다는 의미[26)]이며, 이모텍스트도 이모티콘과 마찬가지로 Emotion과

일상생활에도 통신언어 사용 = '일상생활에서 통신언어를 사용한 경험이 있나'는 질문에 대해서는 64.6%의 응답자가 '그렇다'고 답해 채팅언어가 일상어로까지 번지고 있음을 보여줬다. 반면 '사용한 경험이 없다'는 응답자는 35.4%에 불과했다. 이들 중 '은어 · 비속어 등이 석여 있어 사용하기 민망하다'는 대답이 41.5%, '한글 파괴의 주범이다'는 28.5%, '무슨 뜻인지 알 수가 없다'는 22.2%의 순으로 나타났다. 기타 '어색하다', '수준이 낮아 보인다', '일상생활과 온라인간의 혼란이 야기된다' 등의 응답(7.8%)도 있었다.

채팅언어 사용해도 된다 88.8% = 한편 '인터넷상의 채팅언어 사용에 대해 어떻게 생각하나'라는 질문에 네티즌 70.4%가 '지나친 은어 · 비속어 등의 사용을 자제하는 한도에서 사용하도록 해야 한다' 고 답했다. 또한 '통신언어는 인터넷상의 새로운 언어일 뿐 한글 파괴와는 상관없으므로 사용해도 무방하다'는 응답도 18.4%에 달했다. 하지만 '한글을 파괴하는 주범이므로 절대 사용해서는 안 된다'는 대답은 11.2%에 불과해 대부분 채팅언어 사용에 너그러웠다.

디지털타임스, 「<기획 - 한글날의 반성. 언어오염> 한글파괴 "네티즌 인식조사"」, 2002년 10월 9일.

24) 통신언어의 확산은 표준어를 습득하는 시기에 있는 초등학생들에게 특히 심각한 악영향을 주고 있다. 실제로 최근 서울 마포구 한 초등학교에서는 학생들이 일기나 시험답안지 등에 통신언어를 마구 사용하는 것으로 파악돼 학교 차원의 대책 마련에 나섰다. 이 학교 6학년 담임인 서모(27. 여) 교사는 "학생들이 채팅 등으로 이미 통신언어에 익숙해져 있어 한글맞춤법을 가르치는데 어려움이 있다"며 "학생들에게 통신언어 사용 자제를 당부하는 한편 여러모로 대책을 강구 중"이라고 말했다.

연합뉴스, 「통신언어, 표준어 사용에 악영향」, 2002년 10월 7일.

25) 현재 음성 및 영상을 이용한 통신도 이용이 가능하지만 익명성을 유지 할 수 없다는 특성으로 인해 그다지 활성화되지 않고 있다.

Text의 합성어로 '감정 표현 글'이란 의미를 갖는다. 이러한 이모티콘의 사용으로 문장에서 얼굴을 맞대고 대화를 나누듯 감정을 표현할 수 있다는 것은 기존의 일반 언어활동의 문장에서는 전혀 없었던 일이다. 문장의 형태도 조사와 어미가 생략되어 한국어가 갖고 있는 첨가어적 특성을 없애고, 문장의 길이도 짧아졌다.

통신언어는 차별성과 통일성이 공존하고 있다. 즉, 일반언어와는 그 형태가 달라야 한다는 일탈이라는 통일성이 존재한다. 그러나 일탈 안에서도 남들보다 소위 튀는 언어, 감각적인 언어를 사용하기 위해 사용자가 자기 욕구에 맞게 변이된 다양한 변이형이 존재하는 차별성도 있다. 세대나 계층 간에 그 사용 언어가 달라지고 유행어와 마찬가지로 시기에 따라 주로 사용되는 말이 다른 경우가 많다. 그래서 통신언어 사용에 능숙한 사람도 통신언어를 전부 이해하지 못한다.

2.3 통신언어와 일상언어

통신언어 자체를 일종의 방언이라고 보는 견해도 있다.[27] 이런 견해는 통신언어가 현실에서 존속될 수 있는 바탕을 만드는 것이라 할 수 있을 것이다. 즉 파괴되거나 변질된 것이 아니라 언어 변이형의 하나로 아무런 문제가 되지 않는다는 것을 의미하기 때문이다. 일상에서 통신언어가 문제가 되는 것은 언어가 변질되고 언어가 가진 사회적인 규칙이 파괴되기 때문이다. 이러한 언어의 변질과 파괴를 새로운 흐름으로 수용하는 것은 문제가 있다.

물론 언어는 시대와 사회적 환경에 따라 달라진다. 그렇지만 지금 컴

26) 인하대학교 국어국문학과(1997), 「컴퓨터 통신어 연구 - 통신 대화실 Chatting語를 중심으로」, 천리안.

27) Larry Dwan Chong(2000)은 사이버언어를 일종의 사회방언으로 보고 구어체와 문어체의 양쪽 모두의 특징을 갖는 규정되지 않은 언어라고 하였다.

퓨터 통신에 의한 언어의 변화가 문제가 되는 것은 그 변화가 매우 급격하게 진행되기 때문이다. 이전의 '온, 즈믄' 등의 말이 '백, 천' 등으로 대체되기에는 많은 시간이 걸렸고 그러한 대체는 언어사용자들이 인식할 수 없을 정도로 느리고 오랜 기간에 걸쳐 진행되었다. 그러나 지금의 통신언어에서 '고등학생, 중학생'이 '고딩, 중딩'으로 대체하는 데는 그리 오랜 시간이 걸리지 않았다. 언어사용자들은 통신언어가 언어를 변화시키는 속도가 너무도 빠르기 때문에 전자와는 다른 의미로 언어변화를 체감하지 못하고 그로 인해 의사소통의 장애를 불러오게 된다. 예를 들면, '감사합니다'라는 표준어가 통신상에서는 '감사 → 캄사 → 캄수아 → ㄱㅅ'으로 변이됨을 보인다. 이 변이의 시간은 불과 1~2년이 되지 못할 것이다. 이러한 언어변화의 시간은 더욱 단축될 수도 있으며 실시간적으로 변화할 수도 있다. 네트워크가 가지는 동시성이 그러한 것을 가능하게 하는 것이다.

예전의 정보의 흐름은 정보 중심지에서 동심원이거나, 아니면 교통로를 따라 전파되었다. 그 이후 매스미디어의 발달은 그러한 격차를 해소해 주기는 했으나 전달의 주체가 한정되어 있어 수용자측에서의 정보의 선택 수용이 어려웠다. 또한 전달자와 수용자가 확연하게 구별되는 양상을 나타내었다. 그러나 지금의 인터넷 등으로 대표되는 컴퓨터 통신망의 발달은 다양한 정보의 저장과 수용자에 의한 정보의 선택적 수용을 가능하게 하였고 전달자와 수용자의 경계가 애매해지는 현상을 나타내게 된다. 언어에서도 이전에 일방적으로 표준어만을 전달받다가 통신언어를 전달받거나 사용자 스스로가 통신언어를 생산하여 사용하는 등의 선택적 수용이 가능하다고 할 수 있다. 더구나 이전과는 다른 다수의 정보생산자와의 접촉이 가능해지면서 다양한 언어적 변이형을 수용하게 되는 것이다. 이러한 언어적 변이형은 수용자의 선택에 의해 사용되거나 소멸되기도 하는데, 어느 변이형의 경우는 통신상에서 이미 표준어의 위치를 차지하고 있는 경우도 있다고 생각된다.[28]

---

28) 인사말의 경우가 그러하다고 할 수 있다. '방가, 하이루, 어솨' 등이 그러하고 일

이렇게 사용자에 의해 수용된 변이형은 통신에서만이 아니라 사용자의 언어활동 전체에 이용되어 자연스럽게 일상언어에 피드백된다. 그러다 보니 일반언어도 변질되게 되는 것이다. 현재 한국어도 이러한 상황에 놓여 있다. 통신망이 확대되고 통신 이용자가 늘어날수록 통신에서 변이된 한국어는 일반언어로 더욱 확산될 것이다. 컴퓨터 통신과 일상생활이 더욱 밀착될수록 컴퓨터 통신에서 변이된 언어는 일반언어활동에 점점 더 강력한 영향력을 갖게 될 것이다.

부 은어의 경우(특히 사용자 계층을 이르는 '중딩, 고딩, 대딩 직딩' 등)에는 표준어의 사용이 거의 보이지 않고 있다.

3. 컴퓨터 통신어휘 분석

어휘분석은 컴퓨터 통신에서 변이[29]된 어휘를 선별하여 품사별로 구분하여 변이 유형을 분석하였다. 어휘는 『컴퓨터 통신언어 사전』, 『인터넷 통신어휘 사전』과 컴퓨터 통신에서 선별하였다. 전체 8,500여 개 어휘를 선정하였고 그중 일부를 예시하였다.

3.1 체 언

3.1.1 명 사

명사는 사람이나 사물의 이름을 나타내는 단어의 갈래이다. 조사의 지배를 받으며, 관형어의 수식을 받는다. 조사와 결합하여 주어, 보어, 목적어, 서술어, 관형어, 부사어, 독립어 등 여러 가지 문장 성분으로 기능을 한다. 명사는 사용범위, 자립성 유무, 감정성 유무, 동태성 유무, 구상성 유무를 기준으로 분류할 수 있다.

사용범위에 의해서는 같은 성질을 지닌 사람이나 사물에 두루 쓰이는 보통명사, 특정한 사람이나 사물을 지시하는 고유명사로, 자립성 유무에 의해서는 문장에서 관형어의 도움 없이도 홀로 쓰일 수 있는 자립명사,

---

29) 여기서 변이란 사회언어학에서 말하는 변이-variation를 말한다. 즉, 진행 중에 있는 언어 변화이다.

관형어의 선행을 필수 조건으로 하는 의존명사로 분류된다. 감정성 유무에 의해서는 감정성을 지닌 유정명사, 감정성을 지니고 있는 않은 무정명사로, 명사의 동태성 유무에 의해서는 동작성과 상태성의 의미자질을 지니고 있는 동태성명사, 동태성이 없는 비동태성명사로 분류되며, 구상성 유무에 의해서 구체적인 대상을 지시하는 구상명사, 추상적인 것을 지시하는 추상명사로 분류된다. 일반적으로 명사를 분류할 때는 고유명사, 의존명사, 일반명사로 구분한다. 여기서는 이 세 분류를 기준으로 분석할 것이다.

명사는 통신언어와 일반언어 모두에서 가장 많이 쓰이는 어휘이다. 그래서 통신언어에서 가장 다양한 형태변이가 나타나고, 새말도 많이 생성된다. 명사는 일반언어보다 통신언어에서 의미를 전달하는 주된 역할을 하게 된다. 조사나 관형어의 수식을 생략하는 경우는 있을 수 있으나 의미를 나타내는 명사의 사용은 필수이기 때문이다. 명사는 어휘의미가 뚜렷하고 문장에서 주된 의미를 표시하기 때문에 형태변이와 의미변이가 모두 나타나게 된다. 고유명사의 경우 의미가 고정되어 있기 때문에 의미변이는 있을 수 없다. 의존명사의 경우도 자립성이 없기 때문에 의미변이가 나타나지 않는다. 통신언어에서 의미변이는 일반명사에서만 나타나는 현상인 것이다.

(1) 형태변이

명사의 형태변이에는 크게 보아 축약, 첨가 그리고 변이 등이 있다. 축약은 다시 음절 축약과 음소 축약이 있으며, 음절과 음소가 같이 생략되는 경우도 있다. 첨가는 음절 첨가는 없고 음소 첨가만 나타난다. 변이는 음성표기의 영향으로 연철이 일어나거나 음소가 다른 음소로 변이되는 것을 말한다. 간혹 외국어를 한국어 발음 그대로 표기하는 경우가 있는데 외래어 표기법을 준수하지 않고 그냥 소리나는 대로 표기하고 있다. 또한 한국어로 충분히 바꿀 수 있는 단어를 사용하는데 이것은 컴퓨터 통신에서 유희적 측면이 강하게 작용하는 것이다. 이렇게 변이된 어휘는 형태가 다를지라도 원래의 어휘와 동일한 의미로 사용된다.

축약에서 음절 축약은 하나의 단어를 한 음절로 축약하는 경우, 두 개 이상의 단어에서 단어별로 한 음절씩 취한 경우가 있다. 두 개 이상의 단어에서 단어별로 한 음절씩 취한 경우도 각각의 앞 글자만 취한 경우와 그렇지 않은 경우로 나눌 수 있다.

[표 3-1] 음절 생략의 예(한 음절로 축약된 경우)

통신언어	원 형
갑	동갑
방	대화방
컴	컴퓨터
삐	삐삐, 무선호출기
텔	하이텔

한 음절로 단어를 축약하는 경우 단어의 첫 음절이나 마지막 음절을 사용하는 것을 볼 수 있다. 일반적인 경우로 단어에서 가장 특징적으로 쓰인 음절을 사용하는 것이다.

[표 3-2] 음절 생략의 예(단어에서 음절 일부가 생략된 경우)

통신언어	원 형
텔비	텔레비전
범생	모범생
스펠	스펠링
애니	애니메이션

단어에서 음절을 생략하는 것은 위치에 상관없이 나타난다. 일반적인 경우 단어의 뒷 부분을 생략하지만 '텔비', '범생' 등과 같이 단어 중간이나 앞 음절을 생략하는 경우도 나타난다.

[표 3-3] 음절 생략의 예(앞 음절만 이용한 축약)

통신언어	원 형	통신언어	원 형
강추	강력추천	삐번	삐삐번호
강퇴	강제퇴장	새탈	새벽탈출
공구	공동구매	야자	야간자습
공근	공익근무요원	정모	정기모임
비게	비공개 게시판	즐통	즐거운 통신
비방	비공개 대화방	컴섹	컴퓨터 섹스
비번	비밀번호	통대	통화대기
통장	통화장애		

일반언어에서 두자어와 같은 원리로 사용되는 것이다. 위 예들이 모두 컴퓨터 통신에서 만들어진 어휘는 아니다. 일반언어에서 사용되던 단어가 통신언어에 그대로 적용된 경우도 있다. '야자'의 경우가 그러하다.

[표 3-4] 음절 생략의 예(단어의 앞 음절, 뒤 음절을 사용한 예)

통신언어	원 형	통신언어	원 형
폰팅	폰(phone) 미팅, 전화 미팅	즐팅	즐거운 채팅
눈팅	눈 채팅(보기만하는 채팅)	취팅	취중 채팅
삐방	삐삐 대화방(삐삐번호를 알려주는 대화방)	정팅	정기 채팅
컴팔	컴퓨터 펜팔 E-mail 펜팔	방제	대화방의 제목
방장	대화방 장(長), 대화방 개설자		

음절 생략은 영문 표기에서 이니셜(initial) 표기와 마찬가지의 경우라 할 수 있다. 영어의 이니셜은 음소표기이고 한국어의 경우 음절표기이기는 하지만 동일한 형식이라고 할 수 있다. 영어의 사용이 빈번해짐에 따라 한국어 어휘에 영향을 준 것이라 짐작할 수 있으며, 이는 컴퓨터 통신에서 대화의 속도를 높이기 위한 욕구와 맞물려 사용되고 있는 것이라 생각된다. 또한 음절 생략형은 유사한 단어에 동일한 형식을 적용하여 사용된다.

[표 3-5] 음절 생략의 예(동일한 형식으로 생략된 예)

통신어휘	원 형	통신어휘	원 형
암퀴	암호 퀴즈	퀴방	퀴즈 대화방
역퀴	역사 퀴즈	마창방	마산, 창원지역에 사는 사람들의 대화방
영퀴	영어 퀴즈	중방	중학생 대화방
잡퀴	잡다한 퀴즈	80방	80년생 대화방
삼퀴	삼국지 퀴즈	음방	음악만 듣는 대화방
음퀴	음악 퀴즈		

하나의 축약형이 생성되면 다른 어휘에도 동일한 형식을 적용하는 것이다. '대화방'은 컴퓨터 통신 초기에 '채팅'이 우리말로 '대화'로 바뀌면서 가상공간에서 '방'이 결합되어 사용되다가 그냥 '방'만 붙여서 사용하게 된다. 이 '방'은 일상언어에서 영향을 받은 것으로 여러 사람이 모이는 장소라는 의미로 사용된 것이다. 한국의 '사랑방' 이미지에 영향을 받은 것으로 일본의 '가라오케'가 한국으로 넘어오면서 '노래방'으로 불리면서 '방'의 의미가 확장되고, 이 '방'은 컴퓨터 통신에서 여러 파생어휘를 만들어냈다. 그리고 다시 일반언어로 파급되어 '소주방, PC방' 등의 어휘를 파생시키게 된다. 일반언어에서 한정된 의미를 가지고 있던 단어가 컴퓨터 통신에서 의미가 확장되어 다시 일반언어로 들아온 것이다.

단어에서 음절을 생략한 경우는 표기상의 편리를 위한 측면이 강하지만, 음소의 일부를 생략하는 것은 발음상의 편리를 위한 것이다. 음절 생략은 단어 형태를 중심으로 이루어지는 것이지만, 음소 생략은 단어의 음을 중심으로 이루어지는 것이다.

[표 3-6] 음소 생략의 예

통신어휘	원 형	통신어휘	원 형
멜	메일(mail)	셤	시험
겜	게임(game)	앤	애인

낼	내일	울	우리
담	다음	잼	재미
설	서울	토욜	토요일
천랸	천리안		

음소의 생략은 모음 주로 마지막 음절의 모음을 생략하거나 합친다. 마지막 음절이 모음으로 시작되고 앞 음절에 받침(종성)이 없는 경우 그러한 현상이 주로 나타난다. 모음과 모음이 연접되면 합쳐지거나 후행모음이 생략되는 것이다. 한국어는 모음이 연이어 오는 것을 기피하는 특질이 있다. 모음이 연이어 오는 경우 그 사이에 자음을 개입시켜 모음의 충돌을 피하게 한다. 그러나 통신언어에서는 자음을 첨가하는 것이 아니라 충돌되는 모음을 하나로 합하거나 후행모음을 생략하는 방식이 일반적이다. 이럴 경우 합쳐지거나 생략된 모음과 음절을 이루었던 받침은 선행 음절의 받침으로 사용된다. '천리안→천랸'의 경우 마지막 음절이 모음 'ㅏ'와 앞 음절의 모음 'ㅣ'가 하나로 합쳐진 것이다. 그리고 마지막 음절의 받친 'ㄴ'이 앞 음절의 받침으로 사용되고 있다.

그러나 '시험→셤'의 경우처럼 두 번째 음절이 모음으로 시작되지 않았으나 동일한 유형으로 음소 생략이 나타난다. '시험→셤'은 '시험'에서 두 번째 음절의 'ㅎ'이 탈락하고 'ㅣ'와 'ㅓ'가 합쳐져 'ㅕ'로 바뀌어 '셤'이 된 것이다. 한국어에서 초성 'ㅎ'의 음가가 약화되어 나타나는 현상으로 보인다.

선행 모음과 후행 모음은 합쳐지지 않고 둘 중 음가가 더 강한 쪽을 사용하고 음가가 상대적으로 약한 모음을 생략하는 경우도 있다. '우리→울'은 두 번째 음절의 모음'ㅣ'가 생략되고 두 번째 음절의 'ㄹ'이 첫 번째 음절과 합한 경우이다. 선행 모음 'ㅜ'가 후행 모음 'ㅣ'보다 음가가 더 강하기 때문에 나타나는 현상이다. '다음→담', '토요일→토욜'도 동일한 경우이다. 여기서도 생략된 모음과 음절을 이루었던 받침은 선행 음절의 받침으로 사용되고 있다.

'메일(mail) → 멜, 게임(game) → 겜, 애인 → 앤, 내일 → 낼, 재미 → 잼'은 이중모음과 'ㅣ' 모음이 연접되는 것인데 이 경우도 음가가 약한 단모음이 생략되고 있다. 마찬가지로 생략된 모음과 어울려 음절을 이루었던 받침은 선행음절의 받침으로 사용되고 있다.

음절 생략과 음소 생략이 동시에 이루어진 경우도 있다.

[표 3-7] 음절과 음소가 동시에 생략된 예

통신어휘	원 형	통신어휘	원 형
샘, 샘님	선생님	멜팅	메일미팅
업글	업그레이드	알바	아르바이트
홈피	홈 페이지	야겜	야한게임

'선생님 → 샘'은 첫 음절에서 초성 'ㅅ'을, 두 번째 음절에서 중성 'ㅐ'를, 세 번째 음절에서 종성 'ㅁ'을 합쳐서 만들어진 어휘이다. 단어에서 음절 순서대로 초성, 중성, 종성을 취한 것이다. 형식이 완전히 영어 이니셜 표기와 동일하다. 음절 생략의 경우 영어 이니셜 표기와 음소와 음절이라는 차이를 보였지만 여기서는 똑같이 음소를 이용한 표기라는 점에서 그렇다. 그러나 음소 생략은 앞서 논했듯이 음절 생략이 단어의 형태를 중심으로 하는 것이 비해 단어의 발음이 중심이기 때문에 차이가 난다. '선생님'을 빠르게 발음하여 음이 축약되는 경우 '샘'으로 발음된다. 통신언어가 음성언어를 문자화한 데서 시작되었기 때문에 발음의 축약이 표기에도 그대로 적용된 것이다.

'샘님'은 '샘'이 이미 '님'이라는 음절을 포함하고 있기 때문에 '님'이 중복 표기된 경우라고 할 수 있을 것이다. 그러나 다른 면에서 보면 '샘'은 '선생'에서 두 음절이 하나로 합쳐지는 과정에서 동일한 초성 하나를 생략하고, 'ㅓ'와 'ㅐ' 중 음감이 더 강한 이중모음 'ㅐ'를 취하고 'ㅓ'를 생략한 후 받침 'ㅇ'을 'ㅁ'으로 바꿔 발음을 종결짓고 있는 것이다.

'멜팅'은 '메일 → 멜'의 음소축약이 이루어진 후 '미팅'과 합쳐지면서

'미팅'의 앞 음절을 생략하고 뒷 음절을 취한 것이다. '야겜'의 경우도 마찬가지로 '게임 → 겜'의 음소 축약이 일어난 후 '야한'과 결합하는 과정에서 '야한'의 앞 음절'야'만 취하고 뒷 음절을 생략한 것이다.

'업글', '알바'의 경우 유음인 'ㄹ'을 받침으로 앞 음절에 붙이면서 'ㄹ'과 어울린 모음을 탈락시키고 어휘의 뒷부분을 생략한 것이다.

'홈피'의 경우도 '홈'과 '페이지'가 결합된 것인데 '홈'이 단음절어이기 때문에 축약하지 못하고 '페이지'을 축약하였다. '페이지 → 피'의 축약은 특이한 경우이다. 앞서 논했듯이 모음 연접에는 모음이 하나로 합쳐지거나 음가가 약한 모음이 생략되는데 '페이지 → 피'의 축약은 반대 형상이 나타나고 있다. 첫 음절 모음 'ㅔ'와 후행 모음 'ㅣ' 중 음가가 더 약한 'ㅣ'가 사용되었다. 이것은 음가에 의한 축약 현상이기보다 '선생님 → 샘'과 마찬가지 유형으로 보인다. 첫 음절에서 초성 'ㅍ'을 취하고, 둘째 음절에서 중성 'ㅣ'를 취하고 마지막 음절에서 종성을 취해야 하는데 마지막 음절에 종성이 없어 마지막 음절을 아예 생략한 경우이다.

음소를 생략하는 경우 외에 음소를 첨가하거나 변이시켜 사용하는 경우도 있다.

[표 3-8] 음소가 첨가되거나 변이된 예

통신어휘	원 형	통신어휘	원 형
기쁜	기분	컴뿌터	컴퓨터
개시판	게시판	바부	바보
실랑	신랑	푸산	부산
학뇬	학년	듀금	죽음
두리	우리		

음소의 변이는 '기분 → 기쁜', '컴퓨터 → 컴뿌터', '부산 → 푸산'처럼 좀더 음감이 강한 음소로 바뀌는 경우가 많다. 컴퓨터 통신언어가 음성언어를 문자로 옮기는 과정에서 발생한 것은 앞에서 논하였다. 그러나

음성언어를 문자로 옮기다 보면 음성언어에서 보조적인 의미로 사용되는 음감, 성량, 음색 등이 전달되지 못한다. 그렇기 때문에 음감이 강한 음소로 대체하여 전달하고자 하는 의미를 강화하는 것이다.

'게시판 → 개시판'의 변이는 'ㅔ'와 'ㅐ'의 발음상 유사성에 원인이 있는 듯 하다. 그리고 컴퓨터 글자판에서 'ㅐ'와 'ㅔ'가 나란히 배열되어 있어 표기에서도 혼란을 줄 수 있다. 일반언어에서도 'ㅔ'와 'ㅐ'가 표기상 혼란을 일으키는 경우가 있는데 그런 혼란이 컴퓨터 통신언어에도 그대로 적용된 것이다.

'죽음 → 듀금', '우리 → 두리'는 구개음화 현상이 역으로 나타난 것이다. 구개음화현상은 구개음이 아닌 음운이 구개음으로 바뀌는 현상을 말한다. 'ㄷ, ㅌ, ㄱ,ㅋ, ㅎ'이 구개음 'ㅈ, ㅊ, ㅅ'으로 바뀌는 것을 말한다. 일반적으로 끝소리가 'ㄷ·ㅌ'인 형태소가 'ㅣ' 또는 반도음 'ㅣ'로 시작되는 형태소와 만나면 구개음인 'ㅈ·ㅊ'으로 발음되는 것이다('굳이'가 '구지'로 발음되는 따위). 그런데 컴퓨터 통신언어에서는 그런 구개음화가 역으로 나타나 표기되고 있다. 모음의 종류와 상관없이 구개음인 'ㅈ, ㅊ, ㅅ' 등이 'ㄷ, ㅌ'으로 변이되고 있다. 이 역구개음화는 대부분 'ㅈ → ㄷ' 변이이고 다른 음소는 드물게 나타난다. 다른 음소는 'ㅈ → ㄷ' 변이 이후 조음위치의 유사성에 의해 대응되어 변이된 것이다.

통신언어에서 보이는 역구개음화는 'ㅈ → ㄷ' 변이가 원인이 된 듯하다. 이 'ㅈ → ㄷ' 변이는 컴퓨터 글자판의 배열에서 비롯된 듯하다. 컴퓨터 글자판을 보면 한글 자모가 세 줄로 배열되어 있다.

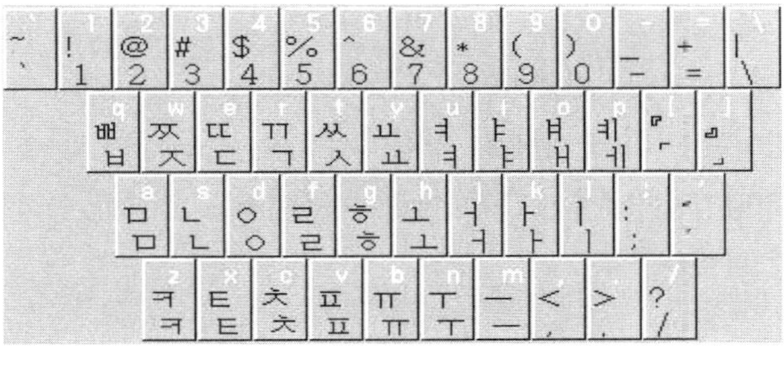

한글 자모가 배열되어 있는 세 줄은 위에서부터 윗글쇠, 기본자리, 아랫글쇠이다. 기본자리인 가운데 줄에서 'ㅁ, ㄴ, ㅇ, ㄹ'이 왼손 기본위치로 순서대로 소지, 약지, 중지, 검지가 위치하게 된다. 'ㅗ, ㅓ, ㅏ, ㅣ'는 오른손의 기본자리로 순서대로 검지, 중지, 약지, 소지가 위치하게 된다. 이것이 윗글쇠를 입력할 경우 'ㅂ, ㅈ, ㄷ, ㄱ'에 왼손 소지, 약지, 중지, 검지가 위치하게 되고, 'ㅕ, ㅑ, ㅐ, ㅔ'에 오른손 검지, 중지, 약지, 소지가 위치하게 된다. 그래서 'ㅈ'을 입력하려면 왼손 약지를 사용해야 한다. 이것보다 왼손 중지를 사용하는 'ㄷ'이 입력에 더 편리하게 된다. 여기에 'ㄷ'과 'ㅈ'이 나란히 배열되어 있어 입력시 수시로 오타를 불러오게 된다.

컴퓨터 통신언어의 발생원이 되는 채팅은 실시간으로 이루어지는데 여기서는 잘못 입력한 글자의 수정이 불가능하다. 또한 대화의 속도를 높이기 위해 상대의 오타는 의미를 이해할 수 있는 경우 묵인하게 된다. 그러한 상황에서 발음이 유사한 'ㅈ'이 입력이 더 간편한 'ㄷ'으로 바뀌게 된 듯하다.

'신랑 → 실랑'은 후행 음소인 'ㄹ'의 영향에 의한 역행동화로 인한 발음을 그대로 문자화한 것이다.

'바부', '학뇬'은 양성모음과 음성모음이 바뀐 것이다. '바부'는 뒷 음절의 모음 'ㅗ'가 대응되는 음성모음 'ㅜ'로 변이된 것이다. 그래서 모음조화를 깨고 있다. '학뇬'은 뒷 음절 모음 'ㅕ'가 양성모음 'ㅛ'로 바뀐 것으로 이 경우는 모음조화를 유지하게 하고 있다. 통신언어가 일반언어에서 일탈임을 고려할 때 모음조화가 유지되는 단어는 법칙에서 일탈시켜 모음조화를 깨고, 모음조화가 이루어지지 않은 단어는 오히려 역으로 모음조화를 맞추어 일반언어에서 일탈시키고 있는 것이다.

음소 변이된 어휘 중 컴퓨터 통신에서 많이 사용되는 것 중의 하나는 '고등 → 고딩' 변이에서 유추된 어휘이다. 이것도 동일한 형식이 적용되어 변이된 예이다.

[표 3-9] 동일한 형식으로 변이된 예

통신어휘	의 미
초딩	초등학생
중딩, 중딩어, 중띵	중학생
고딩, 고딩어	고등학생
대딩	대학생
직딩	직장인
노딩	나이가 많은 사람

위에 예를 든 어휘는 그 형태가 '~딩'의 형태를 취하는데, 이것은 '고등학생 → 고등 → 고딩'의 변화과정을 거친 후 초등학생, 중등학생의 경우에는 그대로 적용이 되었고, 대학생과 직장인의 경우에는 '앞글자+딩'의 형태를 취하면서 유사성을 드러내고 있다. '딩'은 '등'의 변형으로 보는 것이 일반적이나 영어의 '~ing'가 결합되면서(고등+ing) 진행형으로 고등학교(초등학교, 중학교, 대학교, 직장)에 다니는 중임을 나타낸다고도 볼 수 있다. 그러나 컴퓨터 통신어휘는 사용의 편리를 가장 많이 추구하게 되므로 의도적으로 영어식 표현을 결합하여 어휘를 만들었다고 보기는 힘들다. 또한 컴퓨터의 자판을 보면 '등'의 'ㅡ'는 아래글쇠에 '딩'의 'ㅣ'는 기본글쇠에 있어 손가락을 이동하지 않고 어휘를 입력할 수 있음을 알 수 있어 '등 → 딩'의 견해가 더 타당한 것으로 보인다.

'고딩어'는 어형이 유사하여 고등학생을 의미하는 은어로 사용되는 '고등어'가 동일한 형식으로 변이된 예이며 '중딩어'는 '고딩어'에서 유추된 것이다. '중띵'은 '중딩'의 어감을 강하게 하여 변이시킨 것이다.

(2) 의미변이

명사의 의미는 종종 다른 의미로 대체되어 사용된다. 일반언어에서 사용되는 단어가 새로운 의미를 획득하여 사용되는 것이다. 일반언어에서 사전적인 의미와 다른 의미를 획득하는 경우 은어가 되는데 이러한 은어가 컴퓨터 통신에서도 사용되게 된다. 컴퓨터 통신상에서 새로운 의미를 획득하여 새로 획득된 의미로 사용되는 경우 은어가 된다. 일반언어 은어와 통신언어 은어의 차이점은 의미를 인식하고 사용하는 사람 수의 차이이다. 일반언어에서는 은어란 은밀한 언어로 특정 계층에서 사용하는 언어이지만 컴퓨터 통신에서는 누구나 다 사용하기 때문이다. 일반언어의 은어가 컴퓨터 통신에서 사용되면 은어로서의 지위를 가지는 것이 아니라 단지 의미변이된 언어로 사용되는 것이다.

[표 3-10] 단어의 의미가 확장된 예

통신어휘	의 미
공사중	웹사이트가 업데이트 중이거나 제작 중이어서 접속할 수 없다는 뜻
당근	당연하다라는 의미로 사용된다.
도배	동일한 문장이나 문구를 화면에 계속해서 올리는 것. 채팅에서 다른 사람의 말을 방해하거나 자신의 말을 강력히 나타낼 때 사용한다. 인터넷 게시판에 같은 내용의 글을 계속 올리는 것도 도배이다.
방콕	'방'에 '콕' 박히다. 별 할 일 없이 집에 있었다는 의미로 사용된다.
백조	실업 상태의 여자를 의미한다. 일반적인 실업 상태를 의미하는 '백수'는 주로 남자를 이른다.
번개	컴퓨터 통신 중 약속을 정하고 급하게 만나는 것을 의미하는데, 주로 채팅 중에 만날 약속을 하고 만남을 갖는다.
스님(중)	중학생, 중학생의 머리가 짧은 경우가 많아 생긴 말이다.
폭탄	못생긴 남자(여자)를 이른다.
고등어	고등학생, 어휘형태가 비슷하여 사용된 듯 하다.
잠수	대화방에서 대화에 참가하다가 아무말도 하지 않고 있는 경우, 물속에 있는 듯 보이지 않음을 의미한다.
신데렐라	채팅을 하다가 시간이 되면 채팅을 중단하고 접속을 종료하는 사람을 이른다.

이렇게 만들어진 은어는 통신 사용자에 의해 일반언어에서도 사용된다.[30)]

30) '쪼가리 없다고? 생까지마', '야자시간에 담탱이한테 야리다가 열라 깨졌어', '센터

의미가 변이된 예는 아니지만 명사의 경우 컴퓨터 통신에 의해 새롭게 만들어지는 새말이 많다. 컴퓨터와 컴퓨터 통신이 일반적으로 쓰여진 지 얼마 되지 않았기 때문에 컴퓨터 또는 컴퓨터 통신과 관련된 새말이 많이 만들어졌다. 새롭게 만들어지는 말은 대부분 기존의 단어를 하나로 합하여 만들어진다.

[표 3-11] 컴퓨터 또는 컴퓨터 통신에 의해 만들어진 새말

통신어휘	의 미
네티즌(Netizen)	Network+citizen의 결합, 컴퓨터 통신 사용자를 의미함
네티켓	Network+etiquette의 결합, 컴퓨터 통신상에서 지켜야할 예절
넷맹	Network+盲, 컴퓨터 통신을 할 줄 모르는 사람
독수리타법	몇 개의 손가락만 이용하여 글자를 입력하는 것, 마치 독수리가 발톱으로 자판을 두드리는 것 같다고 하여 붙여졌다.
인맹	INTERNET+盲, 인터넷을 사용할 줄 모르는 사람
컴맹	Computer+盲, 컴퓨터를 사용할 줄 모르는 사람
텔맹	하이텔+盲, 하이텔을 사용하지 못하는 사람
해적판	불법복제 소프트웨어

컴퓨터 통신 사용자가 증가한 지금 한국어 새말 생성에 가장 큰 영향을 주고 있다. 그리고 컴퓨터 통신에서 새롭게 만들어진 새말은 컴퓨터 통신의 신속성에 의해 일반언어로 빠르게 보급되어 사용되게 된다.

3.1.2 대명사

대명사는 명사를 대신하여 쓰이는 단어로 명사를 대신하는 대용성,

깐다 따가리 숨겨라', '뜨아, 원빵하지 않고 졸라 짭시리…쯧쯧', '살까게 야리니까 그렇지' 요즈음 교실이나 등.하교길 버스 안에서 흔히 들을 수 있는 10대들의 대화 내용이다.
제주일보, 「선데이 - 은어, 그들만의 언어」, 2000. 4. 30.

화자를 기점으로 하여 화자 자신이나 그 주변의 것을 지시하는 상황지시성을 특성으로 한다. 대명사는 의미 특성에 따라 분류할 수 있다. 재귀성 유무에 따라 일반 대명사와 특수 대명사, 인칭성 유무에 따라 인칭대명사와 비인칭대명사로 나뉘고 각각 세 분류가 가능하다.

컴퓨터 통신언어는 직접적이기보다 간접적인 언어이고, 길게 서술하여 설명하기보다 짧은 문장으로 의미만 전달하고자 하기 때문에 대명사의 쓰임이 많지는 않다. 문학작품이나 신문기사 등에서는 대명사 사용이 보이나 채팅이나 전자게시판 등 개인적인 언어활동에서는 대명사가 거의 보이지 않는다. 또한 현실공간에서 직접적인 대화는 화자의 동작으로 대명사 기능을 대신하기도 하지만 컴퓨터 통신에서는 동작을 통한 의미전달이 불가능하기 때문에 직접적인 대상을 의미하는 명사를 주로 사용하고 대명사 사용이 적게 나타난다. 인칭대명사의 경우도 컴퓨터 통신 사용자의 아이디를 주로 사용한다. 원칙적으로 보면 아이디가 대명사이지만 컴퓨터 통신에서는 고유명사화되어 사용되고 있다.

대명사의 경우 그 형태가 한정되어 있기에 통신언어에서 나타나는 것도 한정된다. 대명사는 다른 단어의 의미를 대신하는 것이기 때문에 의미변이가 일어날 수 없다. 대명사의 형태변이는 조사와 결합한 변이와 대명사 단독 변이의 두 가지 경우가 있다.

[표 3-12] 대명사 단독으로 변이된 예

통신어휘	원 형	통신어휘	원 형
거	거기	뎌	저
거거, 건, 긍오, 긍헌	그것	뎌희	저희
녀려분	여러분	뎌깃	저기
눅우	누구	얼	우리
다그, 닥②	자기	역힛, 엮휯	여기
당뛴	당신		

분석에 이용된 대명사 통신어휘 중에서 축약된 형태를 보이는 것은 얼마 되지 않는다. 위의 예 중 '거기 → 거', '우리 → 얼', '그것 → 건'이, 그밖에 '무슨 → 먼', '무엇 → 멀, 멋, 모, 뭐, 뭣, 마, 머', '무슨 → 믄', '아무 → 앙', '우리 → 흡'이 있다. 대명사가 대부분 음절수가 많지 않은 단어이기 때문에 축약하여 사용하기보다 음소나 음절을 변이시켜 사용하는 경우가 많다.

음소변화에서 눈에 띄는 것은 'ㅈ'이 'ㄷ'으로 변화하는 것이다.(저→더, 저희 → 더희, 저기 → 뎔깃 자기 → 다그, 댝② 등) 일반적으로 'ㄷ'은 구개음화에 의해 'ㅈ'으로 발음되는데 통신언어 표기에서는 'ㅈ'이 'ㄷ'으로 표기에서 역으로 나타난다. 실용적인 면에서는 'ㄷ'이 'ㅈ'보다 약간이라도 타자에 편리하기 때문에 나타나는 현상이고, 음운적으로 역구개음화 현상에 의한 것이라고 할 수 있을 것이다. 더불어서 모음에서도 변이가 일어나는데 'ㅓ'가 'ㅕ'로 변이된다. 이것은 파찰음이나 마찰음이 파열음으로 바뀌면서 음의 여운이 더 강해져 모음이 강화되는 것으로 볼 수 있을 것이다.

또 다른 특징으로는 음소를 좀 더 강한 음감을 가지고 있는 음소로 대체하거나, 음소를 첨가하여 발음을 강하게 하는 것이다. '여기 → 역힛/역힟', '당신 → 당뛴', '저기 → 뎔깃' 등이 그러한 예이다. 이것은 통신에서 형태를 강하게 하여 의미를 강화시켜 강조하는 효과를 나타낸다. 이것은 컴퓨터 통신공간에서 다른 사람과 다른 강한 표현으로 자신의 존재를 드러내고자 하는 욕구에서 나타난 현상으로 보인다.

'여기 → 역힛/역힟'는 둘째 음절의 초성 'ㄱ'을 앞 음절의 받침으로 사용한 다음 초성에 'ㅎ' 종성에 'ㅅ'을 첨가하여 음을 탁하게 하고 다음 음절과 단절감을 주어서 의미를 강화한 것이다. '역힟'은 '역힛'에서 음이 더 강한 음소로 교체한 것이다. '뎔깃'도 종성에 'ㄷ' 'ㅅ'을 사용하여 음을 격하게 만들어 의미를 강조하고 있는 것이다.

'당신 → 당뛴'은 'ㅅ'을 'ㄷ'으로 역구개음화가 일어난 후 다시 'ㄸ'으로 강화하고, 'ㅣ'를 'ㅟ'로 변이시킨 것이다. '이 단어에서 'ㅣ → ㅟ' 변이는 'ㅅ → ㄸ' 변이보다 선행되었을 것이다. 'ㅣ → ㅟ'의 변이는 통신언어 전체에서 나타나는 특징인데 주로 어미에서 초성이 마찰음이나 파찰음인 경우에 나타난다. 그렇기 때문에 마찰음 'ㅅ'이 파열음 'ㄸ'으로 변이되기 전에 모음에서 변이가 선행되었을 것이다.

'그것 → 극오, 극헌', '누구 → 눅우'의 경우 뒷 음절의 초성을 앞 음절의 종성으로 사용한 예이다. '극오'는 뒷 음절의 초성을 앞 음절의 종성으로 사용하고 남은 'ㅓ'을 유화시킨 것이고 '극헌' 뒷 음절을 강화시킨 것이다. 유화나 강화가 동시에 나타난 예인데 방음을 유화시키든 강화시키든 모두 단어의 의미를 강조하기 위한 변이이다.

'그것 → 거거'는 뒷 음절 모음 'ㅓ'의 영향으로 앞 음절 모음 'ㅡ'가 'ㅓ'로 역행동화된 후 뒷 음절의 종성 'ㅅ'이 생략된 것이고, '누구 → 눅우'는 뒷 음절의 초성을 앞 음절의 종성으로 사용한 것이다.

[표 3-13] 조사와 어울려 변이된 예

통신어휘	원 형
난홍, 낟오, 낟옹, 낟흐, 낟홍, 날항, 낵아, 낵앙, 낵하, 낻아, 냐효	나/내
넉아, 넌홍, 니그, 니눈, 닉아, 느이	너
니맛, 니망	님

조사와 어울려 변이된 대명사는 모두 인칭대명사이다. 인칭대명사는 한 음절로 된 단어가 많고 단어의 형태도 단순하여 단독으로 변이되기 어렵다. 그렇기 때문에 조사와 어울려 형태변이가 나타나는 것이다.

'나/내'가 조사와 어울려 변이된 예를 살펴보겠다. '난홍'은 '-는'과 어울려 변이된 것이다. '난홍'은 뒷 음절의 초성을 앞 음절 받침으로 사용한 후 'ㅎ'으로 음을 강화하고 종성에 'ㅇ'을 사용하여 다시 유화시키고 있다.

'낟오, 낟옹, 낟흐, 낟홍'는 '-도'와 어울려 변이된 것이다. 기본적으로 뒷 음절 조사 '-도'의 초성 'ㄷ'을 대명사 '나'의 받침으로 사용하고 있다. '낟옹'은 종성에 'ㅇ'을 사용하여 음을 유화시키고 있고, '낟흐'는 '오'를 '흐'로 음을 탁하게 변이시키고 있으며, '낟흥'은 다시 종성 'ㅇ'을 사용하여 유화시키고 있다.

'날항'은 '나랑'에서 뒷 음절 초성 'ㄹ'이 앞 음절의 종성으로 사용되고 그 자리에 'ㅎ'을 첨가한 것이고, '냐효'는 '나요'가 후행 음절 모음의 영향으로 'ㅏ'가 'ㅑ'로 역행동화가 일어난 후 뒷 음절 초성에 'ㅎ'을 첨가한 것이다. 'ㅎ'의 첨가로 발음을 탁하게 만들어 형태를 강화하고 있다.

'낵아, 낵앙, 낵하, 낻아'는 '내가'가 변이된 것이다. '낵아, 낵앙, 낵하'는 조사 '-가'의 초성 'ㄱ'을 받침으로 사용한 후 종성 'ㅇ'을 첨가하여 음을 유화시키거나(낵앙), 초성자리에 'ㅎ'을 첨가하여 음을 탁하게 만들어(낵하) 형태를 강화시키고 있다. '낻아'는 '내가 → 낵아'의 변이가 일어는 후 앞 음절 종성 'ㄱ'이 'ㄷ'으로 변이된 것이다. 같은 구개음에서 변화된 것인데 모두 음을 급하게 종결시키는 효과가 있어 교체가 나타난 듯 하다.

'니맛, 니망'는 '님아'에서 앞 음절 종성 'ㅁ'이 연철되고 종성 'ㅅ'을 첨가하여 음을 강화시키거나(니맛), 종성 'ㅇ'을 첨가하여 유화시킨(니망) 것이다.

컴퓨터 통신에서 음을 강화시키거나 유화시키는 것은 모두 음성언어를 문자화하는 과정에서 음감, 음색, 음량 등을 표시하기 위한 것으로 일반적인 표기와 다르게 표기하여 단어가 가지고 있는 의미를 강하게 잔달하고자 하는 것이다.

3.1.3 수사

수사는 사람이나 사물의 수효 혹은 차례를 가리키는 단어이다. 조사의 지배를 받고, 여러 가지 문장 성분으로 기능, 선행 관형어와의 직접

구성에서 명사보다 더 많은 제약을 받는다. 수사는 명사 앞에 놓이기도 하고 뒤에 놓이기도 한다. 수사는 의미에 따라 사람의 수효나 사물의 수량을 가리키는 양수사와 사람이나 사물의 차례를 나타내는 서수사로 분류할 수 있다. 수사는 일상생활에서 사물의 수효를 셀 경우, 우리 민족의 관습으로 말미암아 그 용법이 다양하다.

통신언어에서 수사는 대부분 입력이 편리한 아라비아 숫자로 쓰인다. 한글처럼 초, 중, 종성을 조합하여 두 번 또는 세 번 글자판을 두드리는 것이 아니라 한 번만 두드려 입력하는 아라비아 숫자를 선호하는 것이다. 양수사나 서수사 모두 아라비아 숫자를 사용하여 민족적 관습에 의한 다양한 용법이 나타나지 않는다.

(1) 형태변이

수사의 경우 형태상에서는 변이가 거의 없다. 일반언어처럼 발음을 쉽게 하기 위해 변이시킨 어휘를 사용하고 있다.

[표 3-14] 수사의 형태변이 예

통신어휘	원 형	통신어휘	원 형
슴	스물	한하	하나

'스물→슴'의 경우 뒷 음절의 초성 'ㅁ'을 앞 음절의 받침을 사용하고 뒷 음절의 중성 'ㅜ'과 'ㄹ'을 생략한 것이다.

'하나→한하' 역시 뒷 음절의 초성을 앞 음절의 받침으로 사용한 경우이다. 일반언어에서도 이러한 예는 자주 사용되고 있다. 그러나 뒷 음절의 모음을 생략하지 않고 앞 음절의 초성 'ㅎ'을 반복하여 사용하고 있다.

컴퓨터 통신에서는 입력이 자유롭고 간편한 아라비아 숫자가 많이 사용되기 때문에 한글표기 수사의 경우는 별로 사용되지는 않는다. 아라비아 숫자의 경우 형태변이는 나타나지 않는다. 하나의 키로 하나의 글자를 입력하기 때문에 한글처럼 초, 중, 종성을 각각 입력하는 것과 달라 변이시킬 수 없다. 그래서 의미변이가 나타난다.

(2) 의미변이

일반적으로 수사라 함은 수를 나타내는데 숫자가 수를 나타내는 것이 아니라 다른 의미를 나타내고 있는 경우가 있다. 이것을 숫자언어라고 하는데 주로 아라비아 숫자를 조합하여 의미를 전달한다. 이 경우 형태소가 달라지기도 하는데 여기서는 아라비아 숫자의 형태를 취하므로 수사로 분석하기로 하겠다.

숫자언어는 대중적 이동통신기기의 시작이라고 할 수 있는 무선호출기에서 일반화되었다고 할 수 있다. 전화번호를 표시하여 상대방으로 하여금 자신에게 전화를 걸도록 하는 무선호출기는 초기에는 전화번호만을 호출하여 주는 것이었으나 이후 여러 숫자를 조합하여 좀 더 다양한 의미를 전달하게 된다. 그 대표적인 예를 보면 다음과 같다.

[표 3-15] 숫자언어의 예

통신어휘	원 형	통신어휘	원 형
8282	빨리빨리	1010235	열열히 사모해
119	급히	2848	이판사판
5454	오빠 사랑해, 오빠 사랑해	1212	홀짝홀짝, 술마시는 모습
486	사랑해	1004	천사
0404	영원히 사랑해, 영원히 사랑해		

이러한 숫자의 조합은 대부분 은어와 비슷한 기능을 하고 있다. 무선호출기가 사용되던 시절 초기에 보급률이 높지 않았을 때 이러한 숫자의 조합은 일반 언중들에게 의미 전달의 기능을 하지 못하였다. 그러나 무선호출기가 점차로 대중화되었을 때 이러한 숫자언어는 언중들에게

의미전달을 충분히 하게 되었던 것이다. 이것을 컴퓨터 통신에서 그대로 사용하는데 한글로 문장을 입력하는 것보다 아라비아 숫자 몇 개로 입력하는 것이 통신속도가 더 빠르기 때문이다.

숫자언어의 대표적인 유형은 글자의 발음과 숫자의 발음이 비슷하여 사용되는 경우이다. 숫자언어가 시작된 것이 여기서부터 일 것이다.

'8282'의 경우 발음이 '팔이팔이'인데 이것이 '빨리빨리'와 발음상 유사하여 대체되어 사용된 경우이다. '2848'도 '이팔사팔'과 '이판사판'의 발음이 유사하여 사용된 예이다. 처음에는 단순한 단어를 숫자로 표기하던 것에서 점점 더 복잡한 단어를 숫자로 대체 한다. '5454'(오빠 사랑해 오빠 사랑해)는 단어의 앞 음절과 동일한 발음을 보이는 숫자를 사용하여 은어화한 경우도 있다. '1010235'(열열히 사모)는 단어 음절의 일부를 사용한 것이 아니라 사용된 음절 전부를 숫자로 대체하고 있다. 특정한 음절과 숫자를 각각 대응하는 것이 아니라 전체 숫자를 동일한 음절로 대체하기도 한다. '1004'(천사)가 그러한 예이다. 1(일), 0(공, 영), 0(공, 영), 4(사)로 음절이 대응되는 것이 아니라 숫자 1004를 발음 그대로 대응시킨 것이다. 동일하거나 유사한 발음을 이용하여 음절의 일부를 숫자로 바꾸어 사용하는 것이다.

처음에는 동일한 발음의 음절을 대신하여 사용되던 숫자는 숫자가 지닌 다른 의미를 활용하기 시작한다. 소방서 대표 전화번호인 '119'는 급하다는 뜻으로 사용되었고, 글자의 획수를 숫자로 바꿔 표기하는 경우도 있었으며(486 = 사랑해), 숫자가 지니는 다른 의미를 이용한 경우도 있다.(1212 = 홀짝홀짝, 술마시는 모습)

변이된 의미가 다시 변이되는 경우도 있다. 이런 경우는 대부분 숫자를 이용해 의미를 전달하고자 하는 목적보다는 유희적인 측면이 강하게 작용한다. '0404'의 경우 그 원래 의미가 '영원히 사랑해'지만 유희적 측면에서 변형되어 '빵(0) 사(4)먹어라' 또는 '빵(0) 먹고 죽어라(死, 4)'로 사용되기도 하였다.

아라비아 숫자만 사용하는 것이 아니라 한글 자모와 어울려 사용된 예도 있다. 이것은 의미변이라기보다는 형태변이의 예이고, 수사가 아니라 다른 형태소의 형태변이이다. 그러나 위에서 논한 숫자언어의 쓰임과 동일한 양상이 적용되었고 숫자가 수를 의미하는 것이 아니라 한글 음절을 의미하는 것이기 때문에 의미변이에 포함하였다.

[표 3-16] 음절을 숫자로 사용한 예

통신어휘	원 형	통신어휘	원 형
ㅂ2ㅂ2	바이바이(byebye)	밥5	바보
ㅃ2	바이(bye)	9럼	그럼(구럼)

'ㅂ2ㅂ2'나 'ㅃ2'는 첫 음절이 자음만으로 축약된 경우이다. 통신언어는 음절의 중심을 이루는 모음을 생략하여 실제 음보다 형태를 중시하여 모음을 생략하고 있는 것이다. 그 후 둘째 음절 '이'와 '2'가 발음이 동일하여 대체되어 사용되었다.

'밥5'와 '9럼'은 단계를 거쳐 변이되었다. '밥5'는 '바보'에서 둘째 음절의 초성 'ㅂ'이 앞 음절의 받침으로 사용되고, 남아 있는 모음 'ㅗ'가 동일한 발음의 숫자 '5'로 대체된 것이다. '9럼'도 '그럼'의 'ㅡ' 모음이 후행 'ㅓ' 모음의 영향을 받아 'ㅜ'로 역행동화가 되어 '구럼'으로 형태변이되고 '구'가 발음이 동일한 숫자 '9'로 대체된 것이다.

3.2 용언

용언은 사람의 동작이나 사물의 작용을 나타내는 동사와 사람이나 사물의 성질이나 상태를 뜻하는 형용사가 있다.

동사는 어형 변화, 즉 동사 자체가 꼴바꿈을 하여 문법 기능이 바뀌는 굴절을 한다. 그리고 서술성을 지니고 있기 때문에 주로 서술어로 기능을 하며, 그밖에 어미가 변화함으로써 주어, 보어, 목적어, 관형어, 부사어, 독립어 등으로 기능을 한다. 또 동사는 부사어의 수식을 받는다.

동사의 분류 기준에 의해 여러 종류로 나눌 수 있다. 기능에 의한 분류에서는 움직임이 미치는 대상에 따라 자동사와 타동사로, 행위와 행위자와의 관계에 따라 능동사와 피동사로, 위치에 따라 본동사와 조동사로 분류할 수 있다. 활용 형태에 의해서는 활용의 완전성 유무에 따라 완전동사와 불완전동사, 활용의 규칙성 유무에 따라 규칙동사와 불규칙동사로 분류된다. 의미에 의해서는 동작동사, 과정동사, 상태동사, 관계동사, 심리동사, 결여동사로 분류할 수 있다.

형용사는 동사처럼 어형 변화를 하고, 주로 서술어로서 기능을 하는 것 이외에 주어, 보어, 목적어, 관형어, 부사어, 독립어 등으로도 기능을 하며, 부사어만을 수식어로 취한다. 형용사를 동사에 포함시켜 상태동사라고 하기도 한다. 형용사는 기능에 따라 본형용사, 보조형용사, 형태에 따라 규칙형용사, 불규칙형용사, 의미에 따라 감각, 심리, 평가, 비교, 존재, 지시형용사로 나눌 수 있다.

동사와 형용사는 공통점이 많지만 몇 가지 차이를 나타낸다. 동사는 사람의 동작이나 사물의 작용을 나타내고, 형용사는 사람과 사물의 성질이나 상태를 뜻한다. 동사 어간은 명령형, 청유형, 평서형, 응낙형, 약속형, 목적형, 의도형종결어미나 관형사형 전성어미 '-는'이 결합될 수 있지만, 형용사의 어간은 이러한 어미들이 결합될 수 없다. 동사들 중에서 타동사는 목적어를 필요로 하지만, 형용사는 목적어를 필요로 하지 않는 차이점을 보인다.

일반언어도 용언은 주로 어미에 의해 굴절되어 문법 기능이 결정된다. 통신언어도 마찬가지이다. 그러나 통신언어는 어간과 어미가 분리되지 않고 결합되어 변이가 나타난다. 형태적으로만 보았을 때 용언 하나가 여러 어미와 결합하여 굴절하는 것이 아니라 마치 전혀 다른 단어처럼 변이되는 것이다.

용언은 통신언어에서 체언과 더불어 의미변이가 있다. 조사와 어미를 제외한 다른 형태소도 어휘 의미를 가지고 있지만 통신언어에서 의미변이가 나타나는 것은 체언에서도 명사(일반명사)와 수사(아라비아 숫자), 용언뿐이다.

3.2.1 형태변이

용언 형태변이는 크게 두 가지로 나누어 살펴볼 수 있다. 첫 번째는 어간만 형태변이되는 경우, 두 번째는 어간과 어미가 결합하여 형태변이 경우이다. 어간과 어미가 각각 변이되는 것이 아니라 하나의 단어로 결합되어 나타나는 것이다. 이런 경우 어간과 어미를 따로 분리하지 않고 용언범주로 용언 분류에 포함시켰다. 또한 동사와 형용사의 형태변이 유형이 동일하기 때문에 따로따로 분석하지 않고 용언으로 묶어서 분석하기로 하겠다.

용언의 형태변이는 소리나는 대로 표기하는 음성 표기형과, 축약이 있다. 컴퓨터 통신에서 용언이 어미와 결합하여 발음대로 표기하다 보면 연철되어 형태변이가 일어난다. 표준적인 표기와 다른 모습을 보이기 때문에 규칙성을 가진 연철이라도 형태변이의 유형으로 볼 수 있다.

[표 3-17] 용언 연철 표기의 예

통신어휘	원 형	통신어휘	원 형
뜨시지	뜻이지	아라써	알았어
마자	맞아	아러	알어
마즐래	맞을래	이써요	있어요
만드러써	만들었어	자바	잡아
머가이써	뭐가 있어	시러	싫어
머거써요	먹었어요	와따	왔다
머글래	먹을래	우끼다	웃기다
머시따	멋있다	조은	좋은

연철은 형태소 경계를 무시하고 음절경계를 중시하여 표기하는 것으로 후행 음절이 모음으로 시작되는 경우에 주로 나타난다. 이것은 맞춤법을 고려하지 않은 쓰기 편리와 가상공간의 특성인 일탈성에 의해 일어난 현상으로 보인다.

'좋은→조은'의 변이는 음성표기 외에 종성 탈락으로 볼 수도 있다. 컴퓨터 통신언어라는 것이 음소의 수를 줄여서 표기하고자 하는 원칙이 기본적으로 적용되기 때문에 연철에 의해 음가가 약화되고 상실되면 생략하여 표기하는 것이다. 음절이나 음소의 생략 또한 이런 원칙에 의해 나타나는 현상이다.

[표 3-18] 용언 축약의 예

통신어휘	원 형	통신어휘	원 형
짱나다	짜증나다	방가	반가워요
째지다	찢어지다	글쵸	그렇지요
션	시원하다		

축약은 그 유형이 명사와 마찬가지로 음절이나 음소의 생략이다. 병서표기에서 하나의 음소를 생략하거나 아니면 종성을 아예 생략하는 형태변이도 있다.

'짜증나다→짱나다'는 첫 음절의 초성 'ㅉ'과 두 번째 음절의 초성 'ㅈ'이 동일한 계열의 음이기 때문에 음이 더 강한 'ㅉ'에 포함된 것이다. 그리고 'ㅡ' 모음을 탈락시키고 'ㅇ'을 받침으로 사용하여 변이된 것이다. 이것은 어간만 형태변이된 예인데 '시원하다→션'의 경우도 어간만 형태변이된 예라고 할 수 있다.

'시원하다→션'은 어미를 생략하고, 둘째 음절의 모음 'ㅜ'가 탈락하고 첫음절의 모음 'ㅣ'와 둘째 음절의 모음 'ㅓ'가 합쳐져 'ㅕ'로 바뀐 것으로 볼 수 있다. 또 다른 어간 형태변이 예로 '째지다'도 있는데 '찢어지다'에서 첫 음절의 받침 'ㅈ'이 탈락하고 첫 음절의 모음 'ㅣ'와 둘째 음절의 모음 'ㅓ'가 합쳐져 'ㅐ'가 된 것이다.

'글쵸'의 경우 둘째 음절의 'ㄹ'이 첫 음절의 받침으로 사용되고 둘째 음절의 모음 'ㅓ'가 탈락하고 받침 'ㅎ'의 영향으로 'ㅊ'이 된 후 어말어미 '지'의 모음 'ㅣ'가 탈락하고 종결어미의 'ㅛ'와 합쳐져 만들어진 것이다.

'방가'는 '반가워요'의 앞 부분인 '반가'만 이용한 경우이다. 어미 '-워요'를 생략하고 '반가'로 표기하기도 하지만 'ㄴ'을 'ㅇ'으로 바꾸어서 친근감을 강조하여 표기하는 것이다.

용언의 축약은 모음, 받침(종성), 어미를 생략하고 있다. 받침이나 어미의 경우 컴퓨터 글자판에서 입력을 간편하게 하고자 생략하는 것이다. 그러나 모음을 생략하는 것은 특이할 만하다. 이중모음을 단모음으로 생략하는 것은 입력의 편의에 의한 것이라고 생각할 수 있지만 그렇지 않은 경우 모음의 생략이 일어나는 것은 통신언어가 음성언어를 문자화한 것이기는 하지만 발음 즉, 소리보다 시각적인 요소를 더 중시하는 것이라 할 수 있다. 형태변이가 나타나는 것도 컴퓨터 통신이 시각에 한정되어 있기 때문으로 보인다. 모니터에 같은 크기 같은 형태의 글자가 나열되는 단조로움과 지루함을 극복하고자 하는 의도가 내포되어 있는 것이다.

3.2.2 의미변이

컴퓨터 통신에서 체언과 더불어 의미가 달라지는 경우가 나타나는 것이 용언이다. 컴퓨터 통신에서 의미변이가 나타난다는 것은 결국 컴퓨터 통신에서 사용되는 어휘 중 주된 의미를 표현하는 데 사용되고 있다는 것이다. 그러나 의미변이가 체언과 용언에서 나타난다는 것은 일반언어와 동일하다.

용언 의미변이는 일반언어에서 쓰이는 은어가 통신언어에도 그대로 사용되는 경우와 컴퓨터 통신에서 새로운 의미를 획득한 경우가 있다.

[표 3-19] 용언 의미변이의 예

통신어휘	의 미
가스피다	거짓말하다
째지다	최고다
뺀찌먹다	퇴짜맞는 것
뽀리다	물건을 훔치다
말리다	흥분되다(성(性)적으로)
퍼가다, 퍼오다	통신에서 다른 사람의 글을 가져오거나 가져가는 것
짤리다	컴퓨터 통신망과 접속이 끊어지다
문닫다, 방뽀개죠, 방문닫을까요	대화방에서 대화를 그만두고 접속을 끊자는 의미

'가스피다, 뺀찌먹다, 뽀리다, 말리다'는 일반언어에서 사용되던 은어가 통신언어에서 동일하게 사용된 예이다. 앞에서 이미 논했지만 통신에서 사용되는 대다수의 언어는 일반언어와 동일하다. 그렇기 때문에 일반언어에서 이미 변이되어 사용되던 말이 통신언어에서도 그대로 사용되는 것이다. 일반언어에서 특정한 집단의 언어인 은어는 컴퓨터 통신에서는 특정한 집단에서 사용하는 은밀한 언어가 아닌 단지 의미변이된 언어가 된다. 그렇기 때문에 통신에서 변이된 언어가 아니어도 의미변이에 포함할 수 있다.

'째지다'는 '찢어지다'의 형태변이와 의미변이가 동시에 나타난다. 우리말 속담에 '똥구멍이 찢어지게 가난하다'라는 것이 있다. 이 속담은 비속어를 사용하지 않는 사회적 금기에 의해 '똥구멍'이란 말이 생략되어 '찢어지게 가난하다'로 사용되게 된다. 여기서 '찢어지다'가 '매우, 몹시, 굉장히'의 의미로 바뀌어 일종의 최상위 표현으로 사용되면서 '찢어지다'의 축약형인 '째지다' 역시 최상위 표현으로 사용되는 것이다.

'퍼가다, 퍼오다'는 컴퓨터 통신에서 의미가 변이된 예인데 다른 사람의 글을 홈페이지나 전자게시판에서 카피하는 것을 의미한다. '가져가다, 가져오다'의 의미로 사용되는 것이다. 비슷한 경우의 의미변이 어휘로

'올리다, 내려 받다'가 있는데 '올리다'는 글을 홈페이지나 전자게시판에 쓰는 것을 말하는데 글 외에도 데이터나 파일 등도 포함하여 사용된다. '내려 받다'는 '올리다'의 반대개념으로 글, 데이터, 파일 등을 자신의 컴퓨터 저장장치에 저장하는 것을 말한다. 이 '올리다', '내려 받다'는 컴퓨터 용어인 'upload', 'download'를 번역하는 과정에서 생겨난 것이다.

'짤리다'는 컴퓨터 통신이 전화선이나 전용통신선 등으로 연결되어 있기 때문에 의미가 확장된 예이다. 통신망에 접속했을 때 사용자 스스로가 접속을 중단하지 않은 상태에서 통신망의 오류로 인해 강제로 접속이 중단된 경우를 의미한다. 마치 통신선을 누가 잘라서 접속이 중단된 것 같다하여 피동형으로 쓰인 것이다.

'문닫다, 방뽀개죠, 방문닫을까요'는 컴퓨터 통신의 대화방에서 변이된 말이다. 컴퓨터 통신에서 채팅을 하는 공간을 대화방이라고 하는데 이것을 마치 현실공간의 방과 동일하게 생각하여 문을 닫거나 방 자체를 없애는 것으로 대화방의 공간을 단절하자는 의미를 갖는 것이다.

3.3 수식언

3.3.1 관형사

관형사는 체언 앞에 놓여 그 체언을 수식하는 기능을 한다. 조사나 어미를 취하지 못해 어형이 바뀌지 않으며, 문장에서 관형어만으로 기능을 한다. 관형사는 접두사와 비교가 되는데 둘 모두 다음에 오는 단어나 어근의 의미를 제한하는 기능을 가지고 있다. 그러나 관형사와 명사 사이에는 다른 단어가 끼어들 수 있으나, 접두사와 명사 사이에는 어떤 단어도 끼어들 수 없다. 또 관형사는 접두사에 비하여 그 뒤에 오는 명사의 제약을 덜 받는다. 관형사와 명사는 별개의 단어이기 때문에 관형사와 명사 사이에는 개방연접(open juncture)이 오지만, 접두사는 단어가 아니고 바로 다음에 오는 명사 어근에 결합하는 단어 형성소에 지나지 않으므로 접두사와 명사 어근 사이에는 폐쇄연접(close juncture)이 온다.

관형사는 의미에 따라 성질이나 상태의 의미를 나타내는 성상관형사(맨, 모든, 새, 여느, 헌, 순, 고, 전 등)와 어떤 대상을 가리킴을 나타내는 지시관형사(이, 그, 저, 무슨, 어느, 웬, 각, 모, 본 등), 수사에서 파생, 전성된 수관형사가 있다.

관형사는 체언을 수식하여 의미를 보조하는 역할을 하기 때문에 의미변이가 일어나면 관형사로의 기능을 하지 못하게 된다. 그래서 통신언어에서도 의미변이는 나타나지 않고 형태변이만 나타나고 있다. 관형사도 역시 축약이나 음소변이로 형태변이된다.

[표 3-20] 관형사 형태변이의 예

통신어휘	원 형	통신어휘	원 형
구런	그런	숨, 슴	스무
모	뭐	암	아무
다룬	다른	어떵, 오똔	어떤
모던	모든	언	어느
몬, 문, 무신	무슨		

관형사 형태변이는 발음을 편하게 하고자하는 의도에서 일어난다. '뭐→모'의 경우 이중모음을 단모음화하고 음성모음을 양성모음으로 바꾼 것이다. '무슨→몬, 문'의 경우도 음감이 강한 'ㅅ'을 생략하고 'ㅜ'와 'ㅡ' 중 발음을 편한 'ㅜ'를 취하여 변이된 경우이다.

모음 발음에서 상대적으로 발음이 불편한 'ㅡ'를 생략하거나 변이시키는 것은 '다른→다룬', '스무→숨', '모든→모던', '그런→구런', '어느→언'에서 공통적으로 나타나는 현상이다. '무신'도 이에 해당하나 이것은 방언을 통신언어에 그대로 사용한 것으로 보는 것이 타당하다.

통신언어의 시작은 컴퓨터 통신의 채팅이다. 채팅은 음성으로 하던 대화를 문자로 옮긴 것이다. 그렇기 때문에 맞춤법보다 실제 소리나는 대로 표기하는 것이 기본이 되었다. 그렇기 때문에 발음하기 불편한 음이 발음하기 편한 음으로 바뀌는 것이다. 방언의 경우도 마찬가지로 입말에서 사용하던 습관이 그대로 문자화된 경우이다.

3.3.2 부사

부사는 동사나 형용사 앞에서 그것들을 수식하는 기능을 한다. 관형사와 마찬가지로 동사와 형용사처럼 활용하지 못하고, 체언과 같이 격조사와 결합하지 못해 어형 변화를 하지 않는다.

부사는 기능에 따라 문장에서 단어를 수식하는 단어부사와 바로 다음에 이어지는 문장을 수식하는 문장부사로 나뉜다. 또는 의미에 따라 동작, 상태, 성질 등을 나타내는, 단어의 정도를 한정하는 정도부사, 양태를 나타내는 양태부사, 시제나 상을 표현하는 시간부사, 서법의 의미인 가능성, 불가능성, 필연성, 개연성, 우연성, 의혹, 단정, 양보, 기원 등을 나타내는 서법부사, 앞 문장과 뒷 문장을 이어주는 접속부사로 나누기도 한다.

부사도 관형사처럼 용언의 의미를 보조하는 역할을 한다. 그렇기 때문에 의미가 바뀔 경우 수식 기능을 상실하게 되므로 의미변이는 나타나지 않는다. 다만 형태변이만 나타날 뿐이다.

[표 3-21] 부사 형태변이의 예

통신어휘	원 형	통신어휘	원 형
근까	그러니까	아듀	아주
글고, 글겅	그리고	암튼	아무튼
넘나	너무나	열씨미	열심히
덩말로	정말로	점	좀
새루	새로	쩌끔	조금

'암튼', '근까', '새루', '넘나'의 경우 음성언어에서 나타나는 축약현상이 통신언어에도 그대로 적용된 예이다. 앞서 논했듯 통신언어는 음성대화를 문자로 바꾸어 하는 것이기 때문에 말버릇이 그대로 문자화되는 것이다. '열쒸미'의 경우도 음성 표기의 예가 된다. 다만 여기서 둘째 음절의 'ㅣ'가 'ㅟ'로 바뀐 것은 컴퓨터 통신언어에서 많이 볼 수 있는 현상이다. 'ㅣ→ㅟ'의 변이는 종결어미에서 많이 나타나는데 '열심히→열쒸미'는 이 변이가 종결어미에서만 나타나는 것이 아니라 통신언어 전반에 걸쳐 나타나는 현상이라는 것을 확인하게 해주는 예라 할 수 있다.

'아듀', '덩말로'의 경우 'ㅈ→ㄷ'의 변이가 나타나는데 이것도 통신언어 전체에서 보이고 있다. 일반언어의 구개음화가 역으로 나타나는 것이다.

'점, 글고, 글겅'의 경우 음소가 변이된 예이다. '점'은 'ㅗ'가 'ㅓ'로 변이된 것이고 '글고'는 'ㅣ' 모음이 탈락하고 둘째 음절의 'ㄹ'이 앞 음절의 받침으로 쓰였다. '글겅'은 위 두 가지 변이가 모두 적용된 것이다. 둘째 음절 'ㅣ'모음이 탈락하고 'ㄹ'이 앞 음절의 받침으로 쓰였으며 'ㅗ'가 'ㅓ'로 변이된 것이다.

'쩌꿈'도 두 음절 모음 'ㅗ', 'ㅡ'가 'ㅓ', 'ㅜ'로 변이된 것이고 평음을 된소리로 표기하여 의미 강화를 나타내고 있다.

통신언어 부사에서 가장 두드러진 특징은 의성어, 의태어의 표현 확장이다. 의성어, 의태어는 사용자에 따라, 상황에 따라 변하여 표준적인 표기를 설정하기 어렵다. 따라서 통신에서도 그 표기가 가장 다양하게 나타난다.

의성어 - 꽈당/꽝/딩동댕/삐익/퍽~!/퍽퍽~~~/퍼퍼퍽

같은 의미로 사용되어도, 형태적 발생 기원이 같아도 다양하게 사용되는 의성어의 특징을 잘 알 수 있을 것이다. 의성어의 경우 대부분이 문장부호인 느낌표(!)와 같이 사용되는 경우가 많다. 문법상 느낌표의 사용은 감탄사나 호격조사와 사용하는 것이 일반적이나 컴퓨터 통신어에

서는 일반적인 의성어와 함께 사용되어 감정을 표현한다. 또한 똑같은 어휘나 음절에 '-'를 사용하여 반복을 나타내기도 하며, '.....'나 '··, ···'와 함께 음성적 여운을 나타내기도 한다.

컴퓨터 통신에서는 의성어와 함께 의태어도 사용되는데 의성어보다 어휘 수가 적고 사용률도 낮다.

> 의태어 - 흔들흔들/하~~품/위용위용/넙~죽~/끄덕끄드/꾸벅.../꼬옥/
> 긁적긁적

의태어와 의성어는 컴퓨터 통신에서 시야를 고정시키는 한계를 극복하고자 하는 것이다. 컴퓨터 통신 초기에 기술상의 한계로 시청각적 제약이 있었으나 현재 음성채팅·영상채팅의 개발로 그러한 한계가 극복되었다. 컴퓨터 통신의 사용자들은 가상 공간에서 가상의 자신(아바타 arvatar)을 내세우는 익명성을 선호하기 때문에 컴퓨터 통신의 익명성이 상실되는 음성·영상을 통한 컴퓨터 통신보다 기술적 제한이 극복된 지금에도 시청각적 한계가 있는 컴퓨터 통신을 선호하고 있다.

3.4 독립언

감탄사는 벅찬 감정이나 부름 혹은 응답 등을 나타내는 기능을 한다. 이러한 감탄사는 조사와 결합하지 못하고, 활용하지 않는 등 어형변화가 없다. 그리고 다른 문장 성분의 도움을 받지 않고서도 홀로 문장이 될 수 있다. 감탄사는 의미에 따라 기쁨, 슬픔, 놀람, 한탄 등의 벅찬 감정을 나타내는 감정감탄사, 화자의 의지를 나타내는 의지감탄사(예 : 아서라, 여보, 네, 암, 오냐, 응, 글세, 아니오)가 있다.

감정감탄사는 대개 사람의 음성에서 비롯된 것이다. 그래서 부사(의성어)

로 보기도 하는데 통신언어는 형태보다는 의미가 강조되기 때문에 감탄사로 분류하는 것이 더 타당하다.

의지감탄사 중에서 응답이나 부름, 주저어 등이 통신언어에서 많이 사용된다. 응답이나 부름, 주저어의 경우 실시간으로 이어지는 채팅에서 많이 사용되고 있다. 그러나 근래에 실시간 채팅보다 전자우편이나 전자게시판을 많이 사용하기 때문에 사용량이 줄어들고 있다.

일반언어, 특히 문자언어 영역에서는 감탄사가 그리 많이 쓰이지는 않는다. 통신언어는 채팅보다 다른 컴퓨터 통신을 이용하는 추세와 이모티콘이 감탄사의 자리를 대신하는 경우도 있어 감탄사의 사용은 그리 많이 보이지 않는다.

감탄사의 경우 감정 전달의 의미를 갖기에 의미가 변하여 사용되지는 않고 형태변이의 유형만 보인다. 특히 말소리를 문자로 표기하는 것은 사용자에 따라 다양한 표기가 나타난다. 일반언어에서도 감탄사의 표기는 매우 자유롭게 이루어지고 있어 특별히 통신언어 감탄사가 형태 변이되었다고 하기 어렵다. 다만 일반언어보다 다양한 형태가 쓰이고 있는 것은 사실이다.

[표 3-22] 감정감탄사 형태변이의 예

웃음소리	끼끼끼/겔겔겔/푸..../푸푸.../푸우./푸커걱../푸더덕/키키/키키키/캬/캬캬/캬캬캬/캭캭/후/훗/후훗/후후훗흐/흐흐/흥/오홍/홍홍/홍홍홍/히/히힛/히~~음하하하하~/씩../씨익/하/하항/하핫/핫핫.../클클../크하~/크흐.../크흥../크힛~
놀라는 소리	괙/뜨아/띠웅/아학/어엇엥/헉!/헉/헉스/허걱/허거거/허억/앙오/오옷/웅와/와!!/와우~/와우/와후/오잉잉/잉잉/잉?/흑/화우~/힉
할 말이 없을 때	흠/흐음/흠흠흠 냠냠.../험/얌../음냐리/음냐/어흠/야무이야무이/이냠/냐냠../얌얌,/쩝/쩌비/쩌비쩌비/음
기타	아고/아공../아웅/아이고오/엉/엉엉~~~/오예/우쒸/우씨/휴~~~/에궁, 에겅, 엑우아겅, 아공 아궁

의지감탄사는 다른 범주의 어휘와 마찬가지로 통신 변이형이 존재한

다. 공통적으로 나타나는 축약, 음성 표기에 의한 연철, 음소변이, 음소 첨가의 형태변이가 나타나고 있다.

[표 3-23] 의지감탄사 형태변이의 예

통신어휘	원 형	통신어휘	원 형
ㅊㅋㅊㅋ, 추카추카	축하 축하	리하이, 리할	다시 만나서 하는 인사(Re-hi)
ㄱㅅㄱㅅ	감사 감사	만쉐, 만쉐리	만세
깜뛲귀햐	깜짝이야	구치, 그치	그렇지
넹, 넵	네	빠팅, 파링	파이팅
안뇽, 아롱	안녕	지발	제발
아닛	아니	탐, 탐	참
옙	예		

'ㅊㅋㅊㅋ', 'ㄱㅅㄱㅅ'는 초성만 이용하여 표기한 경우인데, 이것은 컴퓨터 통신 축약 어휘의 완성형이라고 할 수 있을 것이다. 다른 모든 구성요소를 생략하고 표현한 것인데, 반드시 첩어 형태여야만 하는 것은 아니다. 동일한 음소가 사용된 다른 어휘에는 사용되지 않는다. 의미전달의 혼란을 불러 올 수 있기 때문이다. 어떤 면에서는 은어화한 경우라고 할 수도 있을 것이다.

'추카추카'는 앞 음절 'ㄱ'이 연철 되면서 뒤 음절 'ㅎ'에 의해 'ㅋ'으로 바뀐 것이다. '그치'의 경우도 비슷하다. 두 번째 음절이 탈락하면서 'ㅎ'이 연철되면서 'ㅈ'이 'ㅊ'으로 바뀐 것이다.

'깜뛲귀햐'는 여러 변이 양상이 혼합되었다. 먼저 'ㅈ'이 'ㄷ'으로 변이되는 역구개음화이다. 이것이 된소리에도 그대로 적용된 것이다. 다음으로 연철인데 두 번째 음절의 종성 'ㄱ'이 다음 음절 초성으로 연철되었다. 그리고 'ㅣ'가 'ㅟ'로 바뀌는 것인데 세 번째 음절의 모음 'ㅣ'가 'ㅟ'로 변이되었다. 이 모음 변이는 주로 어미에서 나타나는 단어의 중간에서도 나타나고 있어 통신언어 전반에 나타나는 현상임을 보여준다.

특이하게 'ㅏ'가 'ㅟ'로 변이된 경우가 나타나는데 단모음을 이중모음 'ㅟ'로 변이되는 것이 통신언어 전제에 걸쳐 나타나는 현상으로 볼 수 있다. 한정된 범위에서 변이되던 것이 확장되어 변이형을 보이고 있는 것이다. 컴퓨터 통신어휘가 규칙성을 갖게 되자 다시 거기에서 일탈한 변이형을 만들어 내는 것으로 보인다.

음소 첨가는 음감, 음색, 성량 등을 나타낼 수 없는 컴퓨터 통신언어에서 의미를 강화시키는 역할을 하고 있다. 순음을 사용하여 명사형으로 단어를 종결시킴으로, 발음을 단절시킴으로 해서 강조의 효과를 내고 있는 것이다. 치음을 사용하는 것도 마찬가지이다. 그러나 'ㄹ'이나 'ㅇ'의 경우는 반대되는 기능을 하여 의미를 강화시키고 있다. 'ㄹ'이나 'ㅇ'이 종성에 첨가되면 발음을 유화시켜 의미를 부드럽게 하여 강조하게 되는 것이다.

3.5 조사와 어미

3.5.1 조사

조사는 체언에 결합하여 그 체언이 문장 내의 다른 단어와 맺는 관계를 나타내거나, 체언의 뜻을 한정해 주는 기능을 한다. 의존형태소로서 어휘적인 의미를 나타내지 못하고, 문장에서 주로 체언에 결합되어 쓰이며, 서술격조사 '이다'를 제외한 모든 조사는 어형변화를 하지 못한다.

조사는 기능에 따라 체언에 붙어서 격을 나타내거나 체언에 결합되어 그 체언이 문장에서 다른 단어와 맺는 관계를 나타내는 격조사와 체언이나 그 밖의 다른 단어에 결합되어 어떤 뜻을 첨가해 주거나, 격조사를 대신하여 격을 나타내는 기능을 하는 특수조사가 있다.

조사는 어휘적 의미가 없기 때문에 컴퓨터 통신에서 의미변이는 나타나지 않고 형태변이만 보인다. 이 형태변이도 축약형은 거의 나타나지 않는다. 대부분의 조사가 많은 음절로 된 것이 아니기 때문으로 보인다.

조사의 형태변이는 통신언어 전반에 나타나는 음성표기 방식에 의한 영향으로 보인다. 이후 논의할 어미의 경우도 마찬가지지만 의미부를 이루는 어휘와 결합하는 연철에 의해 변이되기도 한다. 이 유형은 앞에서 이미 논의하였기에 여기에서는 조사만 변이된 경우를 논하기로 하겠다.

[표 3-24] 조사 형태변이의 예

통신 조사	원 형	통신 조사	원 형
-까쥐, -까정	-까지	-버구	-보고
-강	-가	-버다, -뿌다	-보다
-강, -광	-과	-뿌터	-부터
-넌, -넝, -눈, -능	-는	-애여, -예염	-에요
-대루, -데루	-대로	-야말러	-야말로
-하거	-하고	-얌, -햐	-야
-덜, -둘	-들	-에떠, -에소, -애스	-에서
-ㄴ퉤, -텨, -테, -퉤, -한퉤, -한티, -항퉤	-한테	-더, -뎌, -두, -둥, -드, -뚜, -덩	-도
-띡	-씩	-애	-에
-ㄹ라껑, -라거	-라고	-운	-은
-라더	-라도	-울, -월	-을
-라믄	-라면	-으	-의
-러, -루	-로	-으러, -으루	-으로
-럴, -룰	-를	-텨럼, -툐럼	-처럼
-바께	-밖에		

조사는 음절수가 적기 때문에 통신언어 전체에 나타나는 축약은 많이 나타나지 않는다. 위의 예에서도 '-한테 → -ㄴ퉤, -텨, -터, -퉤, -한티, -의 → -으'가 축약된 예일 뿐이다. '-한티'의 경우 일반적인 통신언어의 축약

은 아니지만 이중모음인 'ㅔ'를 단모음임 'ㅣ'로 축약한 것이라고 할 수 있다. 축약되는 경우가 거의 없다 보니 오히려 음소를 첨가하여 변이가 일어나게 된다.

'-을→-월', '-한테→-한퉤'의 경우가 그러한데 단모음을 이중모음으로 나타나는 경우이다. '-을'은 모음 'ㅡ'가 'ㅝ'로 '-한테'는 둘째 음절 모음 'ㅔ'가 'ㅞ'로 변이된 것이다. 여기서 첨가된 모음이 모두 'ㅜ'라는 것이 특이하다. 이것은 종결어미에서 '-ㅣ→-ㅟ' 변이와 관련이 있는 듯 하다. '-까지→-까쥐'의 예가 그러한 예이다. 통신언어에서 주로 모음이 첨가될 경우 'ㅜ' 모음이 첨가되는 현상이 나타나는 듯 하다.

음소 첨가에 의한 변이는 이 밖에도 발음을 유화시키기 위해 종성 'ㅇ'을 첨가하는 경우(-가→-강, -과→-광, -라고→-라꼉, -한테→-항퉤), 파찰음이나 마찰음을 첨가하여 음감을 강하게 만드는 경우(-요→-욧/-욯, -에요→-에엽 등)가 있다. 이 두 경우는 모두 음소 첨가에 의해 문자언어에서 나타내지 못하는 어감을 표시하여 전달하고자 하는 의미를 강화하고 있는 것이다.

초성의 된소리 사용도 마찬가지이다. '-보다→-뽀다, -부터→-뿌터, -도→-뚜, -에서→-에떠' 등을 보면 초성 자음을 된소리로 표기하여 의미를 강화시킨 것이다. 다만 다른 된소리 변이는 동일한 자음을 병서 하였는데, '-에서→-에떠'의 변이는 둘째 음절 자음 'ㅅ'을 병서한 'ㅆ'이 사용된 것이 아니라 'ㄸ'을 사용하여 특이함을 보인다. 이것은 'ㅈ → ㄷ'과 마찬가지로 구개음화가 역으로 나타난 것이다. '-처럼→-터럼'도 마찬가지이다. 통신언어에서 역구개음화는 'ㅈ → ㄷ'의 한정된 음소에서만 나타나는 것이 아니라 구개음 전반에 걸쳐 나타나는 현상인 것이다. 그러나 'ㅈ → ㄷ'보다 다른 구개음에서 나타나는 변이는 매우 적다.

첨가 외에도 모음이 변이되는 경우(-으로→-으루, , -는→-넌, -눈 등)와 자음이 변이되는 경우(-는→-능) 등이 나타나고 있다. 자음의 음소변이는 모음의 음소변이에 비해 그 수가 굉장히 적다. 이것은 통신언어가 음절의 중심이 되는 모음보다 자음을 중심으로 표기하고 있는 것이라 볼 수 있다.

통신언어에서 모음이 완전히 생략되고 자음만으로 의미를 나타내는 것을 보아도 짐작할 수 있다. 일반언어에서 한국어 음절은 모음을 중심으로 이루어진다. 한글이 표음문자이기 때문에 소리의 중심이 되는 모음이 음절의 중심이 되는 것이다. 그러나 통신언어는 표기에서 음절의 중심이 되는 모음을 생략하거나 변이시키고 있다. 이것은 표기 순서상 초성인 자음보다 중성인 모음을 변이시키는 것으로 초성을 원래대로 사용하여 형태상 동일성을 유지하면서 중성을 변이시켜 일반언어와 차별성을 주는 것이다.

3.5.2 어미

어미는 어간에 붙어서 활용어의 주변부를 형성하는 형태소이다. 단어 내에서의 위치에 따라 어말어미 앞에서 시제, 상, 서법 등을 실현하는 기능을 가진 선어말어미와 단어의 맨 끝에 오는 어말어미가 있다. 어미도 조사와 마찬가지로 단어 자체가 의미를 갖고 있지 않다. 다만 다들 형태소와 어울려 문법적 기능을 표시해 주는 역할을 하는 것이다. 그렇기 때문에 의미변이는 나타나지 않는다. 형태변이만 나타나는데 형태변이도 조사와 마찬가지로 어울리는 다른 형태소와 결합되어 범주화되는 경우가 많다. 통신언어에서는 어미를 통한 단어의 문법적 기능을 고려하는 것이 아니라 입력의 편리에 의해 어간과 결합되어 변이되는 것이다. 그러나 문법적 기능이 완전히 사라지는 것은 아니다. 통신언어는 어간과 어미를 분리하여 표기하는 것이 아니라 어간과 어미를 묶어 하나로 인식하는 것이다. 그래서 형태변이에 의해 다른 범주로 분석되는 것이다.

어미의 경우 용언 또는 체언과 함께 어울려 음성표기 영향으로 연철되어 형태변이 되는 경우가 많다. 범주화된 어미의 형태변이는 앞서 각 범주에서 논했기 때문에 여기서는 어미만 단독으로 변이된 경우만 논하기로 하겠다.

어미의 형태변이 역시 다른 형태소와 마찬가지로 음소의 생략, 변이, 첨가가 나타난다. 그러나 조사와 마찬가지로 음절을 축약하거나 생략하는 예는 그리 많지 않다.

어미 형태변이의 가장 대표적인 예는 '-ㅛ→-ㅕ'와 '-ㅣ→-ㅟ'의 변이다. 아래 예로 든 어휘는 어미만 있는 것이 아니라 어간까지 같이 예시하였다. 어미만 제시할 경우 다양하게 사용되는 '-ㅛ→-ㅕ', '-ㅣ→-ㅟ' 변이 예를 제시하기 어렵기 때문이다.

[표 3-25] '-ㅛ →-ㅕ' 변이의 예

통신 어미	원 형	통신 어미	원 형
가께여	갈게요	그래여/구래여	그래요
경우져	경우죠	별루래여	별루래요
쓰셔짜나여	쓰셨잖아요	아니여	아니요
아니자나여	아니잖아요	아시나여	아시나요
있져	있죠	좋져	좋죠
-에요	-예요	-해여	-해요

'-ㅛ→-ㅕ' 변이는 주로 존칭어미인 '-요'에서 많이 나타난다. 존칭어미인 '-요'와 비존칭어인 '-어'가 결합되는 과정에서 발생한 두루높임의 의미로 상대에 대한 사회적 정보의 부재에 의해 발생한 것으로 보인다. 가상공간의 익명성과 전통 규범에 대한 사이버 공간의 일탈이 동시에 작용하여 형태가 변이된 대표적인 예가 '-여'이다. 그리고 원순모음을 발음하는 것보다 비원순모음으로 발음하는 것이 더 편하기 때문에 나타난 현상으로도 보인다. 어말어미로 사용되는 '-요'가 '-여'로 변하는 현상은 '-죠→-져, -쇼→-셔' 등에도 그대로 적용되고, 수행머뭇소 '요'나 연결어미 '요'에도 그대로 적용되어 나타나 한정된 영역에서의 변이가 아니라 통신언어 전체에서 일어나는 현상으로 보인다.

[표 3-26] '-ㅣ→-ㅟ' 변이의 예

통신 어미	원 형	통신 어미	원 형
알어야쥐	알아야지	알쥐	알지
그렇쥐	그렇지	맞쥐	맞지
못살게구나부쥐	못살게 구나보지	빌려주쥐	빌려주지
있어야쥐	있어야지	진짜쥐	진짜지
하쥐	하지	했쥐	했지

'-ㅣ→-ㅟ' 변이는 완곡한 강조 표현으로 보인다. 통신언어란 문자만으로 이야기하는 것이기 때문에 언어 사용자의 감정을 표시하기 위해 발음을 길게하여 좀 더 유화시키면서 형태를 변형하여 강조하고 있는 것이다. '-ㅣ→-ㅟ'의 변이는 치음(ㅅ, ㅈ, ㅊ, ㅆ, ㅉ)과 모음 'ㅣ'가 만날 경우에 나타난다. 이는 마찰음 뒤에서 'ㅣ'보다 'ㅟ'가 발음을 우화시키는 효과가 강하기 때문으로 생각된다.

이 '-ㅛ→-ㅕ', '-ㅣ→-ㅟ' 변이는 어미에서만 나타나는 현상은 아니다. 통신어휘 전체에 걸쳐 '-ㅛ'가 '-ㅕ'로 '-ㅣ'가 '-ㅟ'로 변이되는 현상이 나타난다. 그렇지만 그 변이가 가장 두드러지고 심하게 나타나는 것은 역시 어미이다.

통신언어에서 어미변이는 선어말어미와 어말어미를 구분하지 않고 일어난다. 선어말어미와 어말어미가 결합되기 때문에 어미는 조사와는 달리 음절수가 많은 경우가 많아 축약 현상도 나타난다.

[표 3-27] 어미 축약의 예

통신 어미	원 형	통신 어미	원 형
-임다	-입니다	-담돠	-답니다
-ㅁ	-다	-씀다	-습니다
-갔숩돠	-겠습니다	-ㄹ꼬다	-ㄹ 것이다
-ㄴ갑돠	-ㄴ가 보다	-야져	-아야 지요
-캄다	-합니다		

어미축약형의 가장 대표적인 예는 '-ㅂ니다→-ㅁ다'의 경우이다. 음성언어에서 발음을 급하게 하면 나타나는 현상이다. 'ㅂ'이 'ㄴ'의 영향으로 'ㅁ'으로 바뀐후 'ㅣ' 모음이 탈락하는 것이다. '-겠습니다→-갰숩돠'의 경우도 마찬가지이다. 발음 해보면 'ㅂ'이 'ㅁ'으로 발음되지만 표기에서 'ㅂ'을 유지하면서 'ㅡ'를 'ㅜ'로 변이시킨 것이다. 그리고 'ㅣ'를 생략하여 표기한 것이다. 다만 종결어미 '-다'가 '-돠'로 음소가 첨가되어 단모음이 이중모음으로 사용되는 데 이것 역시 음을 강화시겨 의미를 강조하고 있는 것이다. '-습니다→-씀다'의 경우도 마찬가지 유형으로 'ㅅ'이 'ㅆ'으로 된소리가 되어서 축약된 형태소를 강조하고 있는 것이다.

'-다→-ㅁ'는 어간을 명사형으로 만들어 문장을 종결시키는 것이다. 용언의 어간에 'ㅁ, ㅂ'을 받침으로 사용하여 명사형으로 만드는데 이렇게 하여 발음의 끊어 마치 종결어미처럼 사용하고 있다. '-다' 외에도 명사형 종결의 쓰임이 보이는데 그것은 아래에 다시 논하기로 하겠다.

'-ㄴ가 보다→-ㄴ갑돠'는 종결어미 '-는가'와 보조용언 '보다'가 한 단어로 합쳐진 결과이다. 종결어미 '-는가'는 일반언어에서도 종종 '-ㄴ가'로 사용되기도 한다. 여기에 보조용언 '보다'가 띄어쓰기를 무시하고 한 단어로 붙으면서 'ㅂ'이 앞 음절 받침으로 이동하고 'ㅗ'는 생략되고, '다'에는 'ㅗ'가 다시 첨가되면서 '돠로 변이된 것이다. '-ㄹ 것이다→-ㄹ꼬다'도 두 단어가 하나로 합쳐진 경우이다. '것이다'에서 초성 'ㄱ'이 된소리로 변이되 축약형을 강조하고 'ㅓ'가 'ㅗ'로 모음이 변이되었으며 'ㅣ'는 생략되었다.

위 두 예는 순수하게 어미라고 말하기 힘들다. 원래가 두 단어가 합쳐진 것이기 때문이다. 그러나 통신언어에서 하나의 어미처럼 변이되어 어미로 규정하고 분석하였다. '-아야 지요→-야져'도 마찬가지로 '아야'에서 앞 음절을 생략하고 '지요'가 '지요→죠(ㅣ 탈락)→져(ㅛ→ㅕ 변이)'가 변이된 것이 합쳐진 것이다.

종결어미의 종성에 'ㅁ, ㅅ, ㅇ'을 첨가하는 음소첨가에 의한 형태변이도 나타난다.

[표 3-28] 'ㅁ, ㅅ, ㅇ' 첨가의 예

통신 어미	원 형	통신 어미	원 형
-용	-요	-이닷	-이다
-당	-다	-꼬얌	-꺼야
-여짜낭	-였잖아		

'ㅁ'은 어간의 종성에 사용되어 단어가 명사 구실을 하게 만든다. 그러나 통신언어에서는 단어가 명사의 구실을 하게 만드는 것이 아니라 일반 종결어미와 마찬가지로 쓰인다. 종성에 'ㅁ'을 사용하는 경우 입술을 붙여서 발음하기 때문에 다음에 오는 음절과 단절을 주어 의미를 강조하는 효과를 가져오게 된다.

'ㅇ'은 종결어미의 종성에 첨가하여 애교스러운 표현을 나타내는 데 사용한다. 종성에 'ㅇ'이 사용될 경우 비음으로 쓰이는데 문자언어에서 이런 종성 'ㅇ'을 이용하여 어감을 나타내고 있는 것이다.

'ㅅ'이 종성으로 사용되면 음이 더 이상 흐르는 것을 단절시켜 준다. 그래서 다음에 오는 음절과 단절감을 주게 되어 단어를 강조하는 효과를 나타나게 된다. 통신언어에서 종성 'ㅅ'은 종종 큰소리로 이야기한다는 의미로 사용되기도 하는데 음성언어에서 나타낼 수 없는 소리의 고저를 표시하는 기능을 하기도 한다.

3.6 기타 기호

3.6.1 문장 부호류

컴퓨터 통신에서 나타나는 문장부호는 중복 표기되는 경향을 보인다. 마침표의 경우 둘 이상을 사용하는 경우가 많이 보인다. 이런 마침표의 중복표기는 때로 말줄임표의 역할이나 쉼표의 역할도 하고 있다.

[표 3-29] 문장 부호 중복 표기의 예

온몸이 땀벅벅이 되더군요...................
어떤 아저씨는 보던 신문을 둘둘 말아...저를 찔르려구 하구...어떤 아짐마는 학생 멍하니 머하고 있는거야...대체.....
네...전 졸찌에 술취한 그녀의 애인이 되버려씀다.........
“학생...뭐해....이리 와봐....!!!!”
그녀가 연락을 했을까요???

마침표의 경우 중복 표기는 휴지부의 역할도 하고 있다. 할 말이 없거나 이어지는 말이 생각이 안 나는 경우 빈 공간을 두는 것이 아니라 마침표를 중복하여 표기하는 것이다.

물음표나 느낌표의 경우도 마찬가지로 중복 표기가 나타난다. 이것은 문장 부호가 갖고 있는 의미를 강화하여 전달하기 위한 것이다. 그러나 이러한 문장 부호의 중복 표기는 종종 습관적인 사용을 보이기도 한다. 문장 부호로서 어떠한 의미를 내포하고 있는 것이 아니라도 문장에서 빈 공간을 채우기 위한 방안으로 사용되는 것이다.

이 밖에 많이 쓰인 문장 부호로는 ‘~’를 들 수 있는데(예 : 잘가여~~~, 헐~) 주로 음절을 길게 발음하는 것을 표기하기 위해 사용된다. 이것도 중복 표기를 하는 데 다른 분장 부호와 마찬가지로 의미의 여운을 강조하는 것이다.

3.6.2 비문자언어

컴퓨터 통신은 상대방의 음성이나 얼굴을 볼 수 없고 모니터만을 바라보며 이루지기 때문에 단조롭다. 더구나 억양이나 표정을 알 수가 없기 때문에 단순히 모니터에 출력되는 문자만으로는 상대방의 감정을 알 수 가 없다. 이러한 단조로움의 극복과 감정 혹은 행동 전달의 목적으로 주로 사용되는 것이 비문자언어[31]이다. 비문자언어의 표현 행위가 중요시되는 이유는 일상적인 표현 행위보다 훨씬 비중이 크고, 많은 의미를 전달할 뿐만 아니라 더 강력한 의미를 전달하기 때문이다[32].

기존의 컴퓨터 통신어가 의사전달을 쉽게 하기 위한 언어경제성의 원칙에 의해 파생된 것이라면 비문자언어의 경우는 의사소통을 보다 원활하게 하고 단조로움을 벗어나기 위한 유희적 측면에서 파생된 것이다.

컴퓨터 통신에서 가장 많이 사용되는 비문자언어는 기호의 조합에 의한 것이다. 컴퓨터 통신에서 사용되는 비문자언어의 대부분을 차지할 정도로 다양한 형태와 방대한 양을 자랑하며, 그 조합되는 유형 또한 다양하다. 컴퓨터 통신상의 기호 조합은 컴퓨터 자판의 한계를 벗어나지 못했다. 컴퓨터 자판에서 보이는 기호들을 조합하여 표정이나 행동 등을 간략하게 묘사하여 상대방에게 전달하는 것을 목적으로 하기 때문에 글자판으로 입력이 불가능한 조합의 경우에는 사용이 불가능하기 때문이다. 그러나 요즘의 일부 웹사이트의 경우 간단한 그림을 첨부할 수 있게 하여 비문자언어를 대신하고 있는 경우도 있다. 하지만 이러한 그림의 입력은 글자판에서의 기호 조합과는 달리 웹사이트상에서 선택하여야 입력할 수 있는 번거로움과 자신이 직접 만들어 입력하는 유희적 측면이 부정되기 때문에 그리 많이 사용되지는 않는다.

컴퓨터 통신상에서 사용되는 기호와 기호를 조합한 비문자언어를 달리 이모티콘(Emoticon)이라고도 한다. 이는 감정(Emotion)이라는 말과 컴퓨터의 각종 기능이나 메시지를 그 뜻을 알 수 있게 표시한 그림문자인 아

31) 비문자언어란 현재 사용되고 있는 각 문자언어 외에 숫자, 기호 등을 의사전달이 가능하게 조합된 것을 말한다. 여기에는 각 언어의 음소를 혼합하여 기존의 표기 체계에 없었던 어휘를 사용하는 것도 포함된다. 예) ㉠Γ장(가장). 다른 언어의 음소를 이용하는 경우 문자의 음소로 사용하는 것이 아니라 그 음소의 형태를 그림으로 이용한 것이다. 문자의 음소로서 의미를 가지는 것이 아니라 단지 그 형태가 중시되기 때문에 기호에 포함하여 정의한다. 단 한국어는 한자문화권이어서 한자어의 영향을 많이 받은 언어이기 때문에 한글과 한자의 혼합은 비문자언어라고 할 수 없다.

32) 「N세대의 대화법」, potatozine웹사이트, www.potatozine.net.

이콘(Icon)의 합성어로서 다르게는 이모텍스트(Emotext-Emotion+Text), 스마일리(smiley)라고도 하며 국내의 연구자들 사이에서는 도상기호(이동현), 기호적언어(정진수)라고도 한다. 이러한 이모티콘은 그 어원처럼 모니터로서는 드러낼 수 없는 감정이나 표정들을 표현하기 위한 수단으로 사용된다. 미국 UNIX 네트워크에서 시작된 이모티콘은 일정한 글자체만 나열되는 컴퓨터 통신의 단조로움을 극복하고 서로 보다 나은 의사소통 방법의 하나로 사용되다가 작금에 이르러서는 유희적 차원에서 사용자들이 자신들 스스로 만들어 사용하는 경우도 다반사이다.

이모티콘의 유형으로는 우선 그 표기방법의 차이에서 가로쓰기와 세로쓰기가 있다.[33]

가로쓰기란 이모티콘을 90° 돌려보면 그 형태를 알 수 있는 것으로 예를 들면 다음과 같은 경우이다.

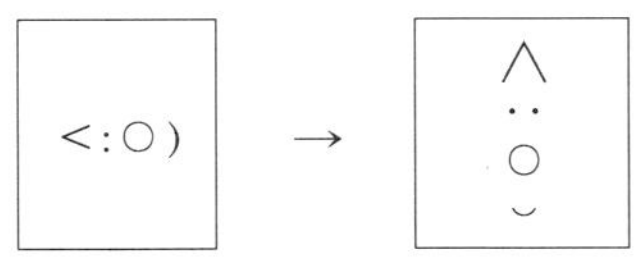

이는 주로 서구권의 컴퓨터 통신에서 시작된 것으로 보인다. 그러나 우리나라의 경우 이러한 경우는 많이 쓰이지 않는다. 다만 길쭉한 모양을 표현할 때 사용된다. 세로로 표현할 경우 여러 줄을 사용해야 하는데, 채팅의 경우 상대방이 자신이 입력하고자 하는 것을 여러 줄에 걸쳐 표현할 때까지 기다려 준다는 보장이 없다. 가로쓰기의 이모티콘은 다음과 같은 것이 있다.

[표 3-30] 가로쓰기 이모티콘의 예

이모티콘	의 미
(:>)	웃는 얼굴

33) 이후 사용되는 이모티콘은 모두 '슬기의 이모티콘 세상' 웹사이트(http://special.hompy.com/)에서 발췌한 것이다.

(:-(	슬픈 얼굴
,;)	윙크하는 모습
: S	슬픈 얼굴
:-~(	감기걸려서 콧물을 흘리는 모습
@>--->-----	장미

다음으로 세로쓰기인데 가장 일반적으로 많이 쓰이는 것이 바로 세로쓰기의 이모티콘이다. 이모티콘의 대부분을 차지하고 있으며 사용하기도 가장 편리하다. 세로쓰기 이모티콘의 경우 한 줄로 표기되는 것과 여러 줄에 표기되는 것이 있다. 초기의 이모티콘은 단순하게 이모티콘의 원래 목적인 감정, 표정을 전달하는 데 의미가 많았다고 할 수 있다. 그러나 지금에 이르러서는 기호를 조합하여 특정한 의미의 그림을 표현하는 유희적 측면이 강화되었다. 특히 휴대전화의 문자전송이 보편화한 현재에는 휴대전화의 액정화면 크기에 맞추어 여러 줄의 이모티콘이 사용되기도 한다.

그러나 물론 컴퓨터 통신에서 주로 사용되는 이모티콘은 감정이나 표정 등을 표현하기 위한 이모티콘이다. 여러 줄을 사용해야 하는 이모티콘의 경우 주로 전자우편이나 전자게시판, 휴대전화 등에서 사용되는데, 이는 상대방에게 전송되기 전에 전체를 완성하여 전송하기 때문에 시간적으로나 공간적으로 여유가 있어서 완성하는데 어려움이 별로 없다. 그러나 이러한 여러 줄의 이모티콘을 채팅 등 실시간 통신에서 사용하기에는 무리가 있다. 여러 줄을 한꺼번에 입력하는 것도 어렵고, 상대방이 여러 줄을 완성할 때까지 공간을 비워 준다는 전제를 할 수 없기 때문이다. 세로쓰기의 이모티콘은 다음과 같은 것들이 있다.

[표 3-31] 세로쓰기 이모티콘의 예

이모티콘	의 미	이모티콘	의 미
*^^*	보조개가 있는 웃는 얼굴	ㅡ.ㄷ	눈 밑에 기미생긴 눈
^^;;;	당황해서 식은땀 흘리는 얼굴	¿.¿	눈물흘리기

ㅜ.ㅜ	눈물 흘리는 모습	('n`)	불만스러울 때
- -	무표정한 얼굴	m( )m	절하는 모습
@ @	놀라는 모습	*♥o♥*	사랑에 빠진 모습
(=^-^=)	고양이 얼굴	^ o ^♬	노래하는 모습
^ ~	윙크	^m^	입을 손으로 막고 웃는 모습
~O~	입 크게 벌리고 하품하기		

위의 것들은 모두 한 줄로 표현이 가능한 이모티콘들이다. 아마도 컴퓨터 통신상에서 가장 많이 사용되는 이모티콘은 '^^' 이나 'ㅜ.ㅜ', '^^;;;' 일 것이다. 컴퓨터 통신에서의 이모티콘은 서로간에 대화가 단절되거나 할 때 유용하게 쓰이기도 한다. 의성어 등으로 표현하기도 하지만(흠, 음, 에 등) 의성어 보다 재미있게 표현하려는 차원에서 이모티콘이 더 많이 쓰인다.

여러 줄로 쓰이는 이모티콘은 대화에 재미를 더해 준다거나 원활하게 해주는데 사용되기보다는 앞에서 논한 바와 같이 유희적 차원에서 사용되는 것들이 많다. 동물이나 사물을 형상화한 것들이 많은데 일종의 캐리커쳐라고 할 수도 있을 것이다. 여러 줄을 사용하는 이모티콘은 다음과 같은 것들이 있다.

[표 3-32] 여러 줄 이모티콘의 예

이모티콘	의미	이모티콘	의미
@(. .)@ (Y)	원숭이	/)/) ("=)	토끼
(*) @(:>)(*)=8 (*)	하늘을 나는 천사	* * * ○ * /\/\	보름달이 떠있는 산
/\ /\ ミ ^o^ ミ ~( ) ^^^^^^	고양이		

이러한 여러 줄의 이모티콘은 어떤 면에서는 비문자언어라고 부르기에는 다소 무리가 있다. 하지만 이러한 이모티콘을 적절히 사용함으로써 더 나은 의사소통이 이루어진다고 본다면 비문자언어라고 부르기에 무리가 없을 듯하다. 수신자에게 메시지에 대한 관심도를 높이고 보다 효율적인 의사소통을 이룬다는 점에서 여러 줄을 사용하는 이모티콘이라 할지라도 비문자언어의 영역에 포함시키는 것이 가능하다고 본다.

앞서 논한 바와 같이 여러 줄을 사용하는 이모티콘은 실시간 채팅보다는 주로 컴퓨터 통신의 전자게시판이나 전자우편, 휴대전화의 문자전송 등에 주로 사용된다. 여러 줄의 이모티콘은 시간적으로 여유를 가지고 입력하게 됨으로 컴퓨터 글자판에 나타나있는 기호만을 이용한다기보다는 각종 컴퓨터의 입력프로그램에서 지원하는 자판에 나타나 있지 않은 기호들을 조합하여 입력하기도 한다.

어떠한 면에서는 컴퓨터 자판만이 가지는 한계를 어느 정도 극복했다고 할 수 있지만 결국 컴퓨터가 입력할 수 있는 기호들이어야 한다는 한계를 가지고 있음은 명확하다. 그러하기 때문에 전체적인 모양이 세밀하지 못하고 단순하며 한두 가지의 특징만을 표현하게 된다[34]. 컴퓨터가 발달하고 각종 그림이나 이미지를 검색하여 다운로드할 수 있는 현재에도 이러한 단순한 이모티콘들이 사용되는 이유는 작성자들이 느끼는 재미와 연관이 있을 것이다.

한층 복잡한 이모티콘도 있다. 기호, 숫자뿐만 아니라 여러 언어의 음소들을 모두 이용한다. 단어를 그대로 사용하는 경우도 있고 전체적으로 하나의 그림이 아닌 문장을 만드는 경우도 있다. 한마디로 컴퓨터로 입력 가능한 모든 것을 다 이용한다는 것이다. 앞서 논한 여러 줄을 사용하는 이모티콘과 비슷한 부류이기는 하지만 전체적인 형태가 단순하여 이모티콘이라기보다 한 장의 그림과 같다고 볼 수 있다. 그렇기 때문에 이모티콘과는 구별하여 그림문자라고 부르기로 하겠다. 기호이든 음소

---

34) 기호를 이용하여 의미전달에 있어 특정 부분을 강조하여 표현하고, 수용자는 그것을 통해 전체적인 의미를 재해석하게 되는 것이다.

이든 의미를 고려하지 않고 형태만 취하여 일종의 그림으로 보고 그 그림을 모아서 문자를 만드는 것이다. 그 예는 다음과 같다.

[표 3-33] 그림문자의 예

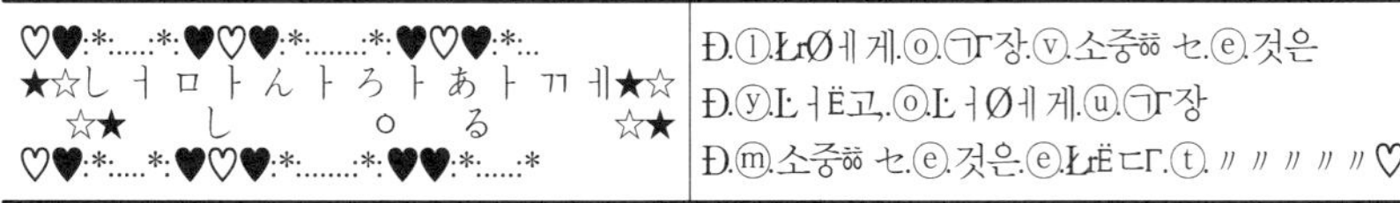

♡♥:*:.....:*:♥♡♥:*:.......:*:♥♡♥:*:.. ★☆しㅓㅁㅏんㅏろㅏあㅏㄲㅔ★☆ ☆★　し　ㅇ　る　☆★ ♡♥:*:.....*:♥♡♥:*:........:*:♥♥:*:.....:*	Đ.ⓛ.Ŀŕ∅ㅔ게.ⓞ.ㄱΓ장.ⓥ.소중ㆅ ㄷ.ⓔ.것은 Đ.ⓨ.Ŀㅓ Ë고.ⓞ.Ŀㅓ∅ㅔ게.ⓤ.ㄱΓ장 Đ.ⓜ.소중ㆅ ㄷ.ⓔ.것은.ⓔ.ŁŕË ㄷΓ.ⓣ.〃〃〃〃〃♡

위 예에는 한글, 일본 가나, 러시아 키릴문자, 로마자, 한자, 원문자, 기호 등이 모두 사용되었다. 전체적인 형태만 보아서는 단순하게 한글 표기로 보아도 무방한 것들이 많다. 그러나 표준적인 문자의 표기 방법에서 벗어나기 때문에 비문자언어의 영역에 포함시킨다. 복합형은 순수한 유희적 차원에서 발생하였다고 볼 수 있다. 하나를 완성하는 데도 이모티콘보다 시간적으로도 오래 걸리고 입력하는 방식에 있어서도 훨씬 복잡하다. 이러한 것은 실시간 채팅에서는 사용할 수 없고 완성 후 전송이 가능한 전자게시판이나 E-mail, 휴대전화 등에서 사용된다. 경우에 따라서는 출력하여 사용하기도 한다.

그림문자는 컴퓨터 화면 전체에 한꺼번에 출력되기에 무리가 있는 것도 많다. 이러한 시간과 노력이 필요한 입력과정을 거치는 그림문자는 그 사용 목적이 명확하다고 할 수 있다. 단순하게 재미로 이러한 복합형 비문자언어를 생산하는 사람도 있지만 완성 후 보이는 모습에서는 용도를 짐작하게 해준다.

비문자언어의 다른 예로 이야기형을 들 수 있다. 이것은 문장과 이모티콘을 복합하여 하나의 이야기를 만들어 내는 것으로 역시 컴퓨터 통신에 의해서 파생된 것이다. 이것도 실시간 통신에서는 사용하기 힘들다. 이야기형의 예는 다음과 같다.

[표 3-34] 이야기형 이모티콘의 예

<돼지 3형제의 생일>
(^(00)^)(^(00)^)(^(00)^)돼지삼형제의 생일이돼었다.
<:]= <:]= <:]= 바다에서오징어들과 (:= (:= (:= 또해파리 친구들
(0) (0) a(. .)a (y)..(y)
(="."=) 숲에사는 토끼랑 (.) 원숭이도왔습니다. %(><)% 느된게도왓습니다.
친구들을 선물을 보왔습니다. (//////)----핫고그랑 @}->----장미까지...
모두 춤추며 신나게놀았습니다.
(-.-)(-.-)(-.-)(-.-)테크노! (ㅅ)(ㅅ)(ㅅ)(ㅅ)짱구의 엉덩이춤까지...
춤을 추다 넘어진 원숭이 (::[]::)(::[]::)1회용밴드를2개나 붙였지간
모두 행복 해서 *^^* *^^* *^^* *^^*계속 웃었습니다.

이 밖에도 문장를 이용하여 그림이나 특정한 형태를 만들어 가거나 특정한 법칙에 따라 배열한 문자에 맞추어 문장을 구성하는 것 등이 있으나 이러한 것은 비문자언어의 영역에 포함되지 않는다고 보았다.

비문자언어가 컴퓨터 통신에서 사용된 지는 이미 오래되었으며 그 사용 층 또한 다양한 것으로 보인다. 비문자언어가 한국어와 더불어 사용되는 것은 컴퓨터 통신상에서는 이미 익숙해져 버린 것이다. 물론 컴퓨터 통신 등과 거리가 있는 계층과는 이러한 비문자언어로 의사소통이 불가능하다. 컴퓨터 통신언어와 마찬가지로 이러한 비문자언어의 문제점은 의사소통에 있다. 현재 비문자언어는 컴퓨터 통신언어와 마찬가지로 일상언어 영역으로 넘어 들어오고 있다. 컴퓨터 통신언어가 의사소통, 특히 세대간의 의사소통에 문제점이 있음은 여러 차례 걸쳐 지적되었다. 여기에 비문자언어가 더해진다면 어떠한 영향을 낳을지는 자명하다. 컴퓨터 세대가 사용하는 비문자언어는 컴퓨터 통신을 접하지 않았거나 접했다 하더라도 자주 접해보지 않은 사람들에게는 매우 생소한 것이 된다.

특히 청소년 세대에서의 비문자언어의 사용은 한국어를 심각하게 오염시킨다. 이는 단순히 비문자언어만의 문제는 아니다. 컴퓨터 통신어 전체가 그러하다는 것이다.

> 일선 중·고 교사들 역시 재학생들의 맞춤법 파괴 현상에 대해 한결같이 '인터넷 채팅언어'가 문제라고 손꼽고 있다. 초등학교 아이들의 일기장에서부터 대학교 시험답안지·리포트에 이르기까지 잘못된 통신언어 맞춤법이 버젓이 사용되고 있는 게 현실이다.[35)]

> 다음 이모티콘 중에서 감정을 표현한 것이 아닌 것은? (가):-D (나)@}--- (다)~: y (라)\ o /. 마이크로소프트가 운영하는 메가 포털 MSN의 인터넷 언어능력시험에 나온 문제다. 이모티콘이나 문자를 통한 감정 표현이 뭔지 모르는 사람은 짐작도 할 수 없을 것이다.[36)]

언어와 언어관에 대한 명확한 인식이 없는 청소년들이 일상에서 무분별하게 사용하는 이러한 통신언어는 그들이 성장한 이후 현재의 한국어를 변화시킬 것은 자명하다. 그러나 그러한 문제점에도 불구하고 비문자언어에 대해 긍정적인 바라보는 시각도 있다.

> 문자와 숫자를 조합해 의미를 전달하는 '이모티콘(emoticon)'이 네티즌의 또 다른 언어로 자리잡고 있다. 얼마나 기발한 이모티콘을 사용하는가에 따라 그 사람의 감각에 대한 평가가 달라지기도 한다.[37)]

> 신세대 통신언어로 많이 쓰이는 이모티콘으로 다양한 주제를 표현한 '창작 이모티콘 전시회'가 지하철 4호선 혜화역 구내 전시장에서 열려 행인들의 눈길을 사로잡고 있다.
>
> (중략)
>
> 이 전시회는 한국통신문화재단(이사장 성영소)이 네티즌들을 상대로 실시한 이모티콘 공모전의 입상작을 소개하는 행사. 월드컵에서 한국팀의 선전을 기원하는 <코리아팀 파이팅> <월드컵 공인구 피버노바> 등 다양한소재의 작품 47점이 선보이고 있다.
>
> 행인들은 언뜻 봐서는 뭔지 모를 그림들에 고개를 갸웃거리다가도 액자에 걸린 이모티콘마다 재치가 번뜩이는 것을 확인하고는 지긋히 웃음을 머금곤 한다. 대부분 반응이 '신기하다'는 것. 강민정 양(숙명

35) 스포츠투데이, 「'탸콰 텨응 칭九들乙'…한글 맞아?」, 2001. 10. 8.
36) 한국일보, 「g ㅔ 시㉫ㄴ」, 2002. 10. 4.
37) 굿데이, 「신세대 언어 '이모티콘' 만드는 여자 세종대왕」, 2002. 8. 19.

여대 문화관광과)은 "문자를 가지고 이렇게 다양하게 표현할 수 있다니 놀라워요. 앞으로 예술의 한 표현 방법으로도 발전할 수 있을 거 같아요."라고 말했다.[38]

언어적 측면을 고려하지 않으면 비문자언어는 상당히 신기하고 재미있는 것이 될 것이다. 그러나 언어의 기능이 의사소통이 있음을 고려할 때 무분별하게 남용되는 비문자언어는 현재 우려되고 있는 컴퓨터 통신언어보다 더욱 심각한 문제를 야기하게 될 것이다. 또한 비문자언어는 단순히 컴퓨터 통신상에서 사용되는 것이 아니라 일반 언어생활에 역류되면서 언어의 기본 목적인 의사소통에 문제를 일으킨다. 비문자언어가 언어의 표현 양식을 확장시켰다는 데 의의를 둘 수도 있다. 컴퓨터라는 신문물과 그 이용자가 만들어낸 새로운 언어라고도 할 수 있다. 그러나 통신공간을 벗어나 일상공간에서의 비문자언어는 새로운 만큼 의사소통의 장애가 되고 있다.

3.7 분석 종합

컴퓨터 통신 어휘는 형태와 의미에서 변이가 나타난다. 의미변이보다 형태변이가 더 많이 나타나고 있는데, 통신언어가 음성언어를 문자화한 것이기 때문에 맞춤법에 맞는 표기를 하는 것이 아니라 음성을 그대로 표기하여 형태변이가 많이 나타난다.

의미변이는 명사, 수사, 용언에서 나타나는데, 명사는 의미가 고정된 고유명사나 다른 말과 어울려야 하는 의존명사에서는 나타나지 않고 일반명사에 한정되어 의미변이가 나타난다. 수사는 한글 수사의 경우 의미변이가 나타나지 않고, 아라비아 숫자에서 의미변이가 나타난다. 주로

38) 일간스포츠, 「문자그림 "신기해요… 놀라워요"」, 2002. 1. 31.

비슷한 음의 음절을 대체한다. 용언은 동사와 형용사를 구별하지 않고 의미변이가 나타난다.

형태변이는 모든 범주에서 나타나 통신언어가 형태변이 위주의 언어라는 것을 알게 해 준다. 명사에서는 음절이나 음소의 축약, 음소 첨가, 음소 변이가 나타나고, 대명사는 축약 현상이 적고 조사와 어울려 형태변이가 나타난다. 수사는 형태변이가 거의 없고 한글 수사보다 입력이 간편한 아라비아 숫자를 사용한다. 아라비아 숫자의 경우 형태가 고정되어 형태변이가 나타나지 않는다.

용언은 어간만 형태변이되거나 어미와 어울려 형태변이가 나타난다. 주로 음성표기에 의한 연철과 음소나 음절의 축약이 나타난다. 관형사나 부사도 형태변이만 나타나는데 주로 음소의 생략이나 첨가, 축약이 나타난다. 부사의 경우 의성어와 의태어가 많이 사용되고, 변이형도 다양하게 파생되어 있다. 감탄사도 의성어나 의태어와 마찬가지로 다양한 표기가 나타난다.

조사의 경우 축약이 거의 없으며, 음소변이가 주를 이룬다. 그러나 어미는 음절이나 음소의 축약도 나타나고 음소 변이도 나타난다. 조사나 어미는 주로 체언이나 어간과 어울려 변이되어 다른 범주에 포함되기도 한다.

문장부호의 경우 동일한 문장부호의 중복 표기가 많이 나타나고, 줄임표와 줄표가 많이 사용된다. 비문자언어 사용은 통신언어가 형태적으로 일반언어와 구별되는 가장 큰 차이이다. 비문자언어는 주로 이모티콘이 많이 사용되며, 전자게시판 이용이 증가하면서 그림문자의 사용도 늘어나고 있다.

어휘 분석을 통해 통신언어에서 공통적으로 나타나는 몇 가지 특징이 있다.

첫 번째, 음절보다는 음소를 생략하거나 변이시키고 있다. 음소변이는 자음보다는 모음에서 많이 나타나고 있다. 자음에서 음소 생략은 주로 음가가 없이 표기상 사용되는 'ㅇ'이 주를 이루며, 음소변이는 'ㅈ → ㄷ'의 역구개음화가 나타난다.

모음의 음소 생략은 주로 'ㅣ'와 'ㅡ'가 많이 생략되는데 다른 모음에 비해 상대적으로 음가가 약하기 때문에 다른 모음과 어울려 합쳐지거나 생략되는 경우가 많다. 모음 음소 변이는 'ㅛ → ㅕ', 'ㅣ → ㅟ' 변이가 가장 많이 나타나는데 'ㅛ → ㅕ'는 존칭어미 '-요 → -여'에서 주로 나타난다. 상대에 대한 사회적 정보의 부재에 따른 두루높임의 의미로 사용되고 있는 것이다. 더불어 원순모음보다 발음하기 편하게 비원순모음을 사용하는 것이다. 'ㅣ → ㅟ'는 초성이 'ㅅ, ㅈ, ㅊ, ㅆ'일 때 나타나는데 단모음을 이중모음으로, 비원순모음을 원순모음으로 만들어 모음 강화를 통해 완곡한 강조를 나타내고 있다. 모음 변이는 모음조화가 나타나는 단어에서는 모음조화에 역행하는 변이로 모음조화가 되지 않은 단어에서는 모음조화를 이루는 변이로도 나타난다.

두 번째, 음성언어를 맞춤법을 고려하지 않고 발음나는 대로 표기하는 음성표기가 광범위하게 나타난다. 그래서 연철표기가 많이 나타나고 있다. 통신언어가 일반언어의 음성대화를 컴퓨터 통신에서 문자로 바뀐 것이어서 음성표기가 많이 나타나는 것이다. 그리고 한글이 표음문자이기 때문에 소리를 그대로 문자화할 수 있다는 문자의 특성에서 기인한 것이기도 하다.

세 번째, 음소 첨가로 의미 강조가 나타나고 있다. 의미를 강조하기 위해 첨가되는 음소는 주로 자음이다. 모음의 경우 의미강조를 위해서는 'ㅣ → ㅟ'처럼 단모음을 이중모음으로 바꾸고 있다. 자음에서도 주로 첨가되는 음소는 'ㄷ, ㄹ, ㅁ, ㅅ, ㅇ, ㅎ'이다. 이 음소들은 주로 음절의 종성에 사용되어 의미전달을 보조하고 있다. 'ㄷ, ㅅ, ㅎ'은 발음을 강화하고, 'ㄹ, ㅇ'은 발음을 유화시키고 있다. 발음이 유화되거나 강화되는 것은 발음에 변화를 주어 일반적인 음과 차별되어 상대적으로 강조가 되는 것이다.

초성이 된소리로 변이되는 것도 같은 이유에서인데 초성의 된소리는 표기상 동일한 자음이 겹쳤을 뿐이지 실제 음은 하나이다. 그렇기 때문에 음소 첨가는 아니나 초성이 된소리가 되는 것도 의미 강조를 위해서다.

통신언어에서 자음의 첨가나 된소리화가 나타나는 이유는 일반언어 음성대화에서 의미 구별의 징표가 될 수 있는 음색, 음감, 성량 등이 문자로 표기하기 불가능하기 때문이다. 따라서 형태를 변이시켜 의미전달의 보조 수단으로 삼는 것이다.

통신언어 어휘의 특징은 음성언어를 문자화하는 과정에서 나타나게 된다. 표기 편리보다 발음 편리를 위주로 한다. 일반언어 대화가 음성으로 청각적 차이에 의해 의미를 구별한다면, 통신언어는 시각적 효과로 청각적 차이를 표현하게 되는 것이다. 문자가 시각적 즉, 형태의 차이에 의해 의미 구별이 이루어지는 것은 주지의 사실이다. 그런데 컴퓨터 통신언어는 형태의 차이에 의해 청각적 효과를 주고 있다. 일반언어 대화가 음성에 의한 청각적 효과라면 컴퓨터 통신언어는 문자에 의한 청각적 효과를 나타내는 언어이다. 여기에 표음적 표기체계를 사용하는 한글은 청각적 효과를 표시할 수 있기 때문에 컴퓨터 통신에서 형태변이가 많이 나타나게 된다.

4. 텍스트 분석

텍스트의 분석은 통신언어와 일반언어에 나타난 문법적 요소인 형태소, 음소의 빈도를 대조 분석하여 두 언어의 차이와 공통점을 분석하고자 한다.

품사와 형태소의 분석은 국립국어연구원 웹사이트에 공개된 '지능형 형태소 분석기 2.0'을 사용하여 출력된 분석 결과를 문맥에 맞추어 수정하였고, 빈도 처리는 연세대학교 언어정보연구원 웹사이트에 공개된 '깜짝새 1.5.5 베타'를 이용하였다. 형태소의 분류기준과 분류기호는 '지능형 형태소 분석기 2.0' 매뉴얼의 분류기준을 따르고, 여기에 관형사추정범주(NMM), 부사추정범주(NMA), 이모티콘(EI)를 추가하였다. 추가된 항목은 일반언어보다 통신언어를 분석하기 위해 설정한 것임을 미리 밝혀둔다. 이렇게 설정된 분류기준은 다음과 같다.

[표 4-1] 분류기준표

대분류	소분류	세분류
체 언	명사 NN	일반명사 NNG 고유명사 NNP 의존명사 NNB 명사추정범주 NF
	대명사 NP	
	수사 NR	

용 언	동사 VV	
	형용사 VA	
	보조용언 VX	
	지정사 VC	긍정지정사 VCP 부정지정사 VCN
	용언추정범주 NV	
수식언	관형사 MM	관형사 MM 관형사추정범주NMM
	부사 MA	일반부사 MAG 접속부사 MAJ 부사추정범주 NMA
독립언	감탄사 IC	
관계언	격조사 JK	주격조사 JKS 보격조사 JKC 관형격조사 JKG 목적격조사 JKO
관계언	격조사 JK	부사격조사 JKB 호격조사 JKV 인용격조사 JKQ
	보조사 JX	
	접속조사 JC	
의존형태	어미 E	선어말어미 EP 종결어미 EF 연결어미 EC 명사형전성어미 ETN 관형형전성어미 ETM
	접두사 XP	체언접두사 XPN
	접미사 XS	명사파생접미사 XSA 동사파생접미사 XSV 형용사파생접미사 XSA (부사파생접미사 XSB)
	어기 XR	

기 호	마침표, 물음표, 느낌표	SF
	쉼표, 가운뎃점, 콜론, 빗금	SP
	따옴표, 괄호표, 줄표	SS
	줄임표	SE
	붙임표(물결, 숨김, 빠짐)	SO
	외국어	SL
	한자	SH
	기타기호(논리수학기호, 화폐기호 등)	SW
	숫자	SN
	분석불능범주	NA
	이모티콘	EI

4.1 일반언어 텍스트 분석

일반언어의 텍스트는 신문기사와 고등학교 교과서의 수필 한 편 그리고 소설을 선정하였다. 신문기사는 조선일보, 중앙일보, 동아일보에서 각각 두 편씩 선정하였다. 수필은 고등학교 교과서 『국어』하에 실린 「나의 길, 나의 삶」이란 수필을 선정하였다. 신문기사와 교과서에서 선정한 텍스트는 가장 표준적인 표기체계에 가깝기 때문에 통신언어와 대조할 경우 일반언어와 통신언어의 차이를 가장 명확하게 보여 줄 수 있을 것이다. 소설의 경우 비표준적인 표기를 포함한 다양한 언어의 사용 유형이 나타날 수 있어 일반언어와 통신언어의 다양성을 대조할 수 있게 해 줄 것이다. 소설은 한국에서 대표적인 문학상인 이상문학상 수상작 중에서 통신언어의 영향이 적을 것으로 생각되는 작가인 윤대녕의 「천지간」과 은희경의 「아내의 상자」를 선정하여 그 일부를 분석에 이용하였다. 일반언어 텍스트를 각각 유형별로 분석하여 결과를 제시하고 일반언어 전체의 데이터를 종합하여 일반언어의 특징을 알아보기로 하겠다.

4.1.1 신문기사

신문기사는 '조선일보', '중앙일보', '동아일보'에서 각각 2편씩 아래와 같이 선정하였다.

1. 조선일보 2003년 9월 30일, 「과학기술위성 1호 첫교신 성공」
2. 조선일보 2003년 8월 31일, 「北,억지 그만 부리고 核부터 포기해야」
3. 중앙일보 2003년 9월 7일, 「전교조, 정부와 대화 재개」
4. 중앙일보 2003년 8월 29일, 「평화적 해결 불씨 지핀 6자회담」
5. 동아일보 2003년 9월 9일, 「서울大 논술문제, 제시문요약-2000字논술 논리력 측정」
6. 동아일보 2003년 8월 20일, 「'몰카 충격'과 '향응 파문'은 별개」

위 6개 신문기사의 형태소를 각각 '지능형 형태소 분석기 2.0'를 통하여 분석, 수정한 다음 6개의 분석결과를 합산하여 신문기사 전체 빈도를 추출하였다.

[표 4-2] 신문기사 형태소 빈도

<table>
<tr><th colspan="3">형태소 분류</th><th>빈도</th><th>백분율</th></tr>
<tr><td rowspan="6">체 언</td><td rowspan="4">명 사</td><td>일반명사 NNG</td><td>779</td><td>29.0906</td></tr>
<tr><td>의존명사 NNB</td><td>119</td><td>4.4436</td></tr>
<tr><td>고유명사 NNP</td><td>92</td><td>3.4353</td></tr>
<tr><td>명사추정범주 NF</td><td>2</td><td>0.0746</td></tr>
<tr><td colspan="2">대 명 사 NP</td><td>10</td><td>0.3734</td></tr>
<tr><td colspan="2">수 사 NR</td><td>3</td><td>0.1120</td></tr>
</table>

용 언	동　사 VV		141	5.2651
	형 용 사 VA		46	1.7176
	보조용언 VX		42	1.5683
	지정사	긍정지정사 VCN	3	0.1120
		부정지정사 VCP	37	1.3816
	용언추정범주 NV		1	0.0373
수식언	관형사	관형사 MM	36	1.3442
		관형사추정범주 NMM	0	0
	부　사	일반부사 MAG	46	1.7176
		접속부사 MAJ	19	0.7094
		부사추정범주 NMA	0	0
독립언	감 탄 사 IC		0	0
관계언	격조사	주격조사 JKS	72	2.6885
		보격조사 JKC	0	0
		관형격조사 JKG	56	2.0911
		목적격조사 JKO	118	4.4062
		부사격조사 JKB	126	4.7050
		호격조사 JKV	0	0
		인용격조사 JKQ	4	0.1493
	보 조 사 JX		81	3.0246
	접속조사 JC		26	0.9708
의존형태	어　미	선어말어미 EP	50	1.8670
		종결어미 EF	81	3.0246
		연결어미 EC	146	5.4518
		명사형전성어미 ETN	15	0.5601
		관형형전성어미 ETM	144	5.3771
	접두사	체언접두사 XPN	1	0.0373
	접미사	명사파생접미사 XSN	50	1.8670
		동사파생접미사 XSV	107	3.9955
		형용사파생접미사 XSA	10	0.3734
		부사파생접미사 XSB	0	0
	어　기 XR		5	0.1867

기 호	마침표, 물음표, 느낌표 SF	81	3.0246
	쉼표, 가운뎃점, 콜론, 빗금 SP	22	0.8215
	따옴표, 괄호표, 줄표 SS	50	1.8670
	줄임표 SE	0	0
	붙임표(물결, 숨김, 빠짐) SO	0	0
	외국어 SL	12	0.4480
	한자 SH	0	0
	기타기호 SW	0	0
	숫자 SN	45	1.6803
	이모티콘 EI	0	0
합 계		2,678	100.0000

대분류별로 보면 체언에서는 명사(37.0441%), 용언에서는 동사(5.2651%)가 가장 많이 사용되었다. 수식언에서는 부사(2.427%)가 가장 많이 사용되었으며 독립언은 사용되지 않았다. 관계언에서는 부사격조사(4.7050%)와 목적격조사(4.4062%)가, 의존형태에서는 연결어미(5.4518%)와 관형형전성어미(5.3771%)가 가장 많이 사용되었다. 기호에서는 마침표, 물음표, 느낌표(3.0246%)가 가장 많이 사용되었다. 전체적으로 명사, 연결어미, 관형형전성어미, 동사, 부사격조사의 순으로 사용빈도가 나타난다.

신문기사의 음소 빈도는 '깜짝새 1.5.5 베타'를 이용하여 형태소 빈도와 마찬가지로 각각의 빈도를 추출하고 전체를 합산하였다.

[표 4-3] 신문기사 음소 빈도

초성	ㄱ	ㄲ	ㄴ	ㄷ	ㄸ	ㄹ	ㅁ	ㅂ	ㅃ	ㅅ
	442	15	176	329	27	266	126	171	1	361
	ㅆ	ㅇ	ㅈ	ㅉ	ㅊ	ㅋ	ㅌ	ㅍ	ㅎ	합계
	10	798	356	5	98	15	51	42	368	3,657

중성	ㅏ	ㅐ	ㅑ	ㅒ	ㅓ	ㅔ	ㅕ	ㅖ	ㅗ	ㅘ	ㅙ
	761	188	40		378	163	152	20	350	93	6
	ㅚ	ㅛ	ㅜ	ㅝ	ㅞ	ㅟ	ㅠ	ㅡ	ㅢ	ㅣ	합계
	82	52	285	33	3	48	19	427	75	482	3,657

종성	ㄱ	ㄲ	ㄴ	ㄷ	ㄹ	ㅁ	ㅂ	ㅅ	ㅆ	ㅇ	ㅈ	ㅊ	ㅋ	ㅌ
	248	3	535	6	339	106	54	29	72	305	4	4		7
	ㅍ	ㅎ	ㄳ	ㄵ	ㄶ	ㄺ	ㄻ	ㄼ	ㄽ	ㄾ	ㄿ	ㅀ	ㅄ	합계
	6	13			5	5	1	1				1	6	1,750

초성 음소수	3,657 (40.3464%)	중성 음소수	3,657 (40.3464%)	종성 음소수	1,750 (19.3071%)
전체 음소수			9,064		
초성 : 중성 : 종성			1 : 1 : 0.4785		

초성에서는 'ㅇ', 'ㄱ', 'ㅎ', 'ㅈ', 'ㄷ'의 순으로 고빈도를 보인다. 중성에서는 'ㅏ', 'ㅣ', 'ㅡ', 'ㅓ', 'ㅗ'의 순으로 고빈도를 나타낸다. 종성은 'ㄴ', 'ㄹ', 'ㅇ', 'ㄱ', 'ㅁ'의 순으로 높은 빈도를 보인다. 중성에서 'ㅒ', 종성에서 'ㅋ', 'ㄳ', 'ㄵ', 'ㄽ', 'ㄾ', 'ㄿ'은 전혀 사용되지 않았고, 초성에서 겹자음 사용이 1.5859%, 중성의 이중모음의 사용은 16.3522%, 종성의 겹자음 사용은 5.3714%로 나타난다. 초성, 종성의 겹자음과 중성의 이중모음은 뒤에 통신언어와 대조하기 위하여 그 비율을 추출하였다. 통신언어가 언어경제 원칙을 지니고 있다면 일반언어보다 낮은 비율을 보일 것이다. 초성 : 중성 : 종성 비율도 마찬가지이다.

초성과 중성의 경우 음절을 이루는 필수 성분이기 때문에 사용된 수나 비율이 동일하다. 그러나 종성의 경우는 그렇지 못하기 때문에 차이가 난다. 비율을 보면 초성이나 중성에 비해 종성이 절반에 약간 못 미치는 1 : 1 : 0.4785로 나타난다.

4.1.2 수필

수필은 고등학교 교과서 『국어』하에서 「나의 길, 나의 삶」이란 수필을 선정하였다.

형태소 빈도를 분석한 결과는 아래 표와 같다.

[표 4-4] 수필 형태소 빈도

<table>
<tr><th colspan="3">형태소 분류</th><th>빈도</th><th>백분율</th></tr>
<tr><td rowspan="6">체 언</td><td rowspan="4">명 사</td><td>일반명사 NNG</td><td>238</td><td>19.5227</td></tr>
<tr><td>의존명사 NNB</td><td>44</td><td>2.9984</td></tr>
<tr><td>고유명사 NNP</td><td>12</td><td>0.7528</td></tr>
<tr><td>명사범주 NF</td><td>0</td><td>0</td></tr>
<tr><td colspan="2">대 명 사 NP</td><td>49</td><td>3.3492</td></tr>
<tr><td colspan="2">수 사 NR</td><td>0</td><td>0</td></tr>
<tr><td rowspan="6">용 언</td><td colspan="2">동 사 VV</td><td>115</td><td>7.9808</td></tr>
<tr><td colspan="2">형 용 사 VA</td><td>67</td><td>4.6124</td></tr>
<tr><td colspan="2">보조용언 VX</td><td>31</td><td>2.0861</td></tr>
<tr><td rowspan="2">지정사</td><td>긍정지정사 VCN</td><td>3</td><td>0.1212</td></tr>
<tr><td>부정지정사 VCP</td><td>20</td><td>1.3142</td></tr>
<tr><td colspan="2">용언범주 NV</td><td>0</td><td>0</td></tr>
<tr><td rowspan="5">수식언</td><td rowspan="2">관형사</td><td>관형사 MM</td><td>14</td><td>0.8931</td></tr>
<tr><td>관형사범주 NMM</td><td>0</td><td>0</td></tr>
<tr><td rowspan="3">부 사</td><td>일반부사 MAG</td><td>53</td><td>3.6299</td></tr>
<tr><td>접속부사 MAJ</td><td>9</td><td>0.5422</td></tr>
<tr><td>부사범주 NMA</td><td>0</td><td>0</td></tr>
<tr><td>독립언</td><td colspan="2">감 탄 사 IC</td><td>0</td><td>0</td></tr>
<tr><td rowspan="4">관계언</td><td rowspan="4">격조사</td><td>주격조사 JKS</td><td>40</td><td>2.7177</td></tr>
<tr><td>보격조사 JKC</td><td>1</td><td>0.0701</td></tr>
<tr><td>관형격조사 JKG</td><td>29</td><td>1.9457</td></tr>
<tr><td>목적격조사 JKO</td><td>42</td><td>2.8580</td></tr>
</table>

관계언	격조사	부사격조사 JKB	61	4.1914
		호격조사 JKV	0	0
		인용격조사 JKQ	0	0
	보 조 사 JX		82	5.6650
	접속조사 JC		9	0.5422
의존형태	어 미	선어말어미 EP	45	3.0685
		종결어미 EF	50	3.4194
		연결어미 EC	127	8.6826
		명사형전성어미 ETN	15	0.9633
		관형형전성어미 ETM	91	6.2966
	접두사	체언접두사 XPN	0	0
	접미사	명사파생접미사 XSN	34	2.2966
		동사파생접미사 XSV	28	1.8756
		형용사파생접미사 XSA	23	1.5247
		부사파생접미사 XSB	0	0
	어 기 XR		15	0.9633
기 호	마침표, 물음표, 느낌표 SF		50	3.4194
	쉼표, 가운뎃점, 콜론, 빗금 SP		19	1.2440
	따옴표, 괄호표, 줄표 SS		4	0.1914
	줄임표 SE		0	0
	붙임표(물결, 숨김, 빠짐) SO		0	0
	외국어 SL		0	0
	한자 SH		0	0
	기타기호 SW		0	0
	숫자 SN		5	0.2615
	이모티콘 EI		0	0
합 계			1,425	100.0000

수필 분석 결과는 신문기사 분석 결과와 약간 다르게 나타난다. 체언에서는 명사(23.2739%), 용언에서는 동사(7.9808%)가 가장 많이 사용되었다. 수식

언에서는 부사(4.3507%)가 가장 많이 사용되었으며 독립언은 사용되지 않았다. 관계언은 신문기사와 달리 보조사(5.6650%)와 부사격조사(4.1914%)가 가장 많이 사용되었으며, 의존형태에서는 연결어미(8.6826%)와 관형형전성어미(6.2966%)가 가장 많이 사용되었다. 보조사는 체언에 붙어서 의미를 더해 주는 역할을 한다. 보조사를 사용할 경우 의미를 보다 섬세하게 해주기는 하지만 글의 객관성을 떨어뜨리게 된다. 그렇기 때문에 객관적으로 글을 써야 하는 신문기사에서는 많이 사용되지 않은 것으로 보이며, 수필 같은 개인적 글쓰기의 경우 객관성을 유지할 필요가 없기 때문에 보조사가 많이 사용된 것으로 보인다. 기호는 신문기사와 동일하게 마침표, 물음표, 느낌표(3.5087%)가 가장 많이 사용된 것으로 나타났다. 전체적으로 보면 명사, 연결어미, 동사, 관형형전성어미, 보조사의 순서로 높은 빈도를 나타내었다.

음소 빈도를 분석하면 아래와 같다.

[표 4-5] 수필 음소 빈도

초성	ㄱ	ㄲ	ㄴ	ㄷ	ㄸ	ㄹ	ㅁ	ㅂ	ㅃ	ㅅ
	248	12	135	212	14	102	84	50	6	152
	ㅆ	ㅇ	ㅈ	ㅉ	ㅊ	ㅋ	ㅌ	ㅍ	ㅎ	합계
	6	433	121	2	35	5	18	12	119	1,766

중성	ㅏ	ㅐ	ㅑ	ㅒ	ㅓ	ㅔ	ㅕ	ㅖ	ㅗ	ㅘ	ㅙ
	442	104	3		225	74	60	1	187	26	1
	ㅚ	ㅛ	ㅜ	ㅝ	ㅞ	ㅟ	ㅠ	ㅡ	ㅢ	ㅣ	합계
	20	8	106	10		11	1	226	31	230	1,766

종성	ㄱ	ㄲ	ㄴ	ㄷ	ㄹ	ㅁ	ㅂ	ㅅ	ㅆ	ㅇ	ㅈ	ㅊ	ㅋ	ㅌ
	101		240	3	170	56	12	37	66	81	6	2		9
	ㅍ	ㅎ	ㄳ	ㄵ	ㄶ	ㄺ	ㄻ	ㄼ	ㄽ	ㄾ	ㄿ	ㅀ	ㅄ	합계
	15	5			7	2	6	2					17	837

초성 음소수	1,766 (40.42115%)	중성 음소수	1,766 (40.42115%)	종성 음소수	837 (19.15770%)
전체 음소수			4,369		
초성 : 중성 : 종성			1 : 1 : 0.4739		

수필의 음소빈도는 초성에서 'ㅇ', 'ㄱ', 'ㄷ', 'ㄴ', 'ㅈ'의 순서로 높은 빈도를 보인다. 중성은 'ㅏ', 'ㅣ', 'ㅡ', 'ㅓ', 'ㅗ'의 순으로 높은 빈도를 보이며, 종성에서는 'ㄴ', 'ㄹ', 'ㄱ', 'ㅇ', 'ㅆ'의 순서로 높은 빈도를 보인다. 중성의 'ㅒ', 'ㅞ'와 종성의 'ㄲ', 'ㅋ', 'ㄳ', 'ㄵ', 'ㄽ', 'ㄾ', 'ㄿ', 'ㅀ'은 사용되지 않았다. 수필에서 겹자음과 이중모음 사용을 살펴보면 초성은 2.2650%, 중성은 15.7417%, 종성은 11.9474%가 사용되었고 사용되었다. 여기서는 종성의 겹자음의 사용비율이 신문기사에 비해 높게 나타나고 있다. 그러나 초, 중, 종성의 비율(1 : 1 : 0.4739)에서는 신문기사문보다 종성비율이 낮게 나온다.

4.1.3 소설

소설은 가장 다양한 표현을 보이는 유형이다. 일반언어에서 가장 자유로운 표현을 하는 유형일 것이다. 따라서 문어적 요소와 더불어 구어적 요소도 가지고 있기 때문에 구어를 문어로 옮겨 표기하는 통신언어와 대조하면 분석에 이용된 텍스트 중 가장 유사하게 나타날 것이다. 소설 텍스트는 대중적인 인지도를 지닌 이상문학상 수상작품 중에서 두 편을 선정하였고 소설의 전문이 아닌 일부분을 분석에 이용하였다.

1. 윤대녕, 「천지간」, 『이상문학상 수상작품집』 20, 문학사상사, 1996.
2. 은희경, 「아내의 상자」, 『이상문학상 수상작품집』 22, 문학사상사, 1998.

소설도 신문기사와 마찬가지로 각각의 텍스트를 분석한 후 각각의 빈도를 합산하여 아래에 제시하였다.

[표 4-6] 소설 형태소 빈도

형태소 분류			빈도	백분율
체 언	명 사	일반명사 NNG	919	18.7681
		의존명사 NNB	146	2.9814
		고유명사 NNP	28	0.5717
		명사범주 NF	2	0.0408
	대 명 사 NP		155	3.1652
	수 사 NR		10	0.2042
용 언	동 사 VV		469	9.5772
	형 용 사 VA		127	2.5934
	보조용언 VX		171	3.4919
	지정사	긍정지정사 VCN	10	0.2042
		부정지정사 VCP	89	1.8174
	용언범주 NV		2	0.0408
수식언	관형사	관형사 MM	75	1.5315
		관형사범주 NMM	0	0
	부 사	일반부사 MAG	156	3.1856
		접속부사 MAJ	33	0.6738
		부사범주 NMA	0	0
독립언	감 탄 사 IC		6	0.1225
관계언	격조사	주격조사 JKS	137	2.7976
		보격조사 JKC	0	0
		관형격조사 JKG	78	1.5928
		목적격조사 JKO	197	4.0228
		부사격조사 JKB	231	4.7171
		호격조사 JKV	1	0.0204
		인용격조사 JKQ	0	0
	보 조 사 JX		209	4.2679
	접속조사 JC		8	0.1633

의존형태	어 미	선어말어미 EP	198	4.0432
		종결어미 EF	255	5.2072
		연결어미 EC	407	8.3112
		명사형전성어미 ETN	19	0.3879
		관형형전성어미 ETM	306	6.2487
	접두사	체언접두사 XPN	5	0.1021
	접미사	명사파생접미사 XSN	27	0.5513
		동사파생접미사 XSV	50	1.0210
		형용사파생접미사 XSA	36	0.7351
		부사파생접미사 XSB	1	0.0204
	어 기 XR		17	0.3471
기 호	마침표, 물음표, 느낌표 SF		234	4.7784
	쉼표, 가운뎃점, 콜론, 빗금 SP		35	0.7147
	따옴표, 괄호표, 줄표 SS		31	0.6330
	줄임표 SE		2	0.0408
	붙임표(물결, 숨김, 빠짐) SO		0	0
	외국어 SL		0	0
	한자 SH		0	0
	기타기호 SW		0	0
	숫자 SN		15	0.3063
	이모티콘 EI		0	0
합 계			4,897	100.0000

소설 분석결과 대분류에서 보면 체언에서는 명사(22.3620%), 용언에서는 동사(9.5772%)가 가장 많이 사용되었다. 수식언에서는 부사(3.8594%)가 가장 많이 사용되었으며 다른 일반언어 텍스트와는 달리 독립언(0.1225%)의 사용도 보인다. 관계언에서는 부사격조사(4.7171%)와 보조사(4.2679%)가, 의존형태에서는 연결어미(8.3112%)와 관형형전성어미(6.2487%)가 가장 많이 사용되었다. 문학작품도 역시 작품을 통해 감동을 전하기 위해서 의미를

섬세하게 표현할 수 있는 보조사가 많이 사용되었으며, 감정을 표현하는 독립언의 사용도 나타난 것으로 보인다. 기호는 다른 일반언어 텍스트와 마찬가지로 마침표, 물음표, 느낌표(4.7784%)가 가장 많이 사용되었다. 전체적으로 보면, 명사, 동사, 연결어미, 관형형전성어미, 종결어미의 순으로 높은 사용빈도를 보인다.

음소 빈도를 분석하면 아래와 같다.

[표 4-7] 소설 음소 빈도

초성	ㄱ	ㄲ	ㄴ	ㄷ	ㄸ	ㄹ	ㅁ	ㅂ	ㅃ	ㅅ
	809	68	597	653	62	466	310	244	15	469
	ㅆ	ㅇ	ㅈ	ㅉ	ㅊ	ㅋ	ㅌ	ㅍ	ㅎ	합계
	23	1,591	411	30	113	40	80	46	292	6,319

중성	ㅏ	ㅐ	ㅑ	ㅒ	ㅓ	ㅔ	ㅕ	ㅖ	ㅗ	ㅘ	ㅙ
	1495	334	50	2	727	256	258	12	600	79	7
	ㅚ	ㅛ	ㅜ	ㅝ	ㅞ	ㅟ	ㅠ	ㅡ	ㅢ	ㅣ	합계
	47	51	366	30	1	46	15	946	82	915	6,319

종성	ㄱ	ㄲ	ㄴ	ㄷ	ㄹ	ㅁ	ㅂ	ㅅ	ㅆ	ㅇ	ㅈ	ㅊ	ㅋ	ㅌ
	238	5	842	20	606	197	61	120	295	261	19	14		13
	ㅍ	ㅎ	ㄳ	ㄵ	ㄶ	ㄺ	ㄻ	ㄼ	ㄽ	ㄾ	ㄿ	ㅀ	ㅄ	합계
	20	20		6	22	7	3	3				2	29	2,803

초성 음소수	6,319 (40.9235%)	중성 음소수	6,319 (40.9235%)	종성 음소수	2,803 (18.1529%)
전체 음소수			15,441		
초성 : 중성 : 종성			1 : 1 : 0.4435		

소설 음소 빈도는 초성에서 ‘ㅇ’, ‘ㄱ’, ‘ㄷ’, ‘ㄴ’, ‘ㅅ’의 순으로 높은 빈도가 나타나고, 중성에서는 ‘ㅏ’, ‘ㅡ’, ‘ㅣ’, ‘ㅓ’, ‘ㅗ’의 순으로 높은 빈도가 나타난다. 종성은 ‘ㄴ’, ‘ㄹ’, ‘ㅆ’, ‘ㅇ’, ‘ㄱ’의 순으로 높은 빈도를 보인다. 다른 일반언어 텍스트와는 달리 중성에서 사용되지 않은 음소가 없고, 다만 종성에서 ‘ㅋ’, ‘ㄳ’, ‘ㄽ‘, ’ㄾ‘, ’ㄿ‘가 사용되지 않았다. 다

른 일반언어 텍스트에 비하여 가장 많은 종류의 음소사용을 보인다. 초성과 종성에서 겹자음의 사용은 초성에서 3.1334%, 종성에서 13.2714%가 보이고, 중성의 이중모음 사용은 31.9657%로 중성의 이중모음 사용이 매우 높게 나타난다. 물론 초, 종성에서 홑자음과 겹자음의 비율보다 중성에서 단모음과 이중모음의 비율이 높기 때문이기도 하지만 초, 중성과 종성의 음가 차이에 의한 결과로 보인다. 중성의 이중모음은 음가를 가지고 있지만, 초, 종성의 겹자음은 음가를 나타내기 보다 표기에서 의미를 구별하기 위한 경우가 많다. 때문에 중성의 의중모음 사용이 높은 것이다. 초, 중성에 비해 종성의 사용률은 다른 일반언어 텍스트에 비해 가장 낮게 나타났다.

4.1.4 일반언어 텍스트 종합

각각 분석된 일반언어 텍스트의 분석결과를 합산하여 보았다. 우선 형태소 분석 결과를 합산하면 아래 표와 같다.

[표 4-8] 일반언어 전체 형태소 빈도

형태소 분류			빈도	백분율
체 언	명 사	일반명사 NNG	1,936	21.5130
		의존명사 NNB	309	3.4333
		고유명사 NNP	132	1.4666
		명사범주 NF	4	0.0444
	대 명 사 NP		214	2.3777
	수 사 NR		13	0.1444
용 언	동 사 VV		725	8.0555
	형 용 사 VA		240	2.6666
	보조용언 VX		244	2.7111
	지정사	긍정지정사 VCN	16	0.1777
		부정지정사 VCP	146	1.6222
	용언범주 NV		3	0.0333

<table>
<tr><td rowspan="5">수식언</td><td rowspan="2">관형사</td><td>관형사 MM</td><td>125</td><td>1.3888</td></tr>
<tr><td>관형사범주 NMM</td><td>0</td><td>0</td></tr>
<tr><td rowspan="3">부 사</td><td>일반부사 MAG</td><td>255</td><td>2.8333</td></tr>
<tr><td>접속부사 MAJ</td><td>61</td><td>0.6777</td></tr>
<tr><td>부사범주 NMA</td><td>0</td><td>0</td></tr>
<tr><td>독립언</td><td colspan="2">감 탄 사 IC</td><td>6</td><td>0.0666</td></tr>
<tr><td rowspan="9">관계언</td><td rowspan="7">격조사</td><td>주격조사 JKS</td><td>249</td><td>2.7666</td></tr>
<tr><td>보격조사 JKC</td><td>1</td><td>0.0111</td></tr>
<tr><td>관형격조사 JKG</td><td>163</td><td>1.8111</td></tr>
<tr><td>목적격조사 JKO</td><td>357</td><td>3.9666</td></tr>
<tr><td>부사격조사 JKB</td><td>418</td><td>4.6444</td></tr>
<tr><td>호격조사 JKV</td><td>1</td><td>0.0111</td></tr>
<tr><td>인용격조사 JKQ</td><td>4</td><td>0.0444</td></tr>
<tr><td colspan="2">보 조 사 JX</td><td>372</td><td>4.1333</td></tr>
<tr><td colspan="2">접속조사 JC</td><td>43</td><td>0.4777</td></tr>
<tr><td rowspan="11">의존형태</td><td rowspan="5">어 미</td><td>선어말어미 EP</td><td>293</td><td>3.2555</td></tr>
<tr><td>종결어미 EF</td><td>386</td><td>4.2888</td></tr>
<tr><td>연결어미 EC</td><td>680</td><td>7.5555</td></tr>
<tr><td>명사형전성어미 ETN</td><td>49</td><td>0.5444</td></tr>
<tr><td>관형형전성어미 ETM</td><td>541</td><td>6.0111</td></tr>
<tr><td>접두사</td><td>체언접두사 XPN</td><td>6</td><td>0.0666</td></tr>
<tr><td rowspan="4">접미사</td><td>명사파생접미사 XSN</td><td>111</td><td>1.2333</td></tr>
<tr><td>동사파생접미사 XSV</td><td>185</td><td>2.0555</td></tr>
<tr><td>형용사파생접미사 XSA</td><td>69</td><td>0.7666</td></tr>
<tr><td>부사파생접미사 XSB</td><td>1</td><td>0.0111</td></tr>
<tr><td colspan="2">어 기 XR</td><td>37</td><td>0.4111</td></tr>
<tr><td rowspan="3">기 호</td><td colspan="2">마침표, 물음표, 느낌표 SF</td><td>365</td><td>4.0555</td></tr>
<tr><td colspan="2">쉼표, 가운뎃점, 콜론, 빗금 SP</td><td>76</td><td>0.8444</td></tr>
<tr><td colspan="2">따옴표, 괄호표, 줄표 SS</td><td>85</td><td>0.9444</td></tr>
</table>

기 호	줄임표 SE	2	0.0222
	붙임표(물결, 숨김, 빠짐) SO	0	0
	외국어 SL	12	0.1333
	한자 SH	0	0
	기타기호 SW	0	0
	숫자 SN	65	0.7222
	이모티콘 EI	0	0
합 계		9,000	100.0000

일반언어 텍스트 전체를 보면 대분류별로 체언에서는 명사(26.4573%), 용언에서는 동사(8.0555%)가 가장 많이 사용되었으며, 수식언에서는 부사(3.5110%)가 가장 많이 사용되었다. 독립언은 모두 소설에서 사용된 것이다. 관계언에서는 부사격조사(4.6444%)와 보조사(4.1333%)가, 의존형태에서는 연결어미(7.5555%)와 관형형전성어미(6.0111%)가 가장 많이 사용되었다. 기호는 마침표, 물음표, 느낌표(4.0555%)가 가장 많이 사용되었다. 전체적으로는 명사, 동사, 연결어미, 관형형전성어미, 부사격조사의 순으로 높은 사용빈도를 보인다.

일반언어 텍스트 전체를 보면 관형사범주, 부사범주, 붙임표(물결, 숨김, 빠짐), 한자, 기타기호, 이모티콘은 전혀 사용되지 않은 것으로 나타난다. 관형사범주, 부사범주, 이모티콘은 통신언어 분석에 활용하기 위하여 추가한 분류기준이기 때문에 일반언어 분석에서는 전혀 보이지 않는다. 한자의 경우도 선정된 텍스트가 한글전용 표기를 기준으로 삼았기 때문에 전혀 나타나지 않았다. 붙임표(물결, 숨김, 빠짐)과 기타기호도 수필이나 소설의 경우 서술 중심의 텍스트이기 때문에 나타나지 않는다. 다만 신문기사의 경우 사실에 대한 객관적 서술이나 설명이기 때문에 나타날 수 있으나 선정된 텍스트에는 보이지 않는다. 인용격조사와 외국어 표기는 모두 신문기사에서 나타나고 있다. 숫자 표기도 신문기사가 가장 높은 빈도를 보인다. 이것은 신문기사 텍스트의 특성으로 보아야 될 듯 하다.

감탄사와 호격조사는 소설 분석에서만 보이고 있는데 소설이 가장 다양한 표현방식을 취하기 때문으로 생각된다.

의존형태에서 종결어미보다 연결어미 사용이 많은 것은 중문이 많이 쓰인다는 뜻이다. 연결어미의 빈도가 높은 것은 문장을 연결하여 중문을 만들 때 쉼표 등을 사용하기보다 연결어미를 선호하기 때문으로 보인다. 분석결과에서 보면 쉼표, 가운뎃점, 콜론, 빗금의 사용이 마침표, 물음표, 느낌표에 비하여 적게 나타나는데 연결어미의 사용은 상대적으로 매우 높게 나타나는 것을 볼 수 있다.

일반언어 전체 분석결과가 소설 분석결과와 가장 유사하게 나왔는데 분석에 사용된 어휘량과 유형의 다양성에 의한 것으로 생각된다.

음소 빈도 역시 형태소 빈도와 마찬가지로 텍스트를 각각 분석한 결과를 합산하였다.

[표 4-9] 일반언어 전체 음소 빈도

초성	ㄱ	ㄲ	ㄴ	ㄷ	ㄸ	ㄹ	ㅁ	ㅂ	ㅃ	ㅅ				
	1,499	95	908	1,194	103	834	520	465	22	982				
	ㅆ	ㅇ	ㅈ	ㅉ	ㅊ	ㅋ	ㅌ	ㅍ	ㅎ	합계				
	39	2,822	888	37	246	60	149	100	779	11,742				
중성	ㅏ	ㅐ	ㅑ	ㅒ	ㅓ	ㅔ	ㅕ	ㅖ	ㅗ	ㅘ	ㅙ			
	2,698	626	93	2	1,330	493	470	33	1,137	198	14			
	ㅚ	ㅛ	ㅜ	ㅝ	ㅞ	ㅟ	ㅠ	ㅡ	ㅢ	ㅣ	합계			
	149	111	757	73	4	105	35	1,599	188	1,627	11,742			
종성	ㄱ	ㄲ	ㄴ	ㄷ	ㄹ	ㅁ	ㅂ	ㅅ	ㅆ	ㅇ	ㅈ	ㅊ	ㅋ	ㅌ
	587	8	1,617	29	1,115	359	127	186	433	647	29	20		29
	ㅍ	ㅎ	ㄳ	ㄵ	ㄶ	ㄺ	ㄻ	ㄼ	ㄽ	ㄾ	ㄿ	ㅀ	ㅄ	합계
	41	38		6	34	14	10	6				3	52	5,390
초성 음소수	11,742	중성 음소수	11,742	종성 음소수	5,390									
전체 음소수	28,874													
초성 : 중성 : 종성	1 : 1 : 0.4590													

일반언어 텍스트 전체의 음소빈도를 보면 초성은 'ㅇ', 'ㄱ', 'ㄷ', 'ㅅ', 'ㄴ'의 순으로, 중성은 'ㅏ', 'ㅣ', 'ㅡ', 'ㅓ', 'ㅗ'의 순으로 높은 사용빈도가 나타난다. 종성은 'ㄴ', 'ㄹ', 'ㅇ', 'ㄱ', 'ㅆ'의 순으로 높은 사용빈도를 보인다. 초성과 종성은 모든 음소가 사용되었으며 종성에서 'ㅋ', 'ㄳ', 'ㄽ', 'ㄾ', 'ㄿ'이 전혀 사용되지 않았다.

초성 'ㅇ'은 초성에 음가가 없고 모음의 음가만 있는 경우 초성 위치에 사용되는 예가 많아 빈도가 가장 많이 나타난 것으로 보인다. 중성은 단모음이 상위빈도로 나타나고 있다. 초성, 중성과 달리 종성의 경우 음소를 겹쳐 표기한 'ㅆ'이 상위 빈도로 나타난다. 이것은 문장에 과거시제 선어말어미인 '-았-, -었-, -였-' 등이 많이 사용된 것으로 보인다. 수필이나 소설의 문장이 대부분 과거형 문장이기 때문에 종성 'ㅆ'이 상위 빈도를 보이고 있는 것으로 보인다.

겹자음의 경우 초성에서는 2.5208%, 종성은 10.5009%의 비율을 보이며, 중성의 이중모음 사용률은 16.0534%를 보인다. 일반언어 전체에서 중성이 음소를 겹쳐서 사용하는 경우가 많은 것으로 나타난다. 초성과 종성의 홑자음 대 겹자음의 비율보다 중성의 단모음 대 이중모음 비율이 더 높기 때문에 나타나는 결과로 보인다. 초성의 홑자음 대 겹자음 비율은 70% : 30%이고, 중성의 단모음 대 이중모음 비율은 47.6190% : 52.3809%이고, 종성의 홑자음 대 겹자음 비율은 48,1491% : 51.8518%로 나타나는데 종성의 경우 사용되지 않는 겹자음이 많이 있어 실제로 사용된 음소의 비율만 계산할 경우 중성에서 나타난 비율보다 낮게 나타난다(홑자음 59.0909% : 겹자음 40.9090%). 초성의 경우 한국어가 된소리보다 평음이 많기 때문에 나타난 결과로 보인다. 종성은 말음법칙에 의해 종성에서 음가를 가지는 음소가 한정되어 있고 표기상 의미를 구분하기 위하여 표기하는 것이기 때문에 음소의 이중표기가 낮은 비율을 보이는 것이다. 그러나 중성은 음절을 이루는 중심이기 때문에 실질적인 음가를 가지고 있는 경우가 많아 이중모음이 초성이나 종성에 비해 상대적으로 많이 사용되는 것이다.

初, 중성과 종성의 사용비율을 1 : 1 : 0.4590로 신문기사나 수필의 평균보다는 낮지만 소설의 평균보다는 높게 나타났다. 이는 한국어 전체적으로 받침이 없는 음절이 더 많이 사용되고 있음을 알게 해준다. 훈민정음 창제 당시 '初中終三聲 合而成字(초성 중성 종성의 세 소리가 합해지면 글자를 이룬다)'가 현재는 음가 없는 종성표기가 생략되는 쓰기 편리로 바뀌었다는 것을 보여준다. 또한 종성이 말음법칙으로 종성의 음가가 제한된 것도 관련이 있는 것으로 보인다.

4.2 통신언어 텍스트 분석

통신언어 텍스트는 인터넷 신문과 전자게시판문 그리고 통신소설을 선정하였다. 인터넷 신문은 '오마이뉴스'와 '딴지일보'에서 각각 기사를 선별하였다. '오마이뉴스'의 경우 일반언어 신문과 마찬가지로 표준적인 표기체계를 사용하고 있지만 통신공간의 신문이라는 점에서 선별하였고, '딴지일보'는 기사의 작성에 통신언어가 사용된다는 점에서 선별하였다. 전자게시판문은 일반언어에서 수필과 마찬가지로 자유스러운 글쓰기라는 점에서 선정하였다. 인터넷 포탈사이트인 '다음'의 인터넷 카페 중 '청주대학교 국어국문학과' 카페와 축구 동아리인 '국문투지' 카페 게시판에 게시된 게시문 중에서 통신언어의 특성이 나타나는 게시문을 선별하였다. 통신소설 중에서는 영화로 제작되어 대중적으로 잘 알려진 「엽기적인 그녀」와 「동갑내기 과외하기」를 선정하여 일반소설과 마찬가지로 그 일부를 분석에 이용하였다.

통신언어 텍스트는 텍스트의 발생이 컴퓨터 통신이어야 하고 일반언어와 대조를 위해 통신 어휘가 사용되어야 한다. 물론 컴퓨터 통신에 사용되는 텍스트가 전부 통신언어로 이루어진 것은 아니다. 그러나 통신언어로 인한 한국어가 변질되고 혼란스러워지는 문제에서 이 연구가 출발

하였기에 통신 어휘가 사용된 텍스트를 선정하여 일반언어와 대조하고자 하는 것이다.

4.2.1 인터넷 신문기사

인터넷 신문은 통신언어가 사용된 것과 그렇지 않은 것으로 나누어 선별하였다. 일반언어만 사용된 텍스트는 인터넷신문인 '오마이뉴스'에서 선정하였고 통신언어가 사용된 텍스트는 역시 인터넷신문인 '딴지일보'에서 선정하였다.

1. 오마이뉴스 2003년 9월 8일, 「조선, 지만원 · 독립신문에 욕먹다」
2. 오마이뉴스 2003년 9월 7일, 「뭉치면 죽고 흩어지면 산다」
3. 딴지일보 2003년 8월 9일, 「현대차의 이익이 니덜만의 몫이냐?」
4. 딴지일보 2003년 7월 4일, 「공대에서 대학원생으로 사는 일」

형태소 분석은 4개의 텍스트를 각각 분석한 후 통신언어가 사용되지 않은 텍스트와 통신언어가 사용된 텍스트로 구분하여 합산한 후 다시 전체를 합산하였다. 먼저 통신언어가 사용되지 않은 인터넷신문을 보면 아래 표와 같다.

[표 4-10] 통신언어가 사용되지 않은 인터넷신문 형태소 빈도

형태소 분류			빈도	백분율
체 언	명 사	일반명사 NNG	656	25.0423
		의존명사 NNB	94	3.5877
		고유명사 NNP	95	3.6259
		명사범주 NF	7	0.2671
	대 명 사 NP		15	0.5725
	수 사 NR		6	0.2290

용 언	동 사 VV		158	6.0305
	형 용 사 VA		44	1.6793
	보조용언 VX		46	1.7557
	지정사	긍정지정사 VCN	2	0.0763
		부정지정사 VCP	64	2.4427
	용언범주 NV		0	0
수식언	관형사	관형사 MM	37	1.4122
		관형사범주 NMM	0	0
	부 사	일반부사 MAG	59	2.2519
		접속부사 MAJ	7	0.2671
		부사범주 NMA	0	0
독립언	감 탄 사 IC		0	0
관계언	격조사	주격조사 JKS	71	2.7099
		보격조사 JKC	0	0
		관형격조사 JKG	75	2.8625
		목적격조사 JKO	99	3.7786
		부사격조사 JKB	98	3.7404
		호격조사 JKV	0	0
		인용격조사 JKQ	5	0.1908
	보 조 사 JX		98	3.7404
	접속조사 JC		13	0.4961
의존형태	어 미	선어말어미 EP	44	1.6793
		종결어미 EF	73	2.7862
		연결어미 EC	169	6.4503
		명사형전성어미 ETN	19	0.7251
		관형형전성어미 ETM	160	6.1068
	접두사	체언접두사 XPN	8	0.3053
	접미사	명사파생접미사 XSN	48	1.8320
		동사파생접미사 XSV	82	3.1297
		형용사파생접미사 XSA	25	0.9541
		부사파생접미사 XSB	0	0
	어 기 XR		15	0.5725

기 호	마침표, 물음표, 느낌표 SF	70	2.6717
	쉼표, 가운뎃점, 콜론, 빗금 SP	16	0.6106
	따옴표, 괄호표, 줄표 SS	98	3.7404
	줄임표 SE	2	0.0763
	붙임표(물결, 숨김, 빠짐) SO	0	0
	외국어 SL	13	0.4961
	한자 SH	0	0
	기타기호 SW	3	0.1145
	숫자 SN	26	0.9923
	이모티콘 EI	0	0
합 계		2,620	100.0000

대분류별로 보면 체언에서는 명사(32.5230%), 용언에서는 동사(6.0305%)가 가장 많이 사용되었으며, 수식언에서는 부사(2.519%)가 가장 많이 사용되었다. 독립언의 사용은 보이지 않으며, 관계언에서는 목적격 조사(3.7786%)가 가장 많이 쓰였다. 그러나 부사격조사(3.7404%)와 보조사(3.7404%)가 동일하게 사용되었고 목적격조사와 별로 차이 나지 않는다. 의존형태에서는 연결어미(6.4503%)와 관형형전성어미(6.1068%)가 가장 많이 사용되었다. 기호는 따옴표, 괄호표, 줄표(3.7404%)가 가장 많이 사용된 것으로 나타난다. 전체적으로는 명사, 연결어미, 관형형전성어미, 동사, 목적격조사의 순으로 높은 사용빈도를 보인다.

통신언어가 사용된 인터넷신문의 분석을 보면 아래와 같다.

[표 4-11] 통신언어가 사용된 인터넷신문 형태소 빈도

형태소 분류			빈도	백분율
체 언	명 사	일반명사 NNG	823	21.3586
		의존명사 NNB	131	3.3990
		고유명사 NNP	46	1.1935
		명사범주 NF	31	0.8043

체 언		대 명 사 NP	82	2.1276
		수 사 NR	14	0.3632
용 언		동 사 VV	270	7.0057
		형 용 사 VA	114	2.9579
		보조용언 VX	89	2.3092
	지정사	긍정지정사 VCN	16	0.4151
		부정지정사 VCP	107	2.7763
		용언범주 NV	20	0.5189
수식언	관형사	관형사 MM	51	1.3233
		관형사범주 NMM	4	0.1037
	부 사	일반부사 MAG	129	3.3471
		접속부사 MAJ	33	0.8562
		부사범주 NMA	21	0.5448
독립언		감 탄 사 IC	7	0.1816
관계언	격조사	주격조사 JKS	121	3.1395
		보격조사 JKC	0	0
		관형격조사 JKG	47	1.2195
		목적격조사 JKO	63	1.6346
		부사격조사 JKB	132	3.4250
		호격조사 JKV	0	0
		인용격조사 JKQ	0	0
		보 조 사 JX	164	4.2553
		접속조사 JC	17	0.4411
의존형태	어 미	선어말어미 EP	50	1.2973
		종결어미 EF	190	4.9299
		연결어미 EC	324	8.4068
		명사형전성어미 ETN	20	0.5189
		관형형전성어미 ETM	186	4.8261
	접두사	체언접두사 XPN	4	0.1037
	접미사	명사파생접미사 XSN	63	1.6346
		동사파생접미사 XSV	75	1.9460
		형용사파생접미사 XSA	39	1.0119

의존형태	접미사	부사파생접미사 XSB	0	0
	어 기 XR		25	0.6486
기 호	마침표, 물음표, 느낌표 SF		195	5.0596
	쉼표, 가운뎃점, 콜론, 빗금 SP		40	1.0378
	따옴표, 괄호표, 줄표 SS		62	1.6087
	줄임표 SE		24	0.6227
	붙임표(물결, 숨김, 빠짐) SO		0	0
	외국어 SL		5	0.1297
	한자 SH		0	0
	기타기호 SW		1	0.0259
	숫자 SN		16	0.4151
	이모티콘 EI		3	0.0778
합 계			3,854	100.0000

대분류별로 체언에서는 명사(26.7554%), 용언에서는 동사(7.0057%)가 가장 많이 사용되었으며, 수식언에서는 부사(4.7481%)가 가장 많이 사용되었다. 독립언(0.1816%)의 사용도 나타나는데 신문기사에서 독립언이 사용되었다는 것이 주목할 만하다. 신문기사가 객관적 사실의 기술이라는 점에서 감정표현이 자제되어야 함에도 불구하고 감정을 드러내는 감탄사가 사용되었다. 이것은 컴퓨터 통신이 언어 일탈만 가져오는 것이 아니라 장르가 가지고 있는 특성도 일탈시키는 것으로 볼 수 있다. 관계언에서는 보조사(4.2553%)와 부사격조사(3.4250%)가 가장 많이 쓰였다. 관계언에서 특이할 만한 사실은 주격조사(3.1395%)가 목적격조사(1.6346%)보다 많이 사용되었다는 점이다. 그러나 이 차이가 통신언어의 특징으로 보기에는 무리가 있다. 의존형태에서는 연결어미(8.4068%)와 종결어미(4.9299%)가 가장 많이 사용되었는데 종결어미와 관형형전성어미(4.8261%)의 빈도 차는 별로 나지 않는다. 기호에서 마침표, 물음표, 느낌표(5.0596%)가 가장 많이 사용되었다. 이모티콘(0.0778%)의 사용이 보이는 점도 주목할 만한데 이모티콘을 통신언어와 일반언어의 차이를 나타내는 특징으로 볼 수 있을 것이

다. 전체적으로는 명사, 연결어미, 동사, 종결어미, 관형형전성어미의 순으로 높은 사용빈도를 보인다.

인터넷 신문기사를 종합해 보면 아래와 같다.

[표 4-12] 인터넷신문 전체 형태소 빈도

형태소 분류			빈도	백분율
체 언	명 사	일반명사 NNG	1,479	22.8494
		의존명사 NNB	225	3.4754
		고유명사 NNP	141	2.1779
		명사범주 NF	38	0.5869
	대 명 사 NP		97	1.4983
	수 사 NR		20	0.3098
용 언	동 사 VV		428	6.6110
	형 용 사 VA		158	2.4405
	보조용언 VX		135	2.0852
	지정사	긍정지정사 VCN	18	0.2780
		부정지정사 VCP	171	2.6413
	용언범주 NV		20	0.3089
수식언	관형사	관형사 MM	88	1.3592
		관형사범주 NMM	4	0.0617
	부 사	일반부사 MAG	188	2.9039
		접속부사 MAJ	40	0.6178
		부사범주 NMA	21	0.3243
독립언	감 탄 사 IC		7	0.1081
관계언	격조사	주격조사 JKS	192	2.9657
		보격조사 JKC	0	0
		관형격조사 JKG	122	1.8844
		목적격조사 JKO	162	2.5023
		부사격조사 JKB	230	3.5526

관계언	격조사	호격조사 JKV	0	0
		인용격조사 JKQ	5	0.0772
	보 조 사 JX		262	4.0469
	접속조사 JC		30	0.4633
의존형태	어 미	선어말어미 EP	94	1.4519
		종결어미 EF	263	4.0624
		연결어미 EC	493	7.6150
		명사형전성어미 ETN	39	0.6024
		관형형전성어미 ETM	345	5.3444
	접두사	체언접두사 XPN	12	0.1853
	접미사	명사파생접미사 XSN	111	1.7145
		동사파생접미사 XSV	157	2.4250
		형용사파생접미사 XSA	64	0.9885
		부사파생접미사 XSB	0	0
	어 기 XR		40	0.6178
기 호	마침표, 물음표, 느낌표 SF		265	4.0932
	쉼표, 가운뎃점, 콜론, 빗금 SP		56	0.8649
	따옴표, 괄호표, 줄표 SS		160	2.4714
	줄임표 SE		26	0.4016
	붙임표(물결, 숨김, 빠짐) SO		0	0
	외국어 SL		18	0.2780
	한자 SH		0	0
	기타기호 SW		4	0.0617
	숫자 SN		42	0.6487
	이모티콘 EI		3	0.0463
합 계			6,474	100.0000

대분류별로는 체언에서는 명사(29.0896%), 용언에서는 동사(6.6110%)가 가장 많이 사용되었으며, 수식언에서는 부사(3.846%)가 가장 많이 사용되었다. 독립언(0.1081%)은 모두 통신언어가 사용된 신문기사에서 사용된 것이

다. 관계언에서는 보조사(4.0469%)와 부사격조사(3.5526%)가 가장 많이 쓰였다. 의존형태에서는 연결어미(7.6150%)와 관형형전성어미(5.3444%)가 가장 많이 사용되었다. 기호에서 마침표, 물음표, 느낌표(4.0932%)가 가장 많이 사용된 것으로 나타났고, 이모티콘(0.0463%)은 모두 통신언어가 사용된 신문기사에서 사용된 것이다. 전체적으로는 명사, 연결어미, 동사, 관형형전성어미, 종결어미의 순으로 높은 사용빈도를 보인다.

음소 빈도 역시 통신언어가 사용되지 않은 인터넷신문과 통신언어가 사용된 인터넷신문을 각각 분석하고 종합하였다. 먼저 통신언어가 사용되지 않은 인터넷신문의 음소 빈도를 보면 아래와 같다.

[표 4-13] 통신언어가 사용되지 않은 인터넷신문 음소 빈도

구분														
초성	ㄱ	ㄲ	ㄴ	ㄷ	ㄸ	ㄹ	ㅁ	ㅂ	ㅃ	ㅅ				
	414	11	198	321	30	235	204	178	5	292				
	ㅆ	ㅇ	ㅈ	ㅉ	ㅊ	ㅋ	ㅌ	ㅍ	ㅎ	합계				
	22	796	349		93	29	82	52	244	3,555				
중성	ㅏ	ㅐ	ㅑ	ㅒ	ㅓ	ㅔ	ㅕ	ㅖ	ㅗ	ㅘ	ㅙ			
	760	170	19		356	149	160	13	363	50	4			
	ㅚ	ㅛ	ㅜ	ㅝ	ㅞ	ㅟ	ㅠ	ㅡ	ㅢ	ㅣ	합계			
	48	29	245	28		19	23	425	79	625	3,555			
종성	ㄱ	ㄲ	ㄴ	ㄷ	ㄹ	ㅁ	ㅂ	ㅅ	ㅆ	ㅇ	ㅈ	ㅊ	ㅋ	ㅌ
	196	2	653	7	322	88	41	67	56	241	5	5		18
	ㅍ	ㅎ	ㄳ	ㄵ	ㄶ	ㄺ	ㄻ	ㄼ	ㄽ	ㄾ	ㄿ	ㅀ	ㅄ	합계
	1	7		1	8	2						1	8	1,729

초성 음소수	3.555 (40.2194%)	중성 음소수	3.555 (40.2194%)	종성 음소수	1,729 (19.5610%)
전체 음소수			8,839		
초성 : 중성 : 종성			1 : 1 : 0.4863		

초성에서는 'ㅇ', 'ㄱ', 'ㅈ', 'ㄷ', 'ㅎ'의 순으로 높은 빈도를 보이며, 중성에서는 'ㅏ', 'ㅣ', 'ㅡ', 'ㅗ', 'ㅓ'의 순으로 높은 빈도를 보인다. 종

성에서는 'ㄴ', 'ㄹ', 'ㅇ', 'ㄱ', 'ㅁ'의 순으로 높은 사용빈도를 보인다. 초성에서 'ㅉ'과 중성에서 'ㅒ', 'ㅞ', 종성에서 'ㅋ', 'ㄳ', 'ㄻ', 'ㄼ', 'ㄽ', 'ㄾ', 'ㄿ'은 한 번도 사용되지 않았다. 초성에서 사용되지 않은 음소가 나오는데 이것은 텍스트의 특성으로 보인다. 초성, 종성의 겹자음에 비하여(초성 : 1.9127%, 종성 : 4.5112%) 중성의 이중모음의 사용률(15.7524%)이 높다. 초, 중성대 종성의 비율은 1 : 1 : 0.4863로 나타난다.

통신언어가 사용된 음소 빈도를 보면 아래와 같다.

[표 4-14] 통신언어가 사용된 인터넷신문 음소 빈도

초성	ㄱ	ㄲ	ㄴ	ㄷ	ㄸ	ㄹ	ㅁ	ㅂ	ㅃ	ㅅ				
	809	41	360	620	64	352	290	202	18	403				
	ㅆ	ㅇ	ㅈ	ㅉ	ㅊ	ㅋ	ㅌ	ㅍ	ㅎ	합계				
	28	971	411	21	122	14	48	42	369	5,185				
중성	ㅏ	ㅐ	ㅑ	ㅒ	ㅓ	ㅔ	ㅕ	ㅖ	ㅗ	ㅘ	ㅙ			
	1,336	258	42	3	528	219	227	16	577	68	11			
	ㅚ	ㅛ	ㅜ	ㅝ	ㅞ	ㅟ	ㅠ	ㅡ	ㅢ	ㅣ	합계			
	71	43	357	39		20	9	580	52	729	5,185			
종성	ㄱ	ㄲ	ㄴ	ㄷ	ㄹ	ㅁ	ㅂ	ㅅ	ㅆ	ㅇ	ㅈ	ㅊ	ㅋ	ㅌ
	248	4	807	15	391	125	66	58	81	293	6	7		15
	ㅍ	ㅎ	ㄳ	ㄵ	ㄶ	ㄺ	ㄻ	ㄼ	ㄽ	ㄾ	ㄿ	ㅀ	ㅄ	합계
	9	25			34	1	2	1				1	21	2,210
초성 음소수	5,185 (41.2162%)		중성 음소수	5,185 (41.2162%)		종성 음소수	2,210 (17.5675%)							
전체 음소수				12,580										
초성 : 중성 : 종성				1 : 1 : 0.4262										

통신언어가 사용된 인터넷신문의 경우 초성에서 'ㅇ', 'ㄱ', 'ㄷ', 'ㅈ', 'ㅅ'의 순으로 높은 빈도를 보이고, 중성에서 'ㅏ', 'ㅣ', 'ㅡ', 'ㅗ', 'ㅓ'의 순으로 높은 사용 빈도를 보인다. 종성은 'ㄴ', 'ㄹ', 'ㅇ', 'ㄱ', 'ㅁ'의 순으로 높은 사용빈도가 나타난다. 중성 'ㅞ'와 종성 'ㅋ', 'ㄳ', 'ㄵ', 'ㄽ',

'ㄾ', 'ㄿ'은 전혀 사용되지 않았다. 초, 종성에서 겹자음은 각각 초성 3.3172%, 종성 6.5610%로 나타나며 중성의 이중모음은 14.5998%의 사용률을 보인다. 종성 사용비율은 통신언어가 사용되지 않은 인터넷신문에 비해 낮게 나타난다.(1 : 1 : 0.4262)

통신언어가 사용되지 않은 인터넷신문과 사용된 인터넷신문을 합산하면 다음과 같다.

[표 4-15] 인터넷신문 전체 음소 빈도

초성	ㄱ	ㄲ	ㄴ	ㄷ	ㄸ	ㄹ	ㅁ	ㅂ	ㅃ	ㅅ				
	1,223	52	558	941	94	587	494	380	23	695				
	ㅆ	ㅇ	ㅈ	ㅉ	ㅊ	ㅋ	ㅌ	ㅍ	ㅎ	합계				
	50	1,767	760	21	215	43	130	94	613	8,740				
중성	ㅏ	ㅐ	ㅑ	ㅒ	ㅓ	ㅔ	ㅕ	ㅖ	ㅗ	ㅘ	ㅙ			
	2,096	428	61	3	884	368	387	29	940	118	15			
	ㅚ	ㅛ	ㅜ	ㅝ	ㅞ	ㅟ	ㅠ	ㅡ	ㅢ	ㅣ	합계			
	119	72	602	67		39	32	1,005	131	1,354	8,740			
종성	ㄱ	ㄲ	ㄴ	ㄷ	ㄹ	ㅁ	ㅂ	ㅅ	ㅆ	ㅇ	ㅈ	ㅊ	ㅋ	ㅌ
	444	6	1,460	22	713	213	107	125	137	534	11	12		33
	ㅍ	ㅎ	ㄳ	ㄵ	ㄶ	ㄺ	ㄻ	ㄼ	ㄽ	ㄾ	ㄿ	ㅀ	ㅄ	합계
	10	32		1	42	3	2	1				2	29	3,939

초성 음소수	8,740 (40.8048%)	중성 음소수	8,740 (40.8048%)	종성 음소수	3,939 (18.3902%)
전체 음소수			21,419		
초성 : 중성 : 종성			1 : 1 : 0.4506		

인터넷신문 전체 음소 빈도를 보면 초성은 'ㅇ', 'ㄱ', 'ㄷ', 'ㅈ', 'ㅎ'의 순으로 높은 사용빈도를 보이며, 중성은 'ㅏ', 'ㅣ', 'ㅡ', 'ㅗ', 'ㅓ'의 순으로 높은 빈도를 보이며, 중성은 'ㄴ', 'ㄹ', 'ㅇ', 'ㄱ', 'ㅁ'의 순으로 높은 빈도를 보인다. 중성에서 'ㅞ', 종성에서 'ㅋ', 'ㄳ', 'ㄽ', 'ㄾ', 'ㄿ,은 전혀 사용되지 않았다. 초, 종성의 겹자음은 초성에서 2.7459%, 종성에서

5.6613%가 사용되었고 중성에서 이중모음은 15.0686%의 사용률을 보인다. 초, 중성과 종성의 비율은 1 : 1 : 0.4506로 나타났다.

4.2.2 전자게시판문

현재 컴퓨터 통신의 전자게시판은 채팅과 전자우편을 대신하여 사용되기도 한다. 특히 여러 명과 동시에 통신하는 수단으로 채팅이나 전자우편보다 효율적이기 때문으로 보인다. 전자게시판문의 경우 자유롭고 편안하게 글을 쓰기 때문에 일반언어의 수필과 비슷한 유형으로 볼 수 있어 선정하였다. 전자게시판문은 인터넷 포탈사이트인 '다음(www.daum.net)'의 인터넷 카페 중 '청주대학교 국어국문학과' 카페와 축구 동아리인 '국문투지' 카페 게시판에 게시된 게시문 중에서 통신언어의 특성이 나타나는 게시문을 선별하였다. 전자게시판문의 경우 통신언어가 사용되지 않은 경우도 많이 나타난다. 그러나 통신언어의 특성을 선별하고, 일반언어와 대조하기 위해서 통신언어가 많이 사용된 텍스트를 선정하였다.

글쓴이 : 사라맥라클란, 2003년 8월 29일, 「학선오빠!!」, 청주대학교 국어국문학과

글쓴이 : 배병인, 2003년 9월 9일, 「즐거운 한가위 되십쑈~^^」, 국문투지

글쓴이 : 오세길, 2003년 9월 4일, 「최악에 조건속에서도....」, 국문투지

전자게시판문은 각각 분석한 것이 아니라 텍스트의 분량이 적은 관계로 하나의 텍스트로 합하여 분석하였다. 형태소 분석결과는 아래와 같다.

[표 4-16] 전자게시판문 형태소 빈도

형태소 분류			빈도	백분율
체 언	명 사	일반명사 NNG	55	18.4617
		의존명사 NNB	5	1.6778
		고유명사 NNP	1	0.3355
		명사범주 NF	7	2.3489
	대 명 사 NP		3	1.0067
	수 사 NR		0	0
용 언	동 사 VV		25	8.3892
	형 용 사 VA		8	2.6845
	보조용언 VX		2	0.6711
	지정사	긍정지정사 VCN	1	0.3355
		부정지정사 VCP	9	3.0201
	용언범주 NV		12	4.0268
수식언	관형사	관형사 MM	3	1.0067
		관형사범주 NMM	0	0
	부 사	일반부사 MAG	16	5.3691
		접속부사 MAJ	3	1.0067
		부사범주 NMA	0	0
독립언	감 탄 사 IC		4	1.3422
관계언	격조사	주격조사 JKS	6	2.0134
		보격조사 JKC	0	0
		관형격조사 JKG	0	0
		목적격조사 JKO	3	1.0067
		부사격조사 JKB	6	2.0134
		호격조사 JKV	0	0
		인용격조사 JKQ	0	0
	보 조 사 JX		7	2.3489
	접속조사 JC		1	0.3355
의존형태	어 미	선어말어미 EP	15	5.0335
		종결어미 EF	11	3.6912

의존형태	어 미	연결어미 EC	27	9.0604
		명사형전성어미 ETN	1	0.3355
		관형형전성어미 ETM	8	2.6845
	접두사	체언접두사 XPN	0	0
	접미사	명사파생접미사 XSN	12	4.0258
		동사파생접미사 XSV	4	1.3422
		형용사파생접미사 XSA	0	0
		부사파생접미사 XSB	0	0
	어 기 XR		0	0
기 호	마침표, 물음표, 느낌표 SF		9	3.0201
	쉼표, 가운뎃점, 콜론, 빗금 SP		1	0.3355
	따옴표, 괄호표, 줄표 SS		14	4.6979
	줄임표 SE		9	3.0201
	붙임표(물결, 숨김, 빠짐) SO		0	0
	외국어 SL		0	0
	한자 SH		0	0
	기타기호 SW		0	0
	숫자 SN		2	0.6711
	이모티콘 EI		8	2.6845
합 계			298	100.0000

형태소 분석을 대분류별로 보면 체언에서 명사(22.8235%)가, 용언에서 동사(8.3892%)가, 수식언에서 부사(6.3758%)가 가장 많이 사용되었으며 독립언(1.3422%)의 사용도 보인다. 관계언에서 보조사(2.3489%)가 가장 많이 사용되었는데 부사격조사(2.0134%)와 주격조사(2.0134%)의 빈도가 같게 나타났다. 의존형태에서는 연결어미(9.0604%)와 선어말어미(5.0335%)가 많이 사용되었다. 선어말어미의 사용비율이 높은 것이 통신언어 텍스트의 특성의 특성으로 볼 수는 없고 다만 선택된 텍스트에서 나타난 특성으로 보인다. 기호에서 따옴표, 괄호표, 줄표(4.6979%)가 가장 많이 사용되어서 다

른 텍스트와 차이를 보인다. 또한 마침표, 물음표, 느낌표(3.0201%)와 줄임표(3.0201%) 사용이 동일하게 나타나는데 통신언어는 마침표를 줄임표로 대체하여 사용하기도 때문으로 보인다. 그리고 역시 통신언어의 특성인 이모티콘(2.6845%) 사용도 나타난다. 전체적으로는 명사, 연결어미, 동사, 부사, 선어말어미의 순으로 사용빈도를 보인다.

음소 빈도를 보면 아래와 같다.

[표 4-17] 전자게시판문 음소 빈도

초성	ㄱ	ㄲ	ㄴ	ㄷ	ㄸ	ㄹ	ㅁ	ㅂ	ㅃ	ㅅ				
	45	5	42	47	6	16	25	19	3	32				
	ㅆ	ㅇ	ㅈ	ㅉ	ㅊ	ㅋ	ㅌ	ㅍ	ㅎ	합계				
	1	71	33	1	9	9	7	2	22	397				
중성	ㅏ	ㅐ	ㅑ	ㅒ	ㅓ	ㅔ	ㅕ	ㅖ	ㅗ	ㅘ	ㅙ			
	90	20	2		36	19	29		42	2				
	ㅚ	ㅛ	ㅜ	ㅝ	ㅞ	ㅟ	ㅠ	ㅡ	ㅢ	ㅣ	합계			
	1	7	25	2		6	2	40	1	64	388			
종성	ㄱ	ㄲ	ㄴ	ㄷ	ㄹ	ㅁ	ㅂ	ㅅ	ㅆ	ㅇ	ㅈ	ㅊ	ㅋ	ㅌ
	16		48		37	14	8	1	16	20		1		2
	ㅍ	ㅎ	ㄳ	ㄵ	ㄶ	ㄺ	ㄻ	ㄼ	ㄽ	ㄾ	ㄿ	ㅀ	ㅄ	합계
		1			2								2	168

초성 음소수	397 (41.6579%)	중성 음소수	388 (40.7135%)	종성 음소수	168 (17.6285%)
전체 음소수			953		
초성 : 중성 : 종성			1 : 0.9773 : 0.4231		

전자게시판문 음소빈도에서 초성과 중성의 빈도가 차이가 나는 것은 초성만으로 사용된 글자가 있기 때문이다. 초성 'ㅋ'이 웃음소리 'ㅋㅋㅋ'의 형태로 3회 사용되어 9회 사용되었다. 중성도 프로그램 결과상으로는 합계 391회로 나타나지만 'ㅠ'가 'ㅠㅠ'로 이모티콘으로 사용되었기에 중성빈도에는 포함시키지 않았다. 이후 통신언어 음소 분석에는 단

어가 축약되어 자음만 표기된 경우는 빈도에 포함시키지만, 이모티콘으로 사용된 음소는 빈도에 포함시키지 않겠다.

전자게시판문의 음소빈도를 보면 초성은 'ㅇ', 'ㄷ', 'ㄱ', 'ㄴ', 'ㅈ'의 순으로 높은 빈도를 보인다. 중성은 'ㅏ', 'ㅣ', 'ㅗ', 'ㅡ', 'ㅓ'의 순으로 높은 사용을 보인다. 종성은 'ㄴ', 'ㄹ', 'ㅇ'의 순으로 높은 사용을 보이며, 'ㄱ'과 'ㅆ'이 같은 빈도를 보인다. 중성의 'ㅒ', 'ㅖ'. 'ㅙ', 'ㅞ'와 종성의 'ㄲ', 'ㄷ', 'ㅈ', 'ㅋ', 'ㅍ', 'ㄳ', 'ㄵ', 'ㄺ', 'ㄻ', 'ㄼ'. 'ㄽ', 'ㄾ', 'ㄿ', 'ㅀ'은 전혀 사용되지 않았다.

비록 분석에 이용된 어휘의 수가 그리 많지 않지만 이전의 다른 텍스트 보다 사용되지 않은 음소가 많이 나타난다. 종성 즉 받침에서 사용되지 않은 음소가 많이 있으며, 음소를 겹치는 표기는 많이 사용되지 않고 있다.

중성에서 사용되지 않은 음소는 모두 이중모음이다. 'ㅒ', 'ㅖ'는 컴퓨터 글자판에서 전환(shift)키와 동시에 입력하는 음소로 한 번에 입력되는 음소보다 상대적으로 적게 사용된 것으로 보인다. 'ㅙ', 'ㅞ'의 경우 'ㅐ', 'ㅔ'가 컴퓨터 글자판 윗글쇠에서 약지(藥指)나 소지(小指)를 사용하여 입력하는 것이라 사용에 불편하여 사용되지 않은 것으로 보인다. 이 결과를 볼 때 통신언어가 언어 경제원칙에 충실하고 있음을 알 수 있다.

초, 종성에 사용된 겹자음의 비율을 보면 초성은 4.0302%, 종성은 11.9047%이고 종성의 이중모음 사용비율은 12.6288%이다. 이전의 다른 텍스트에 비해 중성의 이중모음 사용비율이 낮게 나타난다. 초, 중, 종성의 비율도 초성을 기준으로 하였을 때 1 : 0.9773 : 0.4231로 나타나 초성과 중성의 비율이 동일하지 않게 나타났다. 이는 자음만으로 의미를 이룬 단어가 있기 때문이다. 음절을 이루는 중심인 모음을 전혀 사용하지 않는 축약이 컴퓨터 통신에서 나타나고 있는 것이다.

4.2.3 통신소설

일반언어 소설이 가장 다양한 표현이 사용되었다면 통신소설 역시 그러할 것이다. 통신소설의 텍스트는 영화로도 제작되어 대중에게 인지도가 높은 작품을 선정하였다. 출판된 텍스트도 있으나 컴퓨터 통신상에서 직접 텍스트를 취하여 일반언어 소설과 마찬가지로 전문이 아닌 일부를 분석에 이용하였다.

1. swany(최수완), 「동갑내기과외하기」, http://swany.netian.com
2. 견우(김호식), 「엽기적인 그녀」, http://my.netian.com/~mani227

통신소설은 각각 형태소를 분석하여 합산하였다. 여기서는 합산한 형태소 분석의 결과만 아래에 제시하였다.

[표 4-18] 통신소설 형태소 빈도

형태소 분류			빈도	백분율
체 언	명 사	일반명사 NNG	548	15.9296
		의존명사 NNB	68	1.9761
		고유명사 NNP	20	0.5812
		명사범주 NF	54	1.5693
	대 명 사 NP		111	3.2258
	수 사 NR		5	0.1453
용 언	동 사 VV		250	7.2653
	형 용 사 VA		76	2.2086
	보조용언 VX		72	2.0924
	지정사	긍정지정사 VCN	7	0.2034
		부정지정사 VCP	68	1.9761
	용언범주 NV		95	2.7608
수식언	관형사	관형사 MM	68	1.9761
		관형사범주 NMM	0	0

수식언	부 사	일반부사 MAG	129	3.7489
		접속부사 MAJ	28	0.8137
		부사범주 NMA	11	0.3196
독립언	감 탄 사 IC		29	0.8427
관계언	격조사	주격조사 JKS	96	2.7898
		보격조사 JKC	0	0
		관형격조사 JKG	24	0.6974
		목적격조사 JKO	97	2.8189
		부사격조사 JKB	136	3.9523
		호격조사 JKV	1	0.0290
		인용격조사 JKQ	0	0
	보 조 사 JX		130	3.7779
	접속조사 JC		10	0.2906
의존형태	어 미	선어말어미 EP	110	3.1967
		종결어미 EF	135	3.9232
		연결어미 EC	248	7.2072
		명사형전성어미 ETN	14	0.4068
		관형형전성어미 ETM	153	4.4463
	접두사	체언접두사 XPN	0	0
	접미사	명사파생접미사 XSN	23	0.6684
		동사파생접미사 XSV	24	0.6974
		형용사파생접미사 XSA	32	0.9299
		부사파생접미사 XSB	0	0
	어 기 XR		17	0.4940
기 호	마침표, 물음표, 느낌표 SF		100	2.9061
	쉼표, 가운뎃점, 콜론, 빗금 SP		35	1.0171
	따옴표, 괄호표, 줄표 SS		83	2.4120
	줄임표 SE		223	6.4806
	붙임표(물결, 숨김, 빠짐) SO		1	0.0290
	외국어 SL		13	0.3777
	한자 SH		0	0

기 호	기타기호 SW	0	0
	숫자 SN	24	0.6974
	이모티콘 EI	73	2.1214
합 계		3,441	100.0000

형태소 분석을 대분류별로 보면 체언에서 명사(20.0562%)가, 용언에서 동사(7.2653%)가, 수식언에서 부사(4.8822%)가 가장 많이 사용되었으며 독립언(0.8427%)의 사용도 보인다. 관계언에서 부사격조사(3.9523%)와 보조사(3.7779%)가 많이 사용되었다. 의존형태에서는 연결어미(7.2072%)와 관형형전성어미(4.4463%)가 많이 사용되었다. 기호는 따옴표, 괄호표, 줄표(6.4806%)가 가장 많이 사용되었고 이모티콘(2.1214%) 사용도 나타난다. 마침표, 물음표, 느낌표 같은 문장종결기호보다 따옴표, 괄호표, 줄표가 더 많이 사용되는 것이 통신언어의 특성으로 보인다. 전체적으로는 명사, 동사, 연결어미, 부사, 관형형전성어미의 순으로 높은 사용을 보인다.

음소 빈도도 각각 분석한 후 합산하였다. 이모티콘으로 사용된 음소는 제외하고 빈도를 계산하였다.

[표 4-19] 통신소설 음소 빈도

초성	ㄱ	ㄲ	ㄴ	ㄷ	ㄸ	ㄹ	ㅁ	ㅂ	ㅃ	ㅅ
	577	59	382	409	39	272	231	140	16	327
	ㅆ	ㅇ	ㅈ	ㅉ	ㅊ	ㅋ	ㅌ	ㅍ	ㅎ	합계
	79	1,014	329	26	88	17	39	19	263	4,326

중성	ㅏ	ㅐ	ㅑ	ㅒ	ㅓ	ㅔ	ㅕ	ㅖ	ㅗ	ㅘ	ㅙ
	999	189	18	3	542	236	238	12	306	52	9
	ㅚ	ㅛ	ㅜ	ㅝ	ㅞ	ㅟ	ㅠ	ㅡ	ㅢ	ㅣ	합계
	41	43	292	16	3	31	6	568	26	697	4,326

종성	ㄱ	ㄲ	ㄴ	ㄷ	ㄹ	ㅁ	ㅂ	ㅅ	ㅆ	ㅇ	ㅈ	ㅊ	ㅋ	ㅌ
	139	5	597	13	353	169	53	49	127	199	7	4		9
	ㅍ	ㅎ	ㄳ	ㄵ	ㄶ	ㄺ	ㄻ	ㄼ	ㄽ	ㄾ	ㄿ	ㅀ	ㅄ	합계
	12	7		4	10	1		1				1	17	1,776

초성 음소수	4,326 (41.4765%)	중성 음소수	4,326 (41.4765%)	종성 음소수	1,776 (17.0278%)
전체 음소수			10,428		
초성 : 중성 : 종성			1 : 1 : 0.4105		

초성은 'ㅇ', 'ㄱ', 'ㄷ', 'ㄴ', 'ㅈ'의 순으로 높은 사용빈도를 보이며, 중성은 'ㅏ', 'ㅣ', 'ㅡ', 'ㅓ', 'ㅗ'의 순으로 높은 빈도를 보인다. 종성은 'ㄴ', 'ㄹ', 'ㅇ', 'ㅁ', 'ㄱ'의 순으로 높은 사용빈도를 보인다. 초, 중성에서 사용되지 않은 음소는 없고, 종성의 'ㅋ', 'ㄳ', 'ㄻ', 'ㄽ', 'ㄾ', 'ㄿ'이 전혀 사용되지 않았다. 초, 종성의 겹자음 사용비율은 초성 5.0624%, 종성 9.3468%이고, 중성의 이중모음 사용비율은 14.2857%로 나타난다. 초성:중성:종성의 비율은 1 : 1 : 0.4105로 분석에 이용한 텍스트 중에서 종성의 사용비율이 가장 낮게 나타난다.

4.2.4 통신언어 텍스트 종합

위에서 분석된 각각의 통신언어 텍스트를 합산하였다. 먼저 형태소 분석의 결과를 보면 아래와 같다.

[표 4-20] 통신언어 전체 형태소 빈도

형태소 분류			빈도	백분율
체 언	명 사	일반명사 NNG	2,082	20.3927
		의존명사 NNB	298	2.9178
		고유명사 NNP	162	1.5862
		명사범주 NF	99	0.9693
	대 명 사 NP		211	2.0659
	수 사 NR		25	0.2447

용 언	동 사 VV		703	6.8833
	형 용 사 VA		242	2.3695
	보조용언 VX		209	2.0464
	지정사	긍정지정사 VCN	26	0.2545
		부정지정사 VCP	248	2.4282
	용언범주 NV		127	1.2435
수식언	관형사	관형사 MM	159	1.5568
		관형사범주 NMM	4	0.0391
	부 사	일반부사 MAG	333	3.2605
		접속부사 MAJ	71	0.6951
		부사범주 NMA	32	0.3133
독립언	감 탄 사 IC		40	0.3916
관계언	격조사	주격조사 JKS	294	2.8786
		보격조사 JKC	0	0
		관형격조사 JKG	146	1.4295
		목적격조사 JKO	262	2.5653
		부사격조사 JKB	372	3.6424
		호격조사 JKV	1	0.0097
		인용격조사 JKQ	5	0.0489
	보 조 사 JX		399	3.9067
	접속조사 JC		41	0.4014
의존형태	어 미	선어말어미 EP	219	2.1443
		종결어미 EF	409	4.0046
		연결어미 EC	768	7.5198
		명사형전성어미 ETN	54	0.5287
		관형형전성어미 ETM	507	4.9642
	접두사	체언접두사 XPN	12	0.1174
	접미사	명사파생접미사 XSN	146	1.4295
		동사파생접미사 XSV	185	1.8114
		형용사파생접미사 XSA	96	0.9399
		부사파생접미사 XSB	0	0
	어 기 XR		57	0.5581

기 호	마침표, 물음표, 느낌표 SF	374	3.6619
	쉼표, 가운뎃점, 콜론, 빗금 SP	92	0.9008
	따옴표, 괄호표, 줄표 SS	257	2.5164
	줄임표 SE	258	2.5261
	붙임표(물결, 숨김, 빠짐) SO	1	0.0097
	외국어 SL	31	0.3035
	한자 SH	0	0
	기타기호 SW	4	0.0391
	숫자 SN	68	0.6658
	이모티콘 EI	84	0.8224
합 계		10,213	100.0000

통신언어의 형태소 분석에서는 대분류별로 체언에서는 명사(25.8660%)가, 용언에서는 동사(6.8833%)가, 관계언에서는 부사(4.2689%)가 가장 많이 사용되었으며 독립언(40회, 0.3916%)의 사용도 일반언어 텍스트보다 많게 나타난다. 관계언에서는 보조사(3.9067%)와 부사격조사(3.6424%)가 많이 사용되었으며, 의존형태에서는 연결어미(7.5198%)와 관형형전성어미(4.9642%)가 많이 사용되었다. 기호에서는 마침표, 물음표, 느낌표(3.6619%)가 가장 많이 사용된 것으로 나타난다. 이것은 인터넷 신문기사에서 높은 사용률이 나타난 것과 연관될 것이다. 또한 통신언어에서 사용되는 말줄임표가 '…'가 아닌 '...'의 형태로 사용되어 빈도를 높인 것으로 보인다. 통신언어의 특징인 이모티콘(0.8224%)이 사용되었다. 전체적으로는 명사, 연결어미, 동사, 관형형전성어미, 부사의 순으로 높은 사용빈도를 보인다.

음소 빈도 분석은 다음과 같다.

[표 4-21] 통신언어 전체 음소 빈도

초성	ㄱ	ㄲ	ㄴ	ㄷ	ㄸ	ㄹ	ㅁ	ㅂ	ㅃ	ㅅ				
	1,857	116	982	1,397	139	875	750	539	42	1,504				
	ㅆ	ㅇ	ㅈ	ㅉ	ㅊ	ㅋ	ㅌ	ㅍ	ㅎ	합계				
	130	2,852	1,122	48	312	69	176	115	898	13,463				
중성	ㅏ	ㅐ	ㅑ	ㅒ	ㅓ	ㅔ	ㅕ	ㅖ	ㅗ	ㅘ	ㅙ			
	3,185	637	81	6	1,462	623	654	41	1,288	172	24			
	ㅚ	ㅛ	ㅜ	ㅝ	ㅞ	ㅟ	ㅠ	ㅡ	ㅢ	ㅣ	합계			
	161	122	919	85	3	76	40	1,613	158	2,115	13,454			
종성	ㄱ	ㄲ	ㄴ	ㄷ	ㄹ	ㅁ	ㅂ	ㅅ	ㅆ	ㅇ	ㅈ	ㅊ	ㅋ	ㅌ
	599	11	2,105	35	1,103	396	168	175	280	753	18	17		44
	ㅍ	ㅎ	ㄳ	ㄵ	ㄶ	ㄺ	ㄻ	ㄼ	ㄽ	ㄾ	ㄿ	ㅀ	ㅄ	합계
	22	40		5	54	4	2	2				3	48	5,883

초성 음소수	13,463 (41.0457%)	중성 음소수	13,454 (41.0182%)	종성 음소수	5,883 (17.9359%)
전체 음소수			32,800		
초성 : 중성 : 종성			1 : 0.9993 : 0.4369		

통신언어 전체 음소 빈도를 보면 초성은 'ㅇ', 'ㄱ', 'ㄷ', 'ㅈ', 'ㅅ'의 순으로 높은 빈도를 보인다. 종성은 'ㅏ', 'ㅣ', 'ㅡ', 'ㅓ', 'ㅗ'의 순으로 높은 빈도가 나타나고, 종성은 'ㄴ', 'ㄹ', 'ㅇ', 'ㄱ', 'ㅁ'의 순으로 높은 빈도를 보인다. 초성과 중성은 모든 음소가 사용되었고, 종성은 'ㅋ', 'ㄳ', 'ㄽ', 'ㄾ', 'ㄿ'가 사용되지 않았다.

초성의 겹자음 비율은 7.5317%, 종성의 겹자음 비율은 6.9522%로 초성이 더 높게 나타난다. 중성의 이중모음 비율은 15.0289%로 나타난다. 통신언어가 언어 경제원리를 적용한다면 초성에서 겹자음의 비율이 높은 것은 원칙에 어긋난다. 통신언어가 초성에서 된소리를 많이 사용한다는 것이다. 이것은 통신언어에서 의미 강화의 일환으로 된소리 표기가 많이 사용되고 있음을 알게 해준다. 통신언어는 구어를 문자화한 것이기 때문에 음감, 음량, 음색 등으로 구별되는 의미전달이 나타나지 않는다. 그래서 된소리를 사용하여 그러한 의미를 전달하는데 사용하는 것이다. 그러나 종성의 경우는 경제원리가 적용되어 사용률이 낮게 나타나는 것으로 보인다.

초성 : 중성 : 종성의 비율은 1 : 0.9993 : 0.4369로 초성과 중성이 일 대 일로 대응되지 않는다. 초성의 경우 음가가 없더라도 표기상으로 꼭 필요한 음소이다. 중성의 경우 음절을 이루는 필수요소이다. 그래서 한글 표기에서는 초성과 중성이 일 대 일로 대응되어야 하는 것인데 통신언어에서 그러한 원칙이 무너지고 있는 것이다. 초성만으로 의미전달이 가능한 음절이 사용되고 있다. 이것은 한국어의 문법이나 어휘가 변질되는 것의 문제가 아니라 표기의 기본이 붕괴되는 것이다. 통신언어가 단순한 쓰기 편리를 위하여 이러한 한국어의 기본을 붕괴시키고 있는 것은 상당히 우려되는 일이다.

4.3 일반언어와 통신언어 대조

앞 절에서 분석된 일반언어와 통신언어를 대조하여 일반언어와 통신언어의 차이를 알아보겠다. 먼저 유사한 형식의 텍스트 대조를 통하여 같은 성격의 글에서 일반언어와 통신언어의 차이를 알아보겠다. 그리고 각각의 텍스트를 교차 대조하여 일반언어와 통신언어의 차이를 구체화할 것이다.

4.3.1 유사 형식 텍스트 대조

앞 절에서 분석된 일반언어와 통신언어 텍스트 중 유사한 형식의 텍스트를 비교하였다. 일반언어 신문기사, 수필, 소설을 각각 통신언어의 인터넷신문, 전자게시판문, 통신소설과 대조하여 보았다.

첫째, 일반언어의 신문기사와 인터넷 신문기사를 대조하여 차이를 알아보겠다. 일반언어의 신문기사와 인터넷의 신문기사는 불특정 언중을 대상으로 객관적 사실을 기술하기 때문에 표준적인 표기체계를 사용하고 있다. 따라서 두 텍스트의 분석결과는 큰 차이를 보이지 않는다. 더구나 인터넷신문 중 통신언어를 사용하지 않는 신문기사의 경우 일반언어의 신문기사와 거의 차이가 없다.

[표 4-22] 일반신문과 통신언어가 사용되지 않은 인터넷신문 고빈도 형태소

대분류	일반신문			통신언어가 사용되지 않은 인터넷신문		
	소분류	빈도	백분율	소분류	빈도	백분율
체 언	명 사	992	37.0423	명 사	852	32.5188
용 언	동 사	141	5.2651	동 사	158	6.0305
수식언	부 사	65	2.427	부 사	66	2.519
독립언	감탄사	0	0	감탄사	0	0
관계언	부사격조사	126	4.7050	목적격조사	99	3.7786
의존형태	연결어미	146	5.4518	연결어미	169	6.4503
기 호	마침표, 물음표, 느낌표	81	3.0246	따옴표, 괄호표, 줄표	98	3.7404

일반언어 신문에서는 명사, 동사, 부사, 부사격조사, 연결어미가 대분류별로 각각 높은 사용빈도를 보이고 독립언은 사용되지 않았다. 통신언어가 사용되지 않은 인터넷신문은 명사, 동사, 부사, 목적격조사, 연결어미가 대분류별로 각각 가장 높은 빈도를 보이며 역시 독립언은 사용되지 않았다.

각각에서 고빈도 형태소를 보면 일반신문에서 명사(37.0423%), 연결어미(5.4518%), 관형형전성어미(5.3771%), 동사(5.2651%), 부사격조사(4.7050%)의 순으로 사용빈도가 나타나고, 통신언어가 사용되지 않은 인터넷 신문은 명사(32.5188%), 연결어미(6.4503%), 관형형전성어미(6.1068%), 동사(6.0305%), 목적격조사(3.7786%)의 순으로 높은 사용빈도를 보인다.

다른 대분류와 달리 관계언에서 일반언어는 부사격조사가 인터넷신문에서는 목적격 조사가 가장 높은 빈도를 보여 차이를 나타낸다. 그렇다면 두 텍스트의 관계언 분석결과를 대조해 보기로 하자.

[표 4-23] 일반신문과 통신언어가 사용되지 않은 인터넷신문 관계언

관계언		일반신문		통신언어가 사용되지 않은 인터넷신문	
		빈 도	백분율	빈 도	백분율
격조사	주격조사 JKS	72	2.6885	71	2.7099
	보격조사 JKC	0	0	0	0
	관형격조사 JKG	56	2.0911	75	2.8625
	목적격조사 JKO	118	4.4062	99	3.7786
	부사격조사 JKB	126	4.7050	98	3.7404
	호격조사 JKV	0	0	0	0
	인용격조사 JKQ	4	0.1493	5	0.1908
보 조 사 JX		81	3.0246	98	3.7404
접속조사 JC		26	0.9708	13	0.4961

관계언의 대조를 보면 일반신문의 경우 부사격조사, 목적격조사, 보조사의 순으로 통신언어가 사용되지 않은 인터넷신문의 경우 목적격조사가 가장 높은 빈도를 보이고 부사격조사과 보조사가 동일한 빈도를 보인다. 전체적인 분포를 보면 비슷하게 나타나 관계언에서 통신언어와 일반언어가 차별된다고 보기 힘들다.

기호에서도 고빈도 형태소가 차이가 나는데 인터넷신문에서 마침표, 물음표, 느낌표보다 따옴표, 괄호표, 줄표가 더 많이 사용된 것으로 나타난다. 이것은 선정된 텍스트에서 인용부분이 많아 나타난 것으로 보인다. 더구나 통신언어가 사용되지 않은 인터넷신문이기 때문에 통신언어의 특성으로 보기는 어렵다.

일반신문과 통신언어가 사용된 인터넷신문의 대분류별 고빈도 형태소를 대조해 보겠다.

[표 4-24] 일반신문과 통신언어가 사용된 인터넷신문 고빈도 형태소

대분류	일반신문			통신언어가 사용된 인터넷신문		
	소분류	빈도	백분율	소분류	빈도	백분율
체 언	명 사	992	37.0423	명 사	1,031	26.7512
용 언	동 사	141	5.2651	동 사	270	7.0057
수식언	부 사	65	2.427	부 사	183	4.7481
독립언	감탄사	0	0	감탄사	7	0.1816
관계언	부사격조사	126	4.7050	보조사	164	4.2553
의존형태	연결어미	146	5.4518	연결어미	324	8.4068
기 호	마침표, 물음표, 느낌표	81	3.0246	마침표, 물음표, 느낌표	195	5.0596

대분류별로 보면 일반신문은 명사, 동사, 부사, 부사격조사, 연결어미가 각각 가장 높은 빈도를 보이며 감탄사의 사용은 보이지 않는다. 통신언어가 사용된 인터넷신문은 명사, 동사, 부사, 보조사, 연결어미가 높은 빈도를 보이며 감탄사의 사용도 보인다. 신문기사에서 감탄사의 사용이 나타나고 있는 것은 앞서 논했듯이 특이할 만한 일이다. 감탄사의 경우 통신언어 전반에 걸쳐 유형과 상관없이 사용되어 통신언어가 익명성의 특성으로 인해 객관적인 시각을 표현하기 보다 주관적인 정서를 많이 표출하고 있음을 알게 해준다.

관계언에서 일반신문은 부사격조사, 통신언어가 사용된 인터넷신문의 경우 보조사가 가장 많이 사용된 것으로 차이가 나는데 이것 역시 관계언 전체를 대조하기로 하겠다.

[표 4-25] 일반신문과 통신언어가 사용된 인터넷신문 관계언

관계언		일반신문		통신언어가 사용된 인터넷신문	
		빈 도	백분율	빈 도	백분율
격조사	주격조사 JKS	72	2.6885	121	3.1395
	보격조사 JKC	0	0	0	0
	관형격조사 JKG	56	2.0911	47	1.2195
	목적격조사 JKO	118	4.4062	63	1.6346
	부사격조사 JKB	126	4.7050	132	3.4250
	호격조사 JKV	0	0	0	0
	인용격조사 JKQ	4	0.1493	0	0
보 조 사 JX		81	3.0246	164	4.2553
접속조사 JC		26	0.9708	17	0.4411

일반신문은 부사격조사, 목적격조사, 보조사의 순으로 통신언어가 사용된 인터넷신문의 경우 보조사, 부사격조사, 주격조사의 순으로 차이를 보인다. 통신언어가 감탄사의 사용으로 주관적인 정서를 많이 표출하는 언어라는 것을 앞서 논했듯 보조사의 사용도 마찬가지이다. 보조사가 글의 의미를 섬세하게 해주는 역할을 하지만 객관성을 떨어트리는 역할을 한다. 컴퓨터 통신에서는 익명성에 의한 일탈로 하나의 사건이나 현상에 대해 사실을 전달하기보다 사건이나 현상에 대한 견해를 자유롭게 표현하는 것으로 보인다. 보조사의 사용이 많은 것은 그러한 이유 때문이다.

또 한가지 차이가 나는 것은 통신언어의 경우 독립언(7회, 0.1081%)과 이모티콘이(3회 0.0463%) 사용되었다는 것이다. 이것은 관계언에서 보조사 사용과 함께 글을 쓰는 사람의 감정을 표현해주는 등 주관적인 표현에 많이 사용되는 것이다. 그만큼 통신언어가 사용되면 감정표현에서 자유로운 것이라 할 수 있을 것이다. 인터넷신문의 경우 일반언어 신문과는 달리 새로운 소식의 전달이라는 측면보다 어떤 주제에 대해 통신 사용자의 의견을 개진하는데 중점을 두고 있다. 그러한 만큼 일반언어의 신문기사보다 객관성이 떨어지며 분석결과 또한 그렇게 나타났다.

한국어는 첨가어로 단어가 의미부와 형태부로 나뉜다. 의미부는 단어의 의미를 형태부는 단어의 문법적 기능을 결정해 주게 된다. 앞서 통신언어가 한국어 음절의 필수요소인 모음을 생략하여 음절형태에서 일탈하고 있음을 논한 바 있다. 일반언어와 통신언어의 의미부와 형태부 비율을 대조하면 통신언어가 한국어의 문법기능에 어떠한 작용을 하고 있는 지 알 수 있을 것이다.

형태소 분류 기준을 통해 체언, 용언, 수식언, 독립언을 의미부로 관계언, 의존형태를 형태부로 하여 각각의 빈도를 합산한 후 비율을 구하여 대조하기로 하겠다. 기호는 제외하기로 하겠다.

[표 4-26] 의미부와 형태부 비율

텍스트	분 류	빈 도	백분율
일반신문	의미부	1,376	51.3808
	형태부	1,101	40.7760
통신언어가 사용되지 않은 인터넷신문	의미부	1,290	49.2360
	형태부	1,102	42.2060
통신언어가 사용된 인터넷신문	의미부	1,988	51.5818
	형태부	1,520	39.4388

일반언어와 통신언어 모두 의미부에서는 별 차이를 보이지 않는다. 통신언어가 사용되지 않은 인터넷신문의 경우 의미부 비율이 가장 낮다. 반대로 형태부 비율이 통신언어가 사용되지 않은 인터넷신문이 가장 높게 나타난다. 통신언어가 사용된 인터넷신문은 의미부 비율이 가장 높고 형태부 비율이 가장 낮다.

의미부와 형태부는 상대적인 사용을 보이고 있는 것으로 생각된다. 의미부 비율이 높으면 형태부 비율이 낮고, 의미부 비율이 낮으면 형태부 비율이 높다. 의미부와 형태부는 텍스트에 따라 상대적인 비율을 보이고 있다.

쓰여진 형태소 종류를 보면 의미부인 체언과 용언, 수식언, 독립언은 분류기준표에 소분류에 의하면 일반명사, 의존명사, 고유명사, 명사범주, 대명사, 수사, 동사, 형용사, 보조용언, 긍정지정사, 부정지정사, 용언범주, 관형사, 관형사범주, 일반부사, 접속부사, 부사범주, 감탄사의 18종이다.

형태부는 주격조사, 보격조사, 관형격조사, 목적격조사, 부사격조사, 호격조사, 인용격조사, 보조사, 접속조사, 선어말어미, 종결어미, 연결어미, 명사형전성어미, 관형형전성어미, 체언접두사, 명사파생접미사, 동사파생접미사, 형용사파생접미사, 부사파생접미사, 어기의 21종으로 분류된다.

형태소의 종류로 보면 한국어가 첨가어로서 단어의 문법적 기능을 결정하는 형태부가 다양하게 발달되어 있는 것을 알 수 있다. 형태소 종류가 많은 만큼 많이 사용되는 것으로 보인다. 한국어 문장이 의미 전달만큼 형태를 중요시하는 것을 알 수 있게 해준다.

위의 대조를 보면 통신언어가 형태부 비율이 낮게 나타남을 볼 수 있는데, 이것은 조사나 어미 등의 형태부가 의미부와 결합하여 명사범주, 용언범주, 관형사범주, 부사범주 등으로 분류되거나 아예 생략되어 사용되기 때문으로 보인다.

음소 빈도를 대조하여 보겠다.

[표 4-27] 초성 음소 빈도

일반신문	ㄱ	ㄲ	ㄴ	ㄷ	ㄸ	ㄹ	ㅁ	ㅂ	ㅃ	ㅅ
	442	15	176	329	27	266	126	171	1	361
	ㅆ	ㅇ	ㅈ	ㅉ	ㅊ	ㅋ	ㅌ	ㅍ	ㅎ	합계
	10	798	356	5	98	15	51	42	368	3,657
통신언어가 사용되지 않은 인터넷신문	ㄱ	ㄲ	ㄴ	ㄷ	ㄸ	ㄹ	ㅁ	ㅂ	ㅃ	ㅅ
	414	11	198	321	30	235	204	178	5	292
	ㅆ	ㅇ	ㅈ	ㅉ	ㅊ	ㅋ	ㅌ	ㅍ	ㅎ	합계
	22	796	349		93	29	82	52	244	3,555

통신언어가 사용된 인터넷신문	ㄱ	ㄲ	ㄴ	ㄷ	ㄸ	ㄹ	ㅁ	ㅂ	ㅃ	ㅅ
	809	41	360	620	64	352	290	202	18	403
	ㅆ	ㅇ	ㅈ	ㅉ	ㅊ	ㅋ	ㅌ	ㅍ	ㅎ	합계
	28	971	411	21	122	14	48	42	369	5,185

초성빈도를 보면 일반언어는 'ㅇ', 'ㄱ', 'ㅎ', 'ㅅ', 'ㅈ'의 순으로 통신언어가 사용되지 않은 인터넷신문은 'ㅇ', 'ㄱ', 'ㅈ', 'ㄷ', 'ㅅ'의 순으로 통신언어가 사용된 인터넷신문의 경우 초성에서 'ㅇ', 'ㄱ', 'ㄷ', 'ㅈ', 'ㅅ'의 순으로 높은 빈도를 보인다. 상위 5개의 고빈도 음소에서 인터넷신문에서 'ㅎ'보다 'ㄷ'이 나타나는 차이를 보인다. 통신언어가 사용된 경우 'ㅎ'보다 'ㅅ'이 사용된 차이를 보이나 6위에 각각 'ㄷ', 'ㅎ', 'ㅎ'이 나타나 역시 동일한 분포를 보인다.

초성 대조에서 특이할 만한 점은 통신언어가 사용된 인터넷신문에서 겹자음이 많이 사용되었다는 것이다. 초성 겹자음 사용비율을 보면 일반신문은 1.5859%, 통신언어가 사용되지 않은 인터넷신문의 경우 1.9127%, 통신언어가 사용된 인터넷신문의 경우 3.3172%로 통신언어에서 겹자음이 더 많이 사용된 것으로 나타난다. 통신언어가 사용된 인터넷신문이 가장 높다. 구어를 문자화하는 과정에서 의미 강조를 위해 된소리 표기가 많이 사용된 것이다.

통신언어가 사용된 인터넷신문의 경우 'ㄷ' 사용 빈도가 다른 텍스트에 비해 높은 수치를 보인다. 통신언어에서 'ㅈ'을 'ㄷ'으로 바꾸어 표기하는 역구개음화현상 때문에 통신언어가 사용되지 않은 텍스트에 비해 높은 빈도가 나타난 것으로 보인다.

[표 4-28] 중성 음소 빈도

일반신문	ㅏ	ㅐ	ㅑ	ㅒ	ㅓ	ㅔ	ㅕ	ㅖ	ㅗ	ㅘ	ㅙ
	761	188	40		378	163	152	20	350	93	6
	ㅚ	ㅛ	ㅜ	ㅝ	ㅞ	ㅟ	ㅠ	ㅡ	ㅢ	ㅣ	합계
	82	52	285	33	3	48	19	427	75	482	3,657

통신언어가 사용되지 않은 인터넷신문	ㅏ	ㅐ	ㅑ	ㅒ	ㅓ	ㅔ	ㅕ	ㅖ	ㅗ	ㅘ	ㅙ
	760	170	19		356	149	160	13	363	50	4
	ㅚ	ㅛ	ㅜ	ㅝ	ㅞ	ㅟ	ㅠ	ㅡ	ㅢ	ㅣ	합계
	48	29	245	28		19	23	425	79	625	3,555
통신언어가 사용된 인터넷신문	ㅏ	ㅐ	ㅑ	ㅒ	ㅓ	ㅔ	ㅕ	ㅖ	ㅗ	ㅘ	ㅙ
	1,336	258	42	3	528	219	227	16	577	68	11
	ㅚ	ㅛ	ㅜ	ㅝ	ㅞ	ㅟ	ㅠ	ㅡ	ㅢ	ㅣ	합계
	71	43	357	39		20	9	580	52	729	5,185

중성의 사용빈도를 보면 일반신문에서 ‘ㅏ’, ‘ㅣ’, ‘ㅡ’, ‘ㅓ’, ‘ㅡ’의 순으로, 통신언어가 사용되지 않은 인터넷 신문에서 ‘ㅏ’, ‘ㅣ’, ‘ㅡ’, ‘ㅗ’, ‘ㅓ’의 순으로, 통신언어가 사용된 인터넷신문에서 ‘ㅏ’, ‘ㅣ’, ‘ㅡ’, ‘ㅗ’, ‘ㅓ’의 순으로 높은 사용 빈도를 보인다. 상위 빈도가 모두 동일하게 나타난다. 이중모음의 사용비율을 보면 일반신문에서 16.3522%, 통신언어가 사용되지 않은 인터넷신문에서 15.7524%, 통신언어가 사용된 인터넷신문에서 14.5998%로 통신언어가 이중모음의 사용이 적은 것으로 나타난다. 일반신문에서는 ‘ㅒ’가 통신언어가 사용되지 않은 인터넷신문에서는 ‘ㅒ’, ‘ㅞ’가 통신언어가 사용된 인터넷 신문에서는 ‘ㅞ’가 전혀 사용되지 않았다.

중성대조에서는 별다른 차이점을 찾지 못했다. 중성이 음절을 이루는 중심이기 때문에 전체적으로 비슷한 유형이 나타난 것으로 생각된다.

[표 4-29] 종성 음소 빈도

일반신문	ㄱ	ㄲ	ㄴ	ㄷ	ㄹ	ㅁ	ㅂ	ㅅ	ㅆ	ㅇ	ㅈ	ㅊ	ㅋ	ㅌ
	248	3	535	6	339	106	54	29	72	305	4	4		7
	ㅍ	ㅎ	ㄳ	ㄵ	ㄶ	ㄺ	ㄻ	ㄼ	ㄽ	ㄾ	ㄸ	ㅀ	ㅄ	합계
	6	13			5	5	1	1				1	6	1,750
통신언어가 사용되지 않은 인터넷신문	ㄱ	ㄲ	ㄴ	ㄷ	ㄹ	ㅁ	ㅂ	ㅅ	ㅆ	ㅇ	ㅈ	ㅊ	ㅋ	ㅌ
	196	2	653	7	322	88	41	67	56	241	5	5		18
	ㅍ	ㅎ	ㄳ	ㄵ	ㄶ	ㄺ	ㄻ	ㄼ	ㄽ	ㄾ	ㄸ	ㅀ	ㅄ	합계
	1	7		1	8	2						1	8	1,729

통신언어가 사용된 인터넷신문	ㄱ	ㄲ	ㄴ	ㄷ	ㄹ	ㅁ	ㅂ	ㅅ	ㅆ	ㅇ	ㅈ	ㅊ	ㅋ	ㅌ
	248	4	807	15	391	125	66	58	81	293	6	7		15
	ㅍ	ㅎ	ㄳ	ㄵ	ㄶ	ㄺ	ㄻ	ㄼ	ㄽ	ㄾ	ㄿ	ㅀ	ㅄ	합계
	9	25			34	1	2	1				1	21	2,210

일반신문에서 'ㄴ', 'ㄹ', 'ㅇ', 'ㄱ', 'ㅁ'의 순으로, 통신언어가 사용된 인터넷신문의 경우 'ㄴ', 'ㄹ', 'ㅇ', 'ㄱ', 'ㅁ'의 순으로, 통신언어가 사용된 인터넷신문의 경우 'ㄴ', 'ㄹ', 'ㅇ', 'ㄱ', ㅁ'의 순으로 동일한 사용빈도가 나타난다. 종성에서도 통신언어가 일반언어와 차별되는 빈도를 보이지는 않는다.

다만 'ㄶ', 'ㅄ' 빈도가 통신언어에서 높게 나타난다. 그 결과 겹자음 사용비율이 일반신문은 5.3714%, 통신언어가 사용되지 않은 인터넷신문은 4.5112%, 통신언어가 사용된 인터넷신문은 6.5610%로 통신언어에서 높은 사용비율을 보인다. 분석된 음소 전체 숫자가 통신언어가 사용된 인터넷 신문이 가장 많기 때문에 나타난 것은 아닌 듯하다. 'ㄶ', 'ㅄ'은 '않', '없' 등에 주로 사용되는 데 통신언어가 부정적 의미를 많이 표현하기 때문으로 생각된다. 인터넷신문은 일반신문이 기사 전달을 주목적으로 하는데 비하여 사건이나 현상 등에 대해 어떠한 의견을 피력하는 역할을 주로 한다. 메이저 언론에 의해 기사 전달이 충분히 이루어지고 있는 상황에서 기사 전달보다 컴퓨터 통신의 익명성을 활용하여 의견을 피력하는 것으로 메이저 언론과 차별되고 있는 것이다.

일반신문에서 'ㅋ', 'ㄳ', 'ㄵ', 'ㄽ', 'ㄾ', 'ㄿ'가, 통신언어가 사용되지 않은 인터넷신문에서 'ㅋ', 'ㄳ', 'ㄻ', 'ㄼ', 'ㄽ', 'ㄾ', 'ㄿ'가, 통신언어가 사용된 인터넷신문에서 'ㅋ', 'ㄳ', 'ㄵ', 'ㄽ', 'ㄾ', 'ㄿ'가 사용빈도가 없다.

초성과 중성과 종성의 사용비율을 대조하면 다음과 같다.

[표 4-30] 초성 : 중성 : 종성 비율

<table>
<tr><td rowspan="2">일반신문</td><td>초성
음소수</td><td>3,657
40.3464%</td><td>중성
음소수</td><td>3,657
40.3464%</td><td>종성
음소수</td><td>1,750
19.3071%</td><td>전체
음소수</td><td>9064</td></tr>
<tr><td colspan="4">초성 : 중성 : 종성</td><td colspan="4">1 : 1 : 0.4785</td></tr>
<tr><td rowspan="2">통신언어가
사용되지 않은
인터넷신문</td><td>초성
음소수</td><td>3.555
40.2194%</td><td>중성
음소수</td><td>3.555
40.2194%</td><td>종성
음소수</td><td>1,729
19.5610%</td><td>전체
음소수</td><td>8,839</td></tr>
<tr><td colspan="4">초성 : 중성 : 종성</td><td colspan="4">1 : 1 : 0.4863</td></tr>
<tr><td rowspan="2">통신언어가
사용된
인터넷신문</td><td>초성
음소수</td><td>5,185
41.2162%</td><td>중성
음소수</td><td>5,185
41.2162%</td><td>종성
음소수</td><td>2,210
17.5675%</td><td>전체
음소수</td><td>12,580</td></tr>
<tr><td colspan="4">초성 : 중성 : 종성</td><td colspan="4">1 : 1 : 0.4262</td></tr>
</table>

일반신문은 1 : 1 : 0.4785, 통신언어가 사용되지 않은 인터넷신문은 1 : 1 : 0.4863, 통신언어가 사용된 인터넷신문은 1 : 1 : 0.4262로 비율을 보인다. 통신언어에서 종성사용 비율이 더 낮게 나타난다. 통신언어가 사용된 인터넷신문에서 분석 대상 음소가 더 많음에도 이러한 결과가 나타났다. 통신언어가 종성, 즉 받침이 없는 어휘를 더 많이 사용하는 것이다. 이 결과는 통신어휘 특성과 관련지을 수 있다. 통신언어가 쓰기 편리에 의해 종성을 축약하거나 연철시켜 사용하기 때문에 나타난 결과이다.

다음은 수필과 전자게시판문을 대조하기로 하겠다. 수필과 전자게시판문은 모두 형식이나 주제에서 자유로운 글쓰기라는 점에서 비슷한 유형으로 볼 수 있다. 여기에 대조 대상이 된 수필의 경우 교과서에서 선별한 것이기 때문에 표준적인 표기체계를 따르고 있다고 본다. 객관성을 고려하지 않은 텍스트에서 표준 표기체계가 사용된 텍스트와 통신언어가 사용된 텍스트가 어떠한 차이를 보이는지 알아보기로 하겠다.

[표 4-31] 수필과 전자게시판문 대분류별 고빈도 형태소

대분류	수 필			전자게시판		
	소분류	빈도	백분율	소분류	빈도	백분율
체 언	명 사	294	23.6315	명 사	68	22.8185
용 언	동 사	115	8.0701	동 사	25	8.3892
수식언	부 사	62	4.3507	부 사	66	2.519
독립언	감탄사	0	0	감탄사	4	1.3422
관계언	부사격조사	82	5.7543	보조사	7	2.3489
의존형태	연결어미	127	8.7719	연결어미	27	9.0604
기 호	마침표, 물음표, 느낌표	50	3.5087	따옴표, 괄호표, 줄표	14	4.6979

형태소 분석결과를 대조해보면 수필은 대분류별로 각각 명사, 동사, 부사, 보조사, 연결어미가 높은 빈도를 보이고 전자게시판문의 경우도 명사, 동사, 부사, 보조사, 연결어미가 높은 빈도를 보인다. 전자게시판문은 독립언 감탄사(4회, 1.3422%)가 사용되었다. 감탄사 사용이 자유로운 것이 통신언어의 특성으로 볼 수 있을 것이다.

기호에서 수필은 마침표, 물음표, 느낌표가, 전자게시판문은 따옴표, 괄호표, 줄표로 차이가 나타난다. 이것 역시 앞서 논했듯 통신언어에서 문장종결어미가 덜 사용되고 있음을 보여준다. 아예 생략되거나 말줄임표나 줄표, 물결 등으로 대체되어 사용되고 있다. 전자게시판문에서 이모티콘(8회, 2.6845)이 사용되었다. 이모티콘이 일반언어와 통신언어의 차이를 나타내는 기준이 된다.

전체 빈도순은 수필의 경우 명사, 연결어미, 동사, 관형형전성어미, 보조사의 순서로, 전자게시판문의 경우 명사, 연결어미, 동사, 부사, 선어말어미의 순으로 나타났다. 수필과 전자게시판은 관형형전성어미 : 부사, 보조사 : 선어말어미의 차이를 보인다. 차이가 나는 수식언, 관계언, 의존형태를 대조하여 보겠다.

[표 4-32] 수필과 전자게시판문 수식언, 관계언, 의존형태

분 류			수 필		전자게시판	
			빈도	백분율	빈도	백분율
수식언	관형사	관형사 MM	14	0.9824	3	1.0067
		관형사범주 NMM	0	0	0	0
	부 사	일반부사 MAG	53	3.7192	16	5.3691
		접속부사 MAJ	9	0.6315	3	1.0067
		부사범주 NMA	0	0	0	0
관계언	격조사	주격조사 JKS	40	2.8070	6	2.0134
		보격조사 JKC	1	0.0701	0	0
		관형격조사 JKG	29	2.0350	0	0
		목적격조사 JKO	42	2.9473	3	1.0067
		부사격조사 JKB	61	4.2807	6	2.0134
		호격조사 JKV	0	0	0	0
		인용격조사 JKQ	0	0	0	0
	보 조 사 JX		82	5.7543	7	2.3489
	접속조사 JC		9	0.6315	1	0.3355
의존형태	어 미	선어말어미 EP	45	3.1578	15	5.0335
		종결어미 EF	50	3.5087	11	3.6912
		연결어미 EC	127	8.7719	27	9.0604
		명사형전성어미 ETN	15	1.0526	1	0.3355
		관형형전성어미 ETM	91	6.3859	8	2.6845
	접두사	체언접두사 XPN	0	0	0	0
	접미사	명사파생접미사 XSN	34	2.3859	12	4.0258
		동사파생접미사 XSV	28	1.9649	4	1.3422
		형용사파생접미사 XSA	23	1.6140	0	0
		부사파생접미사 XSB	0	0	0	0
	어 기 XR		15	1.0526	0	0

수식언에서 보면 모두 부사의 사용빈도가 높다. 전체 형태소 빈도가

수필이 관형형전성어미 빈도가 높은 것이지 부사 빈도가 낮은 것은 아니다. 수식언 전체의 분포가 두 텍스트에서 비슷하게 나타난다.

관계언의 대조를 보면 두 텍스트 모두 보조사가 가장 높은 빈도를 보이며, 의존형태에서도 비슷한 분포를 보인다. 전자게시판문에서 선어말어미의 빈도가 높은 것은 선정된 텍스트에 존칭선어말어미가 많이 사용되었기 때문으로 생각된다.

전체적인 형태소 분류별로 보았을 때 특별한 차이점이 나타나지 않는다. 따라서 고빈도 순서는 일반언어와 통신언어의 차이에 의해 나타나는 것은 아니라고 생각된다. 다만 분석에 사용된 텍스트의 특성으로 볼 수 있다.

의미부와 형태부의 비율을 대조하면 다음과 같다.

[표 4-33] 의미부와 형태부 비율

텍스트	분 류	빈 도	백분율
수 필	의미부	655	48.9643
	형태부	692	48.4202
전자게시판	의미부	154	51.6771
	형태부	101	33.8910

일반언어는 의미부와 형태부가 비슷하게 사용된 것으로 나타난다. 통신언어는 의미부가 형태부보다 많이 사용되었다. 통신언어가 일반언어보다 의미부가 더 강화된 것으로 보인다. 이것 역시 통신언어에서 조사나, 어미가 체언이나 용언과 어울려 명사범주, 용언범주, 관형사범주, 부사범주에 포함되거나 생략된 것으로 보인다. 통신언어는 의미전달을 강화한 언어이지 문법같은 형식을 중요시하는 언어가 아니다. 쓰기 편리에 의해 형식적인 면을 줄이고 의미만 전달하는 것으로 생각된다.

음소 빈도의 분석결과를 대조하면 다음과 같다.

[표 4-34] 수필과 전자게시판문 음소 빈도

구분	구분														
수필	초성	ㄱ	ㄲ	ㄴ	ㄷ	ㄸ	ㄹ	ㅁ	ㅂ	ㅃ	ㅅ				
		248	12	135	212	14	102	84	50	6	152				
		ㅆ	ㅇ	ㅈ	ㅉ	ㅊ	ㅋ	ㅌ	ㅍ	ㅎ	합계				
		6	433	121	2	35	5	18	12	119	1,766				
	중성	ㅏ	ㅐ	ㅑ	ㅒ	ㅓ	ㅔ	ㅕ	ㅖ	ㅗ	ㅘ	ㅙ			
		442	104	3		225	74	60	1	187	26	1			
		ㅚ	ㅛ	ㅜ	ㅝ	ㅞ	ㅟ	ㅠ	ㅡ	ㅢ	ㅣ	합계			
		20	8	106	10		11	1	226	31	230	1,766			
	종성	ㄱ	ㄲ	ㄴ	ㄷ	ㄹ	ㅁ	ㅂ	ㅅ	ㅆ	ㅇ	ㅈ	ㅊ	ㅋ	ㅌ
		101		240	3	170	56	12	37	66	81	6	2		9
		ㅍ	ㅎ	ㄳ	ㄵ	ㄶ	ㄺ	ㄻ	ㄼ	ㄽ	ㄾ	ㄿ	ㅀ	ㅄ	합계
		15	5			7	2	6	2					17	837
전자게시판문	초성	ㄱ	ㄲ	ㄴ	ㄷ	ㄸ	ㄹ	ㅁ	ㅂ	ㅃ	ㅅ				
		45	5	42	47	6	16	25	19	3	32				
		ㅆ	ㅇ	ㅈ	ㅉ	ㅊ	ㅋ	ㅌ	ㅍ	ㅎ	합계				
		1	71	33	1	9	9	7	2	22	397				
	중성	ㅏ	ㅐ	ㅑ	ㅒ	ㅓ	ㅔ	ㅕ	ㅖ	ㅗ	ㅘ	ㅙ			
		90	20	2		36	19	29		42	2				
		ㅚ	ㅛ	ㅜ	ㅝ	ㅞ	ㅟ	ㅠ	ㅡ	ㅢ	ㅣ	합계			
		1	7	25	2		6	2	40	1	64	388			
	종성	ㄱ	ㄲ	ㄴ	ㄷ	ㄹ	ㅁ	ㅂ	ㅅ	ㅆ	ㅇ	ㅈ	ㅊ	ㅋ	ㅌ
		16		48		37	14	8	1	16	20		1		2
		ㅍ	ㅎ	ㄳ	ㄵ	ㄶ	ㄺ	ㄻ	ㄼ	ㄽ	ㄾ	ㄿ	ㅀ	ㅄ	합계
			1		2									2	168

초성은 수필에서 'ㅇ', 'ㄱ', 'ㄷ', 'ㄴ', 'ㅈ'의 순서로, 전자게시판문에서 'ㅇ', 'ㄷ', 'ㄱ', 'ㄴ', 'ㅈ'의 순으로 높은 빈도를 보인다. 초성사용에서는 동일한 고빈도 음소가 동일하게 나타난다. 통신언어에서 'ㄷ'의 빈도가 높고 'ㅈ'의 빈도가 상대적으로 낮은 것은 역구개음화에 의한 것으

로 보인다. 초성의 겹자음은 수필이 2.2650%, 전자게시판문이 4.0302%로 전자게시판문에서 겹자음이 많이 사용되는 것으로 나타난다. 여기서도 통신언어가 된소리를 사용하여 의미를 강화하고 있음이 드러난다.

중성은 수필에서 'ㅏ', 'ㅣ', 'ㅡ', 'ㅓ', 'ㅗ'의 순으로 높은 빈도를 보이며, 전자게시판문에서 'ㅏ', 'ㅣ', 'ㅗ', 'ㅡ', 'ㅓ'의 순으로 높은 사용을 보인다. 순서의 차이는 있으나 동일한 음소가 상위빈도에 나타난다. 중성에서 특이한 점은 'ㅕ'의 사용이다. 수필에서 'ㅕ'는 백분율로 보면 3.3975%인데, 전자게시판문은 7.4742%로 나타난다. 통신언어에서 'ㅛ'가 'ㅕ'로 변이되기 때문에 나타난 결과로 보인다. 그러나 'ㅛ'의 빈도를 보면 두 텍스트 모두 낮게 나타난다. 'ㅛ'가 'ㅕ'로 변하여 사용되는 것은 주로 종결어미 '요'가 '여'로 변이되는 과정에서 나타난다. 종결어미 '요'는 주로 존칭의 의미로 사용되는데 일반언어인 수필의 경우 텍스트가 평어체로 되어 '요'가 덜 쓰였다. 그래서 'ㅛ'의 빈도율이 일반언어에서 더 낮게 나타난 것으로 보인다. 수필은 중성 'ㅒ', 'ㅞ'가, 전자게시판문은 중성 'ㅐ', 'ㅖ', 'ㅙ', 'ㅞ'가 쓰이지 않았다. 통신언어에서 음소 'ㅐ', 'ㅖ', 'ㅙ', 'ㅞ'는 입력의 불편함으로 인해 적은 사용을 보임은 앞서 논한 바 있다. 중성의 이중모음은 수필이 15.7417%, 전자게시판문이 12.6288%로 통신언어에서 이중모음을 덜 사용하는 것으로 보인다. 이것 역시 쓰기 편의를 위해 단모음을 많이 사용하는 것으로 생각된다.

종성은 수필에서 'ㄴ', 'ㄹ', 'ㄱ', 'ㅇ', 'ㅆ'의 순서로 전자게시판문에서 'ㄴ', 'ㄹ', 'ㅇ'의 순으로 높은 사용을 보이며, 'ㄱ'과 'ㅆ'이 같은 빈도를 보인다. 종성도 마찬가지로 상위빈도에서 나타나는 음소가 같다. 다만 분석에 이용된 텍스트 양의 차이로 인해 통신언어에서 사용되지 않은 음소가 많이 나타난다. 수필은 'ㄲ', 'ㅋ', 'ㄳ', 'ㄵ', 'ㄽ', 'ㄾ', 'ㄿ,', 'ㅀ'이 사용되지 않았고, 전자게시판문은 'ㄲ', 'ㄷ', 'ㅈ', 'ㅋ', 'ㅍ', 'ㄳ', 'ㄵ', 'ㄺ', 'ㄻ', 'ㄼ', 'ㄽ', 'ㄾ', 'ㄿ', 'ㅀ'이 사용되지 않아 통신언어에서 사용하지 않는 음소가 많은 듯 보인다. 축약이나 연철과정에서 종성의 사용이 많지 않기 때문으로 생각 할 수 있다. 이것은 아래 초, 중, 종성의 비율을 보면 알 수 있을 것이다. 겹자음의 비율을 보면 수필이 11.9474%, 전자게시판문이 11.9047%로 비슷하게 나타난다. 이 대조에서는 통신언어가 종성에서 겹자음 사용이 적은 것으로 나타나지 않았다.

[표 4-35] 초성 : 중성 : 종성 비율

수필	초성 음소수	1,766 40.4211%	중성 음소수	1,766 40.4211%	종성 음소수	837 19.1577%	전체 음소수	4,369
	초성 : 중성 : 종성				1 : 1 : 0.4739			
전자 게시판문	초성 음소수	397 41.6579%	중성 음소수	388 40.7135%	종성 음소수	168 17.6285%	전체 음소수	953
	초성 : 중성 : 종성				1 : 0.9773 : 0.4231			

초, 중, 종성의 비율을 보면 수필은 초성과 중성이 같은 비율을 보이나 전자게시판문은 초성과 중성이 같은 비율로 나타나지 않는다. 이것은 통신언어는 반드시 초성과 중성이 어울려 글자를 이루는 것이 아님을 앞서 논한 바 있다. 종성 사용비율은 수필에 비해 통신언어가 사용된 전자게시판문에서 더 낮게 나타난다. 여기서도 통신언어가 축약이나 연철에 의해 받침이 없는 음절을 더 많이 사용한다라는 것을 알게 해준다.

마지막으로 일반언어 소설과 통신소설을 대조하기로 하겠다.[39] 소설은 일반언어라 할 지라도 반드시 표준적인 표기체계를 따르는 것은 아니다. 작가의 의도에 따라 얼마든지 비표준적인 표기를 할 수 있다. 따라서 일반소설과 통신소설을 대조는 가장 다양한 표기가 나타나는 텍스트간의 대조가 될 것이다.

39) 일반언어 소설을 통신소설과 대비하여 일반소설이라 부르기로 한다.

[표 4-36] 일반소설과 통신소설의 대분류별 고빈도 형태소

대분류	일반소설			통신소설		
	소분류	빈도	백분율	소분류	빈도	백분율
체 언	명 사	1,095	22.3604	명 사	690	20.0522
용 언	동 사	469	9.5772	동 사	250	7.2653
수식언	부 사	189	3.8594	부 사	168	4.8822
독립언	감탄사	6	0.1225	감탄사	29	0.8427
관계언	부사격조사	231	4.7171	목적격조사	136	3.9523
의존형태	연결어미	407	8.3112	연결어미	248	7.2072
기 호	마침표, 물음표, 느낌표	234	4.7784	줄임표	223	6.4806

대분류별로 고빈도의 형태소는 일반소설과 통신소설이 동일하게 체언에서 명사, 용언에서 동사, 수식언에서 부사가 가장 많이 사용되었고, 독립언의 사용도 나타난다. 관계언에서도 부사격조사가 의존형태에서는 연결어미가 가장 많은 사용을 보인다. 고빈도 형태소 대조에서 차이가 나는 것은 기호에서 이다. 일반소설은 마침표, 물음표, 느낌표가 통신소설에서는 줄임표가 가장 많은 사용을 보이는 형태소로 나타났다. 통신언어에서 문장종결기호가 다른 기호로 대체되는 것은 앞서 논한 바 있다. 그리고 통신언어는 단어와 단어 사이의 휴지부에 기호를 넣어 사용하고 있는데 이것도 분석결과에 영향을 준 듯하다. 기호에서 또 다른 차이점은 통신소설의 이모티콘(73회, 2.1214%)의 사용이다.

이 결과만을 보았을 때 표현이 다양해지고 표준적인 표기체계를 고수할 필요가 없어질 경우 통신언어와 일반언어의 형태소 차이는 기호에서 나타나는 것으로 보여진다. 문장종결기호가 다른 것으로 대체되어 쓰이며, 이모티콘이 사용된다는 점이 형태소 차이로 나타나고 있다.

의미부와 형태부의 비율을 대조하면 다음과 같다.

[표 4-37] 의미부와 형태부 비율

텍스트	분 류	빈 도	백분율
일반소설	의미부	2,398	48.9681
	형태부	2,182	44.5571
통신소설	의미부	1,639	47.6309
	형태부	1,250	36.3258

통신소설에서 형태부가 낮게 나타난다. 그렇다고 의미부가 일반소설에 비해 높게 나타나는 것도 아니다. 이것은 통신소설에서 기호를 많이 사용하기 때문으로 생각할 수 있다. 이모티콘이나 문장의 휴지부를 대신하는 문장기호 등을 사용하여 전체 형태소에서 상대적으로 낮은 비율을 보이게 만들기 때문이다.

통신언어에서 형태부 비율이 낮은 것은 다른 통신언어 텍스트와 마찬가지로 다른 형태소 범주와 결합되거나 생략되기 때문으로 생각된다. 통신언어가 전체적으로 보아 한국어의 첨가어적 특징을 변질시키고 있는 것이다.

[표 4-38] 일반소설과 통신소설 음소 빈도

일반소설	초성	ㄱ	ㄲ	ㄴ	ㄷ	ㄸ	ㄹ	ㅁ	ㅂ	ㅃ	ㅅ				
		809	68	597	653	62	466	310	244	15	469				
		ㅆ	ㅇ	ㅈ	ㅉ	ㅊ	ㅋ	ㅌ	ㅍ	ㅎ	합계				
		23	1,591	411	30	113	40	80	46	292	6,319				
	중성	ㅏ	ㅐ	ㅑ	ㅒ	ㅓ	ㅔ	ㅕ	ㅖ	ㅗ	ㅘ	ㅙ			
		1,495	334	50	2	727	256	258	12	600	79	7			
		ㅚ	ㅛ	ㅜ	ㅝ	ㅞ	ㅟ	ㅠ	ㅡ	ㅢ	ㅣ	합계			
		47	51	366	30	1	46	15	946	82	915	6,319			
	종성	ㄱ	ㄲ	ㄴ	ㄷ	ㄹ	ㅁ	ㅂ	ㅅ	ㅆ	ㅇ	ㅈ	ㅊ	ㅋ	ㅌ
		238	5	842	20	606	197	61	120	295	261	19	14		13
		ㅍ	ㅎ	ㄳ	ㄵ	ㄶ	ㄺ	ㄻ	ㄼ	ㄽ	ㄾ	ㄿ	ㅀ	ㅄ	합계
		20	20		6	22	7	3	3				2	29	2,803

통신소설	초성	ㄱ	ㄲ	ㄴ	ㄷ	ㄸ	ㄹ	ㅁ	ㅂ	ㅃ	ㅅ				
		577	59	382	409	39	272	231	140	16	327				
		ㅆ	ㅇ	ㅈ	ㅉ	ㅊ	ㅋ	ㅌ	ㅍ	ㅎ	합계				
		79	1,014	329	26	88	17	39	19	263	4,326				
	중성	ㅏ	ㅐ	ㅑ	ㅒ	ㅓ	ㅔ	ㅕ	ㅖ	ㅗ	ㅘ	ㅙ			
		999	189	18	3	542	236	238	12	306	52	9			
		ㅚ	ㅛ	ㅜ	ㅝ	ㅞ	ㅟ	ㅠ	ㅡ	ㅢ	ㅣ	합계			
		41	43	292	16	3	31	6	568	26	697	4,326			
	종성	ㄱ	ㄲ	ㄴ	ㄷ	ㄹ	ㅁ	ㅂ	ㅅ	ㅆ	ㅇ	ㅈ	ㅊ	ㅋ	ㅌ
		139	5	597	13	353	169	53	49	127	199	7	4		9
		ㅍ	ㅎ	ㄳ	ㄵ	ㄶ	ㄺ	ㄻ	ㄼ	ㄽ	ㄾ	ㄿ	ㅀ	ㅄ	합계
		12	7		4	10	1		1				1	17	1,776

초성의 음소빈도를 보면 일반소설은 'ㅇ', 'ㄱ', 'ㄷ', 'ㄴ', 'ㅅ'의 순으로 통신소설은 'ㅇ', 'ㄱ', 'ㄷ', 'ㄴ', 'ㅈ'의 순으로 높은 사용빈도를 보인다. 일반소설에서는 'ㅈ'이 7위의 고빈도를 보며, 통신소설에서 'ㅅ'은 6위로 차이를 보인다. 전체적인 분포로 보았을 때 특이할 만한 차이점을 찾기 힘들다. 초성에서 겹자음 사용비율은 일반소설이 3.1334%, 통신소설이 5.0624%로 통신언어가 일반언어에 비해 초성에 된소리가 더 많이 사용되는 것으로 나타난다. 여기서도 다른 유형의 텍스트 대조와 마찬가지로 통신언어가 초성에서 된소리로 의미를 강화시키고 있음을 보여준다.

중성은 일반소설이 'ㅏ', 'ㅡ', 'ㅣ', 'ㅓ', 'ㅗ'의 순으로, 통신소설이 'ㅏ', 'ㅣ', 'ㅡ', 'ㅓ', 'ㅗ'의 순으로 높은 빈도를 보여 고빈도 음소에서 공통점을 보인다. 다만 'ㅕ', 'ㅛ'의 비율을 보면 통신언어가 'ㅛ'가 'ㅕ'로 변이되는 현상의 영향의 받지 않은 것이 특이할 만하다. 이것은 문장 특성이 종결어미에서 '요'를 많이 사용하지 않기 때문으로 보인다. 중성의 이중모음 사용비율은 일반소설이 31.9657%, 통신소설이 14.2857%로 통신언어에서 이중모음이 더 적게 쓰여짐을 알게 해준다. 이중모음의 사용에서 큰 차이를 보이는 점이 특이할 만 하다. 통신소설 같이 글의 길이가 길어지면 더욱 언어 경제원리가 적용되는 것으로 볼 수 있다.

종성은 일반소설이 'ㄴ', 'ㄹ', 'ㅆ', 'ㅇ', 'ㄱ'의 순으로, 통신소설이 'ㄴ', 'ㄹ', 'ㅇ', 'ㅁ', 'ㄱ'의 순으로 일반소설에서 'ㅆ'이 통신소설에서는 6위로 차이를 보이고 있다. 일반소설의 경우 문장이 과거형으로 과거시제선어말어미가 많이 사용됐기 때문으로 볼 수 있다. 종성의 겹자음 사용은 일반소설이 13.2714%, 통신소설이 9.3468%로 역시 통신언어가 더 낮게 나타난다. 여기서도 종성 겹자음 사용률이 낮게 나타나는 것은 통신언어가 언어 경제원리에 지배당하고 있음을 확인 시켜준다.

일반언어에서는 종성 'ㅋ', 'ㄳ', 'ㄽ', 'ㄾ', 'ㄿ'의 사용이 보이지 않고, 통신소설에서는 'ㅋ', 'ㄳ', 'ㄻ', 'ㄽ', 'ㄾ', 'ㄿ'의 사용이 보이지 않는다. 통신언어가 특정 음소를 기피하는 것은 아니지만 사용하지 않는 것은 아니지만 사용하지 않는 음소가 많은 것으로 나타난다. 이중모음이나 종성 겹자음 사용률을 보아도 통신언어가 쓰기 편리에 의해 변이되고 있음을 확인시켜 주는 것이다.

[표 4-39] 초성 : 중성 : 종성 비율

일반소설	초성 음소수	6,319 40.9235%	중성 음소수	6,319 40.9235%	종성 음소수	2,803 18.1529%	전체 음소수	15,441
	초성 : 중성 : 종성				1 : 1 : 0.4435			
통신소설	초성 음소수	4,326 41.4765%	중성 음소수	4,326 41.4765%	종성 음소수	1,776 17.0278%	전체 음소수	10,428
	초성 : 중성 : 종성				1 : 1 : 0.4105			

일반소설의 초성 : 중성 : 종성의 비율에서 종성의 사용비율은 다른 일반언어 텍스트 중에서 가장 낮다. 이것은 표준적인 표기체계를 고수하지 않는데서 비롯된 것으로 보인다. 그럼에도 통신소설의 종성 비율이 더 낮게 나타난다. 통신소설도 다른 통신언어 텍스트에 비해 가장 낮은 종성 사용비율을 보이기 때문이다. 결국 통신언어가 받침이 없는 음절을

더 많이 사용하고 있는 것이다.

유사한 형식의 텍스트 대조를 통해 일반언어와 통신언어가 차이를 고찰해 보았다. 형태소에서 일반언어와 통신언어의 차이는 통신언어가 장르에 상관없이 감탄사를 사용하고 있다는 점과 기호 사용이다. 통신언어가 익명성의 특성으로 인해 객관적인 시각보다는 주관적인 시각을 많이 표현하며 그로 인해 감탄사도 장르 구분 없이 사용되고 있다. 기호 사용은 문장종결기호와 이모티콘의 차이이다. 이모티콘 사용 유무는 일반언어와 통신언어를 구별하는 가장 큰 차이점이다. 문장종결기호는 통신언어가 생략하거나 다른 기호로 대체하여 사용하고 있으며, 문장의 휴지부에 문장기호를 사용하여 종결기호에 비해 상대적으로 다른 기호의 비율을 높이고 있다.

의미부와 형태부 대조는 일반언어에서 형태부 사용이 더 많음을 보인다. 통신언어는 형태부를 이루는 조사나 어미 등을 의미부와 결합시켜 범주화하여 의미부를 강화시키고 있으며, 언어 경제원리에 의해 생략시키는 등으로 형태부를 약화시키고 있다. 또한 통신언어가 익명성에 기반을 둔 자유로움 글쓰기라는 점이 언어의 형식을 무시하게 함으로써 나타나는 결과로도 보인다.

음소 빈도 대조를 통해 통신언어가 초성의 된소리 사용을 많이 하여 의미강화에 있음을 알 수 있다. 통신언어는 음성으로 하는 대화를 문자화하는 과정에서 파생되었는데 음성대화에서 의미를 보충해주는 음색, 음량, 어감 등가지 표현하지는 못했다. 그렇기 때문에 된소리를 사용하여 전달하고자 하는 의미를 강화시키고 있다.

통신언어는 일반언어에 비해 이중모음이나 겹자음 받침을 사용하는 경우가 낮다. 자판을 여러 번 두드려 입력해야 하기 때문에 입력의 편리를 위해 사용을 기피하는 것으로 생각된다. 종성, 즉 받침이 없는 음절이 통신언어에서 많이 사용되고 있는 것도 같은 이유이다.

통신언어에서 음절을 이루는 중심인 모음을 생략하는 현상이 나타나고 있다. 일반언어의 경우 초성과 중성이 1 : 1의 비율을 보이는 것은 깨어질 수 없는 원칙이다. 그러나 통신언어에서 그런 원칙이 깨지고 있는 것이다. 한국어 음절의 가장 기초가 되는 원칙이 깨지고 있는 것이다. 반대로 생각하면 초성만으로 의미전달이 가능한 표현방식의 확장이라고 볼 수 도 있다. 그러나 자음만으로 의미를 전달하는 것은 극히 일부만 합의되었을 뿐이다. 그렇기 때문에 표현 방식의 확장이기 보다 음절 생성의 원칙이 무너진 것으로 봄이 타당하다.

4.3.2 텍스트 교차 대조

유사한 형식의 텍스트 대조를 통해 나타난 차이가 서로 다른 유형의 텍스트 대조에서는 어떻게 나타나는지 알아보기로 하겠다. 다양한 텍스트를 교차대조 함으로서 좀더 정확한 통신언어의 특성을 알 수 있을 것이다. 먼저 신문기사와 전자게시판문을 대조해보겠다.

[표 4-40] 신문기사와 전자게시판문 대분류별 고빈드 형태소

대분류	일반신문			전자게시판문		
	소분류	빈도	백분율	소분류	빈도	백분율
체 언	명 사	992	37.0423	명 사	68	22.8185
용 언	동 사	141	5.2651	동 사	25	8.3892
수식언	부 사	65	2.427	부 사	66	2.519
독립언	감탄사	0	0	감탄사	4	1.3422
관계언	부사격조사	126	4.7050	보조사	7	2.3489
의존형태	연결어미	146	5.4518	연결어미	27	9.0604
기 호	마침표, 물음표, 느낌표	81	3.0246	따옴표, 괄호표, 줄표	14	4.6979

형태소에서 차이가 나는 것은 독립언과 관계언, 기호이다. 전자게시판문에 감탄사가 사용되었고, 관계언에서 일반신문은 부사격조사가 전자게시판문은 보조사가 가장 높은 빈도를 보이고 있다. 전자게시판문이 객

관적인 시각을 유지해야하는 신문보다 주관적 시각이 강하고, 감정 표현이 자유롭기 때문으로 보인다. 기호에서 전자게시판문에 사용된 이모티콘도(8회, 2.6845) 자유로운 감정표현에 의한 것이다. 기호에서 마침표, 물음표, 느낌표와 따옴표, 괄호표, 줄표가 차이나는 것은 통신언어에서 문장종결기호를 생략하거나 다른 것으로 대체하기 때문으로 보인다. 문장의 마지막에 붙이는 문장종결기호는 형식을 갖춘 글쓰기라고 할 수 있다. 그러나 전자게시판문의 경우 형식을 갖춘 글쓰기가 아니라 음성대화를 문자화한 것이기 때문에 이런 문장형식에서 일탈하는 것이다.

형태부와 의미부의 비율을 보면 다음과 같다.

[표 4-41] 의미부와 형태부 비율

텍스트	분 류	빈 도	백분율
일반신문	의미부	1,376	51.3808
	형태부	1,101	40.7760
전자게시판문	의미부	154	51.6771
	형태부	101	33.8910

신문과 전자게시판문의 의미부가 비슷한 비율을 보인다. 그러나 형태부에서는 전자게시판문이 낮게 차이를 나타낸다. 그만큼 통신언어가 문장의 형식에서 일탈하고 있는 것으로 생각된다. 또한 전자게시판문의 경우 형태부가 의미부와 결합하여 의미부를 강화하기 때문에 의미부 비율이 높아졌고, 상대적으로 형태부가 약화되었을 것이다. 결국 통신언어가 전달되어야 하는 의미만 남기고 형식을 생략하고 있는 것이다.

음소 빈도를 대조하면 아래와 같다.

[표 4-42] 일반신문과 전자게시판문 음소 빈도

일반신문	초성	ㄱ	ㄲ	ㄴ	ㄷ	ㄸ	ㄹ	ㅁ	ㅂ	ㅃ	ㅅ				
		442	15	176	329	27	266	126	171	1	361				
		ㅆ	ㅇ	ㅈ	ㅉ	ㅊ	ㅋ	ㅌ	ㅍ	ㅎ	합계				
		10	798	356	5	98	15	51	42	368	3,657				
	중성	ㅏ	ㅐ	ㅑ	ㅒ	ㅓ	ㅔ	ㅕ	ㅖ	ㅗ	ㅘ	ㅙ			
		761	188	40		378	163	152	20	350	93	6			
		ㅚ	ㅛ	ㅜ	ㅝ	ㅞ	ㅟ	ㅠ	ㅡ	ㅢ	ㅣ	합계			
		82	52	285	33	3	48	19	427	75	482	3,657			
	종성	ㄱ	ㄲ	ㄴ	ㄷ	ㄹ	ㅁ	ㅂ	ㅅ	ㅆ	ㅇ	ㅈ	ㅊ	ㅋ	ㅌ
		248	3	535	6	339	106	54	29	72	305	4	4		7
		ㅍ	ㅎ	ㄳ	ㄵ	ㄶ	ㄺ	ㄻ	ㄼ	ㄽ	ㄾ	ㄿ	ㅀ	ㅄ	합계
		6	13			5	5	1	1				1	6	1,750
전자게시판	초성	ㄱ	ㄲ	ㄴ	ㄷ	ㄸ	ㄹ	ㅁ	ㅂ	ㅃ	ㅅ				
		45	5	42	47	6	16	25	19	3	32				
		ㅆ	ㅇ	ㅈ	ㅉ	ㅊ	ㅋ	ㅌ	ㅍ	ㅎ	합계				
		1	71	33	1	9	9	7	2	22	397				
	중성	ㅏ	ㅐ	ㅑ	ㅒ	ㅓ	ㅔ	ㅕ	ㅖ	ㅗ	ㅘ	ㅙ			
		90	20	2		36	19	29		42	2				
		ㅚ	ㅛ	ㅜ	ㅝ	ㅞ	ㅟ	ㅠ	ㅡ	ㅢ	ㅣ	합계			
		1	7	25	2		6	2	40	1	64	388			
	종성	ㄱ	ㄲ	ㄴ	ㄷ	ㄹ	ㅁ	ㅂ	ㅅ	ㅆ	ㅇ	ㅈ	ㅊ	ㅋ	ㅌ
		16		48		37	14	8	1	16	20		1		2
		ㅍ	ㅎ	ㄳ	ㄵ	ㄶ	ㄺ	ㄻ	ㄼ	ㄽ	ㄾ	ㄿ	ㅀ	ㅄ	합계
			1			2								2	168

초성빈도를 보면 일반신문는 'ㅇ', 'ㄱ', 'ㅎ', 'ㅅ', 'ㅈ'의 순으로 전자게시판문은 'ㅇ', 'ㄷ', 'ㄱ', 'ㄴ', 'ㅈ'의 순으로 높은 빈도를 보인다. 일반신문의 'ㅎ'은 전자게시판문에서 6위, 전자게시판문의 'ㄷ'은 일반신문에서 6위의 빈도로 사용되었다. 이 결과는 통신언어에서 'ㅈ→ㄷ'으로

변이되는 역구개음화 현상과 'ㅎ'탈락 현상이 많이 나타나기 때문으로 보인다. 초성 겹자음은 신문이 1.5859%, 전자게시판문이 4.0302%로 통신언어가 된소리 표기로 의미를 강화시키고 있다. 그러나 전체적인 분포에서는 유사하게 나타난다.

중성은 일반신문이 'ㅏ', 'ㅣ', 'ㅡ', 'ㅓ', 'ㅗ'의 순으로, 전자게시판문이 'ㅏ', 'ㅣ', 'ㅗ', 'ㅡ', 'ㅓ'의 순으로 높은 사용을 보인다. 상위 빈도에서 동일한 음소가 나타난다. 동일한 음소가 높은 빈도에서 공통적으로 나타난다. 전자게시판문의 'ㅛ'의 비율이 신문에 비해 높게 나타나고 있다. 통신언어가 존칭어말어미인 '요'를 '여'로 표기하여 나타난 결과이다. 이중모음의 사용은 신문이 16.3522%, 전자게시판문은 12.6288%로 일반언어에서 높게 나타난다. 사용되지 않은 음소도 일반신문은 'ㅒ', 전자게시판문은 'ㅒ', 'ㅖ', 'ㅙ', 'ㅞ'가 사용되지 않았다. 'ㅒ', 'ㅖ', 'ㅙ', 'ㅞ'는 컴퓨터 글자판에서 가장 입력하기 불편하기 때문에 통신언어에서 사용이 적게 나타나는 음소다.

종성은 일반신문에서 'ㄴ', 'ㄹ', 'ㅇ', 'ㄱ', 'ㅁ'의 순으로, 전자게시판문에서 'ㄴ', 'ㄹ', 'ㅇ'의 순으로 높은 사용을 보이며, 'ㄱ'과 'ㅆ'이 같은 빈도를 보인다. 이것 역시 'ㅁ'은 전자게시판문에서 6위, 'ㅆ'은 일반신문에서 6위로 전체적인 분포가 비슷하게 나타나고 있다. 일반신문은 'ㅋ', 'ㄳ', ''ㄵ', 'ㄽ', 'ㄾ', 'ㄿ'이 전자게시판문은 'ㅐ', 'ㅖ', 'ㅙ', 'ㅞ', 종성 'ㄲ', 'ㄷ', 'ㅈ', 'ㅋ', 'ㅍ', 'ㄳ', 'ㄵ', 'ㄺ', 'ㄻ', 'ㄼ', 'ㄽ', 'ㄾ', 'ㄿ', 'ㅀ'이 사용되지 않았다. 전자게시판문에서 종성에 쓰이지 않은 음소가 많이 나타나고 있다. 의미가 전달된다면 종성을 생략하거나 연철시키고 있는 것이다. 전자게시판문에서 쓰이지 않는 겹자음이 많은 것도 이것과 연관지어 생각할 수 있다.

종성 겹자음 비율을 일반신문은 5.3714%로, 전자게시판문은 11.9047%로 전자게시판이 겹자음 사용이 많은데 이것은 일반적인 분석과 다른 결과를 보이고 있다. 컴퓨터 통신언어가 컴퓨터의 글자판의 한계를 지님을 이미 논한바 있다. 그러나 그 글자판의 한계 속에서 통신언어가 규칙성을 일탈하여 고정되지 않은 자유로운 표기를 사용하고 있다는 의미로 해석할 수 있을 것이다. 그러나 이 분석 결과는 선정된 텍스트의 특성에 의한 것으로 신문에 비해 분석에 이용된 음소수가 적기 때문이다. 다른 텍스트와 계속 대조를 하여 보면 다른 결과가 도출될 수도 있을 것이다.

[표 4-43] 초성 : 중성 : 종성 비율

일반신문	초성 음소수	3,657 40.3464%	중성 음소수	3,657 40.3464%	종성 음소수	1,750 19.3071%	전체 음소수	9,064
	초성 : 중성 : 종성				1 : 1 0.4435			
전자 게시판문	초성 음소수	397 41.6579%	중성 음소수	388 40.7135%	종성 음소수	168 17.6285%	전체 음소수	953
	초성 : 중성 : 종성				1 : 0.9773 : 0.4231			

초, 중, 종성의 비율이 신문에서 1 : 1 : 0.4785, 전자게시판문은 1 : 0.9773 : 0.4231로 나타난다. 통신언어가 음절의 중심인 모음을 생략하여 표기가 이루어짐은 앞서 논한 바 있다. 이후 대조에서도 동일하게 나타나는 현상이다. 통신언어가 음절을 이루는 방법에서도 일탈하고 있는 것이다. 종성 사용률은 통신언어가 종성을 생략하거나 연철시키기 때문에 일반언어에 비해 낮게 나타난다.

다음 신문기사와 통신소설의 대조는 가장 표준적인 표기체계와 가장 통신언어적 표기체계의 대조가 될 수 있을 것이다.

[표 4-44] 일반신문과 통신소설의 대분류별 고빈도 형태소

대분류	일반신문			통신소설		
	소분류	빈도	백분율	소분류	빈도	백분율
체 언	명 사	992	37.0423	명 사	690	20.0522
용 언	동 사	141	5.2651	동 사	250	7.2653
수식언	부 사	65	2.427	부 사	168	4.8822
독립언	감탄사	0	0	감탄사	29	0.8427

관계언	부사격조사	126	4.7050	목적격조사	136	3.9523
의존형태	연결어미	146	5.4518	연결어미	248	7.2072
기 호	마침표, 물음표, 느낌표	81	3.0246	줄임표	223	6.4806

고빈도 형태소가 유사하게 나타나고 있다. 통신소설에서 감탄사가 사용된 것과 기호의 차이가 보이고 있다. 통신소설에서 감탄사의 사용은 텍스트 특성으로 여기서는 차이점이 되지 못한다. 형태소에서는 기호에서만 차이가 보이는 데 역시 통신언어에서 문장종결기호의 사용이 적게 나타나고 있다. 문장종결기호인 마침표, 물음표, 느낌표가 다른 기호로 대체된 듯하다. 그리고 기호에서 이모티콘 시용 여부가 차이로 나타난다.

형태부와 의미부의 비율을 보면 다음과 같다.

[표 4-45] 의미부와 형태부 비율

텍스트	분 류	빈 도	백분율
일반신문	의미부	1,376	51.3808
	형태부	1,101	40.7760
통신소설	의미부	1,639	47.6309
	형태부	1,250	36.3258

통신소설이 의미부와 형태부의 비율이 모두 낮게 나타나고 있다. 신문이라는 텍스트가 사실전달에 목적을 두기 때문에 소설에 비하여 신문기사가 의미를 구체화하였을 것으로 짐작할 수 있다. 그러나 형태부가 적은 통신소설이 의미부 비율이 낮다는 점은 특이할 만하다. 통신언어는 기호만으로 의미전달이 가능한 언어이기 때문에 나타나는 결과로 보인다. 이모티콘으로 감탄사나 의성어, 의태어를 대체하고, 문장의 휴지부에 말줄임표나 줄표 등으로 의미를 보완하여 세밀하게 만들고 있다. 그렇기 때문에 형태부와 의미부 비율이 상대적으로 낮게 나타나는 것이다.

[표 4-46] 일반신문과 통신소설 음소 빈도

구분															
일반신문	초성	ㄱ	ㄲ	ㄴ	ㄷ	ㄸ	ㄹ	ㅁ	ㅂ	ㅃ	ㅅ				
		442	15	176	329	27	266	126	171	1	361				
		ㅆ	ㅇ	ㅈ	ㅉ	ㅊ	ㅋ	ㅌ	ㅍ	ㅎ	합계				
		10	798	356	5	98	15	51	42	368	3,657				
	중성	ㅏ	ㅐ	ㅑ	ㅒ	ㅓ	ㅔ	ㅕ	ㅖ	ㅗ	ㅘ	ㅙ			
		761	188	40		378	163	152	20	350	93	6			
		ㅚ	ㅛ	ㅜ	ㅝ	ㅞ	ㅟ	ㅠ	ㅡ	ㅢ	ㅣ	합계			
		82	52	285	33	3	48	19	427	75	482	3,657			
	종성	ㄱ	ㄲ	ㄴ	ㄷ	ㄹ	ㅁ	ㅂ	ㅅ	ㅆ	ㅇ	ㅈ	ㅊ	ㅋ	ㅌ
		248	3	535	6	339	106	54	29	72	305	4	4		7
		ㅍ	ㅎ	ㄳ	ㄵ	ㄶ	ㄺ	ㄻ	ㄼ	ㄽ	ㄾ	ㄿ	ㅀ	ㅄ	합계
		6	13			5	5	1	1				1	6	1,750
통신소설	초성	ㄱ	ㄲ	ㄴ	ㄷ	ㄸ	ㄹ	ㅁ	ㅂ	ㅃ	ㅅ				
		577	59	382	409	39	272	231	140	16	327				
		ㅆ	ㅇ	ㅈ	ㅉ	ㅊ	ㅋ	ㅌ	ㅍ	ㅎ	합계				
		79	1,014	329	26	88	17	39	19	263	4,326				
	중성	ㅏ	ㅐ	ㅑ	ㅒ	ㅓ	ㅔ	ㅕ	ㅖ	ㅗ	ㅘ	ㅙ			
		999	189	18	3	542	236	238	12	306	52	9			
		ㅚ	ㅛ	ㅜ	ㅝ	ㅞ	ㅟ	ㅠ	ㅡ	ㅢ	ㅣ	합계			
		41	43	292	16	3	31	6	568	26	697	4,326			
	종성	ㄱ	ㄲ	ㄴ	ㄷ	ㄹ	ㅁ	ㅂ	ㅅ	ㅆ	ㅇ	ㅈ	ㅊ	ㅋ	ㅌ
		139	5	597	13	353	169	53	49	127	199	7	4		9
		ㅍ	ㅎ	ㄳ	ㄵ	ㄶ	ㄺ	ㄻ	ㄼ	ㄽ	ㄾ	ㄿ	ㅀ	ㅄ	합계
		12	7		4	10	1		1				1	17	1,776

일반신문의 음소 빈도는 초성 'ㅇ', 'ㄱ', 'ㅎ', 'ㅅ', 'ㅈ', 중성 'ㅏ', 'ㅣ', 'ㅡ', 'ㅓ', 'ㅗ', 종성 'ㄴ', 'ㄹ', 'ㅇ', 'ㄱ', 'ㅁ' 순으로 나타나고, 중성 'ㅒ'와 종성 'ㅋ', 'ㄳ', 'ㄵ', 'ㄽ', 'ㄾ', 'ㄿ'은 사용되지 않았다. 통신소설의 음소빈도는 초성 'ㅇ', 'ㄱ', 'ㄷ', 'ㄴ', 'ㅈ', 중성 'ㅏ', 'ㅣ', 'ㅡ', 'ㅓ', 'ㅗ', 종성 'ㄴ', 'ㄹ', 'ㅇ', 'ㅁ', 'ㄱ'의 순으로 나타난다. 통신소설의

종성 'ㅋ', 'ㄳ', 'ㄻ', 'ㄽ', 'ㄾ', 'ㄿ'은 쓰이지 않았다. 통신소설이 'ㄷ'이 높은 빈도를 보이는 것은 앞서 논한 'ㅈ → ㄷ'의 역구개음화 현상에 의한 것이다. 신문에서 'ㅎ'이 초성에서 높은 빈도를 보이는 것은 특이할 점이다. 다른 일반 텍스트에서 'ㅎ'은 상위 5개 빈도를 제외하고는 높은 빈도를 보이고 있기 때문에 신문기사에서 'ㅎ'의 빈도가 높은 것은 선정된 텍스트의 특성으로 볼 수 있다.

중성에서 'ㅕ'의 빈도는 비율로 볼 때 통신소설에서 높게 나타나나 큰 차이는 아닌 듯 하다. 그러나 'ㅛ'의 경우 신문이 더 높게 나타나 통신언어에서 'ㅛ'가 'ㅕ'로 변이가 나타남을 보여준다.

종성의 고빈도 음소는 동일하고 다만 순위 순서에서 차이가 난다. 그러나 쓰이지 않은 음소수도 동일하고, 'ㅋ'을 제외하고는 모두 겹자음으로 비사용 음소에서는 큰 차이가 나타나지 않는다.

일반신문의 초성 겹자음 사용비율은 1.5859%, 중성 이중모음 사용비율은 16.3522%, 종성 겹자음 사용비율은 5.3714%이고, 통신소설의 초성 겹자음 사용비율은 5.0624%, 중성 이중모음 사용비율은 14.2857%, 종성 겹자음 사용비율은 9.3468%이다. 중성의 이중모음 사용비율만 통신소설이 낮고, 초성과 종성의 겹자음 사용비율은 통신소설 쪽이 높다. 통신소설에서 이중모음 사용률이 낮은 것은 입력의 불편함에 의한 것이다. 초성은 겹자음은 된소리로 의미가 강화되기 때문이며 종성의 겹자음 비율이 높은 것은 표현의 다양성에 의한 차이이다. 신문보다 소설 쪽이 장르의 특성상 더욱 다양한 표현이 사용되기 때문이다.

[표 4-47] 초성 : 중성 : 종성 비율

일반신문	초성 음소수	3,657 40.3464%	중성 음소수	3,657 40.3464%	종성 음소수	1,750 19.3071%	전체 음소수	9,064
	초성 : 중성 : 종성				1 : 1 : 0.4785			
통신소설	초성 음소수	4,326 41.4765%	중성 음소수	4,326 41.4765%	종성 음소수	1,176 17.0278%	전체 음소수	10,428
	초성 : 중성 : 종성				1 : 1 : 0.4105			

일반신문이 종성이 사용된 음절을 더 많이 사용하고 있는 것으로 나타난다. 두 텍스트의 종성 사용률이 다른 텍스트간 대조보다 가장 큰 차이를 보인다. 소설이라는 텍스트가 종성이 사용된 음절의 사용이 가장 적고, 통신언어에서 종성이 사용된 음절의 사용이 낮게 나옴을 생각할 때 일반신문과 통신소설의 종성 비율이 가장 큰 차이를 보이는 것은 당연하다.

세 번째로 수필과 인터넷신문과 대조해보기로 하겠다. 수필과 인터넷신문과의 대조는 통신언어가 사용된 인터넷신문의 분석결과만을 이용하기로 하겠다. 그렇게 함으로써 일반언어와 통신언어의 차이를 명확하게 할 수 있기 때문이다.

[표 4-48] 수필과 인터넷신문 대분류별 고빈도 형태소

대분류	수 필			인터넷신문		
	소분류	빈도	백분율	소분류	빈도	백분율
체 언	명 사	294	23.6315	명 사	1,031	26.7512
용 언	동 사	115	8.0701	동 사	270	7.0057
수식언	부 사	62	4.3507	부 사	183	4.7481
독립언	감탄사	0	0	감탄사	7	0.1816
관계언	부사격조사	82	5.7543	보조사	164	4.2553
의존형태	연결어미	127	8.7719	연결어미	324	8.4068
기 호	마침표, 물음표, 느낌표	50	3.5087	마침표, 물음표, 느낌표	195	5.0596

수필과 인터넷신문이 대분류별 고빈도 형태소가 동일하게 나타난다. 통신언어가 사용된 경우 신문과 같은 객관적이고 형식적인 글쓰기가 일반언어의 수필과 같은 자유로운 글쓰기 형태로 나타나고 있는 것이다. 차이를 보이는 것은 인터넷신문에서 감탄사가 사용되었다는 것과 기호에서 이모티콘(3회 0.0463%)이 사용되었다는 것이다. 인터넷신문은 통신언어가 사용되더라도 기호에서 이모티콘 차이만 나타내 형식성을 갖춘 글이라는 것을 알 수 있다.

[표 4-49] 의미부와 형태부 비율

텍스트	분 류	빈 도	백분율
수 필	의미부	655	48.9643
	형태부	692	48.4202
인터넷신문	의미부	1,988	51.5818
	형태부	1,520	39.4388

인터넷신문이 의미부 사용률이 수필보다 높게 나타난다. 그리고 형태부는 수필보다 낮게 나타난다. 신문기사는 사실이나 현상 등을 전달하기 위해 객관적이고 형식에 맞춰 문장을 작성하게 된다. 컴퓨터 통신의 신문이 비록 현실 규범에서 일탈이 일어난다 하더라도 통신언어에서는 형식을 갖춘 글쓰기가 되는 것이다.

[표 4-50] 수필과 인터넷신문 음소 빈도

수필	초성	ㄱ	ㄲ	ㄴ	ㄷ	ㄸ	ㄹ	ㅁ	ㅂ	ㅃ	ㅅ
		248	12	135	212	14	102	84	50	6	152
		ㅆ	ㅇ	ㅈ	ㅉ	ㅊ	ㅋ	ㅌ	ㅍ	ㅎ	합계
		6	433	121	2	35	5	18	12	119	1,766

수필	중성	ㅏ	ㅐ	ㅑ	ㅒ	ㅓ	ㅔ	ㅕ	ㅖ	ㅗ	ㅘ	ㅙ
		442	104	3		225	74	60	1	187	26	1
		ㅚ	ㅛ	ㅜ	ㅝ	ㅞ	ㅟ	ㅠ	ㅡ	ㅢ	ㅣ	합계
		20	8	106	10		11	1	226	31	230	1,766

수필	종성	ㄱ	ㄲ	ㄴ	ㄷ	ㄹ	ㅁ	ㅂ	ㅅ	ㅆ	ㅇ	ㅈ	ㅊ	ㅋ	ㅌ
		101		240	3	170	56	12	37	66	81	6	2		9
		ㅍ	ㅎ	ㄳ	ㄵ	ㄶ	ㄺ	ㄻ	ㄼ	ㄽ	ㄾ	ㄿ	ㅀ	ㅄ	합계
		15	5			7	2	6	2					17	837

	초성	ㄱ	ㄲ	ㄴ	ㄷ	ㄸ	ㄹ	ㅁ	ㅂ	ㅃ	ㅅ
		809	41	360	620	64	352	290	202	18	403
		ㅆ	ㅇ	ㅈ	ㅉ	ㅊ	ㅋ	ㅌ	ㅍ	ㅎ	합계
		28	971	411	21	122	14	48	42	369	5,185

구분															
인터넷신문	중성	ㅏ	ㅐ	ㅑ	ㅒ	ㅓ	ㅔ	ㅕ	ㅖ	ㅗ	ㅘ	ㅙ			
		1,336	258	42	3	528	219	227	16	577	68	11			
		ㅚ	ㅛ	ㅜ	ㅝ	ㅞ	ㅟ	ㅠ	ㅡ	ㅢ	ㅣ	합계			
		71	43	357	39		20	9	580	52	729	5,185			
	종성	ㄱ	ㄲ	ㄴ	ㄷ	ㄹ	ㅁ	ㅂ	ㅅ	ㅆ	ㅇ	ㅈ	ㅊ	ㅋ	ㅌ
		248	4	807	15	391	125	66	58	81	293	6	7		15
		ㅍ	ㅎ	ㄳ	ㄵ	ㄶ	ㄺ	ㄻ	ㄼ	ㄽ	ㄾ	ㄿ	ㅀ	ㅄ	합계
		9	25			34	1	2	1				1	21	2,210

수필은 초성 ‘ㅇ’, ‘ㄱ’, ‘ㄷ’, ‘ㄴ’, ‘ㅈ’, 중성 ‘ㅏ’, ‘ㅣ’, ‘ㅡ’, ‘ㅓ’, ‘ㅗ’, 종성 ‘ㄴ’, ‘ㄹ’, ‘ㄱ’, ‘ㅇ’, ‘ㅆ‘의 순서 높은 빈도를 보이고, 인터넷신문은 초성 ‘ㅇ’, ‘ㄱ’, ‘ㄷ’, ‘ㅈ’, ‘ㅅ’, 중성 ‘ㅏ’, ‘ㅣ’, ‘ㅡ’, ‘ㅗ’, ‘ㅓ’, 종성 ‘ㄴ’, ‘ㄹ’, ‘ㅇ’, ‘ㄱ’, ‘ㅁ’의 순으로 높은 빈도를 보인다. 초성에서 ‘ㄴ’과 ‘ㅅ’의 차이를 보이나 모두 빈도수 6위에 해당하고, 중성도 ‘ㅗ’와 ‘ㅓ’의 순서만 바뀌었을 뿐이다. 종성은 ‘ㅆ’과 ‘ㅁ’의 차이를 보이는데 각각 상대 텍스트에서 빈도수 6위에 해당하여 고빈도 음소에서 공통점을 보인다.

인터넷신문이 ‘ㅕ’의 사용빈도가 많은 것도 통신언어의 특징이다. 수필의 ‘ㅆ’은 과거시제 표현의 사용에 의한 것이다. 통신언어에서 ‘ㄶ’과 ‘ㅄ’이 수필에 비해 높은 빈도를 보이는데 이것은 인터넷신문의 내용이 부정적인 표현이 많이 사용되었기 때문이다.

수필에서는 중성 ‘ㅒ’, ‘ㅞ’, 종성 ‘ㄲ’, ‘ㅋ’, ‘ㄳ’, ‘ㄵ’, ‘ㄽ’, ‘ㄾ’, ‘ㄿ’, ‘ㅀ’이, 인터넷 신문에서는 중성 ‘ㅞ’, 종성 ‘ㅋ’, ‘ㄳ’, ‘ㄵ’, ‘ㄽ’, ‘ㄾ’, ‘ㄿ’가 사용되지 않았다. 수필이 사용되지 않은 음소가 많이 나타나는 것은 통신언어가 여러 음소를 사용하여 다양한 음절을 사용한다는 것을 의미한다. 음절의 조합에 제한을 두지 않는 것이다

초성의 겹자음은 수필이 2.2650%, 인터넷신문이 3.3172%, 중성의 이중모음은 수필이 15.7417%, 인터넷신문이 14.5998%, 종성의 겹자음은 수필

이 11.9474%, 인터넷신문은 6.5610%로 나타난다. 다른 대조에서와 마찬가지로 통신언어가 초성에 된소리를 사용하여 의미를 강화하고 있으며, 중성 이중모음과 종성 겹자음 사용을 기피하는 특성을 나타내 일반언어와 통신언어의 전형적인 차이를 보인다. 아래의 초, 중, 종성의 비율을 보더라도 이러한 차이를 알 수 있을 것이다.

[표 4-51] 초성 : 중성 : 종성 비율

<table>
<tr><td rowspan="2">수 필</td><td>초성 음소수</td><td>1,766 40.4211%</td><td>중성 음소수</td><td>1,766 40.4211%</td><td>종성 음소수</td><td>837 19.1577%</td><td>전체 음소수</td><td>4,369</td></tr>
<tr><td colspan="4">초성 : 중성 : 종성</td><td colspan="4">1 : 1 : 0.4739</td></tr>
<tr><td rowspan="2">인터넷신문</td><td>초성 음소수</td><td>5,185 41.2162%</td><td>중성 음소수</td><td>5,185 41.2162%</td><td>종성 음소수</td><td>2,210 17.5675%</td><td>전체 음소수</td><td>12,580</td></tr>
<tr><td colspan="4">초성 : 중성 : 종성</td><td colspan="4">1 : 1 : 0.4262</td></tr>
</table>

통신언어가 받침이 없는 음절을 더 선호하고 있는 듯 하다. 생략이나 연철로 인한 것이기는 하지만 기본적으로 종성이 사용된 음절을 기피하는 것으로 보인다.

네 번째로 수필과 통신소설을 대조해 보겠다.

[표 4-52] 수필과 통신소설 대분류별 고빈도 형태소

대분류	수 필			통신소설		
	소분류	빈도	백분율	소분류	빈도	백분율
체 언	명 사	294	23.6315	명 사	690	20.0522
용 언	동 사	115	8.0701	동 사	250	7.2653
수식언	부 사	62	4.3507	부 사	168	4.8822
독립언	감탄사	0	0	감탄사	29	0.8427
관계언	부사격조사	82	5.7543	목적격조사	136	3.9523
의존형태	연결어미	127	8.7719	연결어미	248	7.2072
기 호	마침표, 물음표, 느낌표	50	3.5087	줄임표	223	6.4806

수필과 통신소설 대조에서 차이가 나타나는 점은 독립언 사용 유무와 관계언에서 수필은 보조사가 소설은 부사격조사가 가장 높은 사용빈도를 보이는 것과 기호에서 차이이다. 독립언은 표현 형식이 자유롭고 소설이라는 장르의 특성상 정서적인 면을 자극하기 위해 사용된 것이다. 고빈도 형태소에서 차이가 나는 관계언 분석 결과를 대조해보자.

[표 4-53] 수필과 통신소설 관계언

분 류			수필		통신소설	
			빈도	백분율	빈도	백분율
관계언	격조사	주격조사 JKS	40	2.8070	96	2.7898
		보격조사 JKC	1	0.0701	0	0
		관형격조사 JKG	29	2.0350	24	0.6974
		목적격조사 JKO	42	2.9473	97	2.8189
		부사격조사 JKB	61	4.2807	136	3.9523
		호격조사 JKV	0	0	1	0.0290
		인용격조사 JKQ	0	0	0	0
	보 조 사 JX		82	5.7543	130	3.7779
	접속조사 JC		9	0.6315	10	0.2906

수필에서 보조사, 부사격조사의 순서로, 통신소설에서 부사격조사, 보조사의 순서로 나타난다. 통신소설이 부사격조사와 보조사의 차이가 별로 나지 않는 반면, 수필의 보조사와 부사격조사는 그보다 큰 차이를 보인다. 상위 두 빈도의 순서가 바뀌었다. 이것을 제외하고는 전체적인 분포가 비슷하게 나타난다. 통신소설에서 부사격조사의 빈도가 높은 것은 명사를 용언화하여 사용하는 경우가 많다는 의미가 된다. 한국어의 서술성을 해치고 체언으로 의미를 함축하여 문장형식을 축약하는 것이라고 할 수 있다.

[표 4-54] 의미부와 형태부 비율

텍스트	분 류	빈 도	백분율
수 필	의미부	655	48.9643
	형태부	692	48.4202
통신소설	의미부	1,639	47.6308
	형태부	1,250	36.3258

통신소설이 의미부나 형태부의 비율이 모두 낮게 나타난다. 의미부의 차이보다 형태부의 차이가 더 크게 나타나 통신소설이 문법적인 요소를 덜 사용하고 있음을 알게 해준다. 통신소설에서 범주화한 어휘로 의미부가 강화되었는데도 의미부 비율이 수필에 비해 낮게 나타난 것은 통신소설이 기호를 의미전달에 많이 사용하고 있기 때문으로 볼 수 있다. 통신언어에서 규범적인 형식의 생략이나 약화가 나타나고 있는 것이다.

[표 4-55] 수필과 통신소설 음소 빈도

수필	초성	ㄱ	ㄲ	ㄴ	ㄷ	ㄸ	ㄹ	ㅁ	ㅂ	ㅃ	ㅅ
		248	12	135	212	14	102	84	50	6	152
		ㅆ	ㅇ	ㅈ	ㅉ	ㅊ	ㅋ	ㅌ	ㅍ	ㅎ	합계
		6	433	121	2	35	5	18	12	119	1,766

수필	중성	ㅏ	ㅐ	ㅑ	ㅒ	ㅓ	ㅔ	ㅕ	ㅖ	ㅗ	ㅘ	ㅙ
		442	104	3		225	74	60	1	187	26	1
		ㅚ	ㅛ	ㅜ	ㅝ	ㅞ	ㅟ	ㅠ	ㅡ	ㅢ	ㅣ	합계
		20	8	106	10		11	1	226	31	230	1,766

수필	종성	ㄱ	ㄲ	ㄴ	ㄷ	ㄹ	ㅁ	ㅂ	ㅅ	ㅆ	ㅇ	ㅈ	ㅊ	ㅋ	ㅌ
		101		240	3	170	56	12	37	66	81	6	2		9
		ㅍ	ㅎ	ㄳ	ㄵ	ㄶ	ㄺ	ㄻ	ㄼ	ㄽ	ㄾ	ㄿ	ㅀ	ㅄ	합계
		15	5			7	2	6	2					17	837

	초성	ㄱ	ㄲ	ㄴ	ㄷ	ㄸ	ㄹ	ㅁ	ㅂ	ㅃ	ㅅ
		577	59	382	409	39	272	231	140	16	327
		ㅆ	ㅇ	ㅈ	ㅉ	ㅊ	ㅋ	ㅌ	ㅍ	ㅎ	합계
		79	1,014	329	26	88	17	39	19	263	4,326

통신소설	중성	ㅏ	ㅐ	ㅑ	ㅒ	ㅓ	ㅔ	ㅕ	ㅖ	ㅗ	ㅘ	ㅙ			
		999	189	18	3	542	236	238	12	306	52	9			
		ㅚ	ㅛ	ㅜ	ㅝ	ㅞ	ㅟ	ㅠ	ㅡ	ㅢ	ㅣ	합계			
		41	43	292	16	3	31	6	568	26	679	4,326			
	종성	ㄱ	ㄲ	ㄴ	ㄷ	ㄹ	ㅁ	ㅂ	ㅅ	ㅆ	ㅇ	ㅈ	ㅊ	ㅋ	ㅌ
		139	5	597	13	353	169	53	49	127	199	7	4		9
		ㅍ	ㅎ	ㄳ	ㄵ	ㄶ	ㄺ	ㄻ	ㄼ	ㄽ	ㄾ	ㄿ	ㅀ	ㅄ	합계
		12	7		4	10	1		1				1	17	1,776

수필은 초성 'ㅇ', 'ㄱ', 'ㄷ', 'ㄴ', 'ㅈ', 중성 'ㅏ', 'ㅣ', 'ㅡ', 'ㅓ', 'ㅗ', 종성 'ㄴ', 'ㄹ', 'ㄱ', 'ㅇ', 'ㅆ'의 순으로 나타나고, 통신소설은 초성 'ㅇ', 'ㄱ', 'ㄷ', 'ㄴ', 'ㅈ', 중성 'ㅏ', 'ㅣ', 'ㅡ', 'ㅓ', 'ㅗ', 종성 'ㄴ', 'ㄹ', 'ㅇ', 'ㅁ', 'ㄱ'의 순으로 높은 사용빈도를 보인다.

초성과 중성은 상위 빈도가 순서까지 동일하게 나타나고 있다. 통신소설에서 중성 'ㅕ'의 사용이 역시 많이 나타나 일반언어와 통신언어의 차이를 나타내고 있다. 종성의 경우 수필에서 'ㅆ'이 상위 빈도에 포함되는 것이 특이한데 이것은 과거시제를 많이 사용하는 텍스트의 특성에 의한 것이다. 수필에서 중성 'ㅒ', 'ㅞ', 종성 'ㄲ', 'ㅋ', 'ㄳ', 'ㄵ', 'ㄽ', 'ㄾ', 'ㄿ,', 'ㅀ'이 사용되지 않아 통신소설에서 종성 'ㅋ', 'ㄳ', 'ㄻ', 'ㄽ', 'ㄾ', 'ㄿ'이 사용되지 않은 것에 비해 사용되지 않은 음소가 많다. 텍스트의 분량 차이에 의해 나타나는 결과로 보인다.

겹자음과 이중모음의 사용비율을 보면 수필에서 초성의 겹자음은 2.2650%, 중성의 이중모음은 15.7417%, 종성의 겹자음은 11.9474%로 나타나고 통신소설에서는 초성의 겹자음이 5.0624%, 중성 이중모음이 14.2857%, 종성 겹자음이 9.3468%로 나타났다. 앞선 대조와 마찬가지로 통신언어가 초성에서 된소리를 사용한 의미강화와 이중 음소표기가 약화되는 특성이 나타나고 있는 것이다.

[표 4-56] 초성 : 중성 : 종성 비율

수 필	초성 음소수	1,766 40.4211%	중성 음소수	1,766 40.4211%	종성 음소수	837 19.1577%	전체 음소수	4,369
	초성 : 중성 : 종성				1 : 1 : 0.4739			
통신소설	초성 음소수	4,326 41.4765%	중성 음소수	4,326 41.4765%	종성 음소수	1,776 17.0278%	전체 음소수	10,428
	초성 : 중성 : 종성				1 : 1 : 0.4105			

초성 : 중성 : 종성의 비율을 보아도 통신언어 종성이 생략이나 연철로 약화되어 있음을 나타내 주고 있다. 자판을 사용하여 입력하는 컴퓨터 통신언어는 자판을 두드리는 횟수를 줄이기 위해 음가가 없는 'ㅇ' 표기를 기피하는 것으로 생각된다. 음가가 없는 음소의 표기를 생략하여 그만큼 언어를 경제적으로 사용하고 있는 것이다.

다섯 번째로 일반소설과 인터넷신문을 대조하겠다. 여기서도 역시 통신언어가 사용된 인터넷신문의 분석결과만 이용하기로 하겠다.

[표 4-57] 일반소설과 인터넷신문 대분류별 고빈도 형태소

대분류	일반소설			인터넷신문		
	소분류	빈도	백분율	소분류	빈도	백분율
체 언	명 사	1,095	22.3604	명 사	1,031	26.7512
용 언	동 사	469	9.5772	동 사	270	7.0057
수식언	부 사	189	3.8594	부 사	183	4.7481
독립언	감탄사	6	0.1225	감탄사	7	0.1816
관계언	부사격조사	231	4.7171	보조사	164	4.2553
의존형태	연결어미	407	8.3112	연결어미	324	8.4068
기 호	마침표, 물음표, 느낌표	234	4.7784	마침표, 물음표, 느낌표	195	5.0596

두 텍스트의 고빈도 형태소에서 차이가 나는 것은 독립언과 관계언이다. 신문기사의 경우 감탄사가 사용되지 않는 것이 원칙이나 인터넷신문

은 감탄사를 사용하고 있다. 감정표현이 그만큼 자유롭다는 의미이기도 하다. 고빈도 형태소는 아니지만 인터넷신문에서 이모티콘(3회, 0.0778%)이 사용되었다는 것도 일반언어와 통신언어를 구별해주는 것이다. 관계언에서 일반소설은 부사격조사, 인터넷신문은 보조사로 차이가 나타난다. 두 텍스트의 관계언을 대조해 보기로 하겠다.

[표 4-58] 일반소설과 인터넷신문 관계언

분 류			일반소설		인터넷신문	
			빈도	백분율	빈도	백분율
관계언	격조사	주격조사 JKS	137	2.7976	121	3.1395
		보격조사 JKC	0	0	0	0
		관형격조사 JKG	78	1.5928	47	1.2195
		목적격조사 JKO	197	4.0228	63	1.6346
		부사격조사 JKB	231	4.7171	132	3.4250
		호격조사 JKV	1	0.0204	0	0
		인용격조사 JKQ	0	0	0	0
	보 조 사 JX		209	4.2679	164	4.2553
	접속조사 JC		8	0.1633	17	0.4411

관계언 전체를 대조하였을 때 일반소설에서는 보조사와 주사격조사의 순으로 인터넷신문에서는 부사격조사와 보조사의 순으로 빈도가 나타난다. 소설에서 부사격조사가 많이 사용되는 것이 장르의 특성인 듯하다. 통신소설에서도 부사격조사가 관계언에서 고빈도 형태소로 나타나고 있다. 문장 표현 방식이 자유롭기 때문으로 생각할 수도 있고, 일반언어도 이미 한국어가 용언을 활용하는 서술성이 약화되고 있는 것으로 볼 수도 있다. 목적격 조사에서 큰 차이를 보이는데 통신언어에서 목적격조사가 앞 음절 종성 'ㄹ'로 변이되어 범주화되었기 때문으로 보인다.

[표 4-59] 의미부와 형태부 비율

텍스트	분 류	빈 도	백분율
일반소설	의미부	2,398	48.9681
	형태부	2,182	44.5571
인터넷신문	의미부	1,988	51.5818
	형태부	1,520	39.4388

일반소설이 일반언어 텍스트 중에서 의미부 비율이 가장 낮게 나타나기는 하지만 다른 일반언어 텍스트와 큰 차이는 보이지 않는다. 그리고 인터넷신문은 통신언어가 사용된 텍스트 중에서 가장 높은 의미부 사용률을 보인다. 인터넷신문에서 의미부 비율이 높은 것은 신문기사라는 텍스트의 특성으로 보인다. 그러나 일반소설이 표기 방식에서 규범을 준수할 필요가 없음에도 형태부가 인터넷 신문보다 높은 비율을 보인다는 것은 통신언어에서 그만큼 형태부가 약화된 것으로 볼 수 있다.

음소 빈도를 대조하여보기로 하겠다.

[표 4-60] 일반소설과 인터넷신문 음소 빈도

일반소설	초성	ㄱ	ㄲ	ㄴ	ㄷ	ㄸ	ㄹ	ㅁ	ㅂ	ㅃ	ㅅ				
		809	68	597	653	62	466	310	244	15	469				
		ㅆ	ㅇ	ㅈ	ㅉ	ㅊ	ㅋ	ㅌ	ㅍ	ㅎ	합계				
		23	1,591	411	30	113	40	80	46	292	6,319				
	중성	ㅏ	ㅐ	ㅑ	ㅒ	ㅓ	ㅔ	ㅕ	ㅖ	ㅗ	ㅘ	ㅙ			
		1,495	334	50	2	727	256	258	12	600	79	7			
		ㅚ	ㅛ	ㅜ	ㅝ	ㅞ	ㅟ	ㅠ	ㅡ	ㅢ	ㅣ	합계			
		47	51	366	30	1	46	15	946	82	915	6,319			
	종성	ㄱ	ㄲ	ㄴ	ㄷ	ㄹ	ㅁ	ㅂ	ㅅ	ㅆ	ㅇ	ㅈ	ㅊ	ㅋ	ㅌ
		238	5	842	20	606	197	61	120	295	261	19	14		13
		ㅍ	ㅎ	ㄳ	ㄵ	ㄶ	ㄺ	ㄻ	ㄼ	ㄽ	ㄾ	ㄿ	ㅀ	ㅄ	합계
		20	20		6	22	7	3	3				2	29	2,803

인터넷신문	초성	ㄱ	ㄲ	ㄴ	ㄷ	ㄸ	ㄹ	ㅁ	ㅂ	ㅃ	ㅅ				
		809	41	360	620	64	352	290	202	18	403				
		ㅆ	ㅇ	ㅈ	ㅉ	ㅊ	ㅋ	ㅌ	ㅍ	ㅎ	합계				
		28	971	411	21	122	14	48	42	369	5,185				
	중성	ㅏ	ㅐ	ㅑ	ㅒ	ㅓ	ㅔ	ㅕ	ㅖ	ㅗ	ㅘ	ㅙ			
		1,336	258	42	3	528	219	227	16	577	68	11			
		ㅚ	ㅛ	ㅜ	ㅝ	ㅞ	ㅟ	ㅠ	ㅡ	ㅢ		합계			
		71	43	357	39		20	9	580	52	729	5,185			
	종성	ㄱ	ㄲ	ㄴ	ㄷ	ㄹ	ㅁ	ㅂ	ㅅ	ㅆ	ㅇ	ㅈ	ㅊ	ㅋ	ㅌ
		248	4	807	15	391	125	66	58	81	293	6	7		15
		ㅍ	ㅎ	ㄳ	ㄵ	ㄶ	ㄺ	ㄻ	ㄼ	ㄽ	ㄾ	ㄿ	ㅀ	ㅄ	합계
		9	25			34	1	2	1				1	21	2,210

음소빈도는 일반소설이 초성 ‘ㅇ’, ‘ㄱ’, ‘ㄷ’, ‘ㄴ’, ‘ㅅ’, 중성 ‘ㅏ’, ‘ㅡ’, ‘ㅣ’, ‘ㅓ’, ‘ㅗ’, 종성 ‘ㄴ’, ‘ㄹ’, ‘ㅆ’, ‘ㅇ’, ‘ㄱ’의 순으로 인터넷신문이 초성 ‘ㅇ’, ‘ㄱ’, ‘ㄷ’, ‘ㅈ’, ‘ㅅ’, 중성 ‘ㅏ’, ‘ㅣ’, ‘ㅡ’, ‘ㅗ’, ‘ㅓ’, 종성 ‘ㄴ’, ‘ㄹ’, ‘ㅇ’, ‘ㄱ’, ‘ㅁ’의 순으로 높은 사용빈도가 나타난다. 여기서도 상위 고빈도 음소의 차이는 거의 보이지 않는다. 초성의 ‘ㄴ’과 ‘ㅈ’도 각각 상대 텍스트에서 7위의 빈도를 보인다. 중성도 순위만 바뀌었을 뿐 순위에 나타난 음소는 동일하다.

중성에서 다른 텍스트의 대조와 마찬가지로 인터넷신문에서 ‘ㅕ’가 높은 사용률을 보이고 있다. 일반소설에서 종성 상위빈도에 ‘ㅆ’이 포함된 것은 소설 텍스트가 과거형 문장을 중심으로 작성되었기 때문이다.

일반소설에서 종성 ‘ㅋ’, ‘ㄳ’, ‘ㄽ’, ‘ㄾ’, ‘ㄿ’과 인터넷신문에서 중성 ‘ㅞ’ 종성 ‘ㅋ’, ‘ㄳ’, ‘ㄵ’, ‘ㄽ’, ‘ㄾ’, ‘ㄿ’은 전혀 사용되지 않았다. 인터넷신문이 사용되지 않는 음소가 더 많이 보이고 있다. 중성의 ‘ㅞ’도 입력의 불편함에 의해 사용이 없는 것으로 볼 수 있다.

겹자음, 이중모음의 사용비율을 보면 일반소설에서 초성 겹자음 비율은 3.1334%, 중성의 이중모음 비율은 31.9657%, 종성의 겹자음 비율은

13.2714%로 나타나고, 인터넷신문에서 초성 겹자음 비율은 3.3172%, 중성의 이중모음 비율은 14.5998%, 종성의 겹자음 비율은 6.5610%로 나타난다. 일반언어 텍스트와 통신언어 텍스트 초성에서 겹자음 사용 비율이 비슷하게 나타나고 있다. 일반소설은 표준적인 표기 체계를 고려하지 않은 글쓰기이고, 인터넷신문은 표준적인 표기 체계를 고려한 통신언어이다. 따라서 초성에서 된소리 차이가 크게 나타나지 않는 것으로 생각할 수 있다. 그러나 중성과 종성에서 음소의 이중표기는 통신언어에서 낮게 나타나 통신언어가 이중모음이나 종성을 약화시키고 있음을 보여준다.

[표 4-61] 초성 : 중성 : 종성 비율

일반소설	초성 음소수	6,319 40.9235%	중성 음소수	6,319 40.9235%	종성 음소수	2,803 18.1529%	전체 음소수	15,441
	초성 : 중성 : 종성				1 : 1 : 0.4435			
인터넷신문	초성 음소수	5,185 41.2162%	중성 음소수	5,185 41.2162%	종성 음소수	2,210 17.5675%	전체 음소수	12,580
	초성 : 중성 : 종성				1 : 1 : 0.4262			

일반소설이 종성비율이 다른 일반언어 텍스트에 비해 가장 낮음에도 불구하고 통신언어가 사용된 인터넷신문보다 높게 나타난다. 여기서도 통신언어가 생략이나 연철에 의해 종성이 없는 음절을 더 많이 사용하고 있는 것이다.

마지막으로 일반소설과 전자게시판문을 대조해보겠다.

[표 4-62] 일반소설과 전자게시판문 대분류별 고빈도 형태소

대분류	일반신문			전자게시판문		
	소분류	빈도	백분율	소분류	빈도	백분율
체 언	명 사	1,095	22.3604	명 사	68	22.8185
용 언	동 사	469	9.5772	동 사	25	8.3892
수식언	부 사	189	3.8594	부 사	66	2.519

독립언	감탄사	6	0.1225	감탄사	4	1.3422
관계언	부사격조사	231	4.7171	보조사	7	2.3489
의존형태	연결어미	407	8.3112	연결어미	27	9.0604
기 호	마침표, 물음표, 느낌표	234	4.7784	따옴표, 괄호표, 줄표	14	4.6979

일반소설과 전자게시판문에서 나타나는 형태소의 차이는 관계언과 기호에서 차이이다. 기호는 통신언어가 문장종결기호를 다른 기호로 대체하고 있다는 것을 보여준다. 그리고 역시 전자게시판문에 이모티콘(8회, 2.6845%) 사용이 차이로 보인다. 관계언에서 나타나는 차이를 살펴보기 위해 두 텍스트의 관계언을 보기로 하겠다.

[표 4-63] 일반소설과 전자게시판문 관계언

분 류			일반소설		전자게시판문	
			빈도	백분율	빈도	백분율
관계언	격조사	주격조사 JKS	137	2.7976	6	2.0134
		보격조사 JKC	0	0	0	0
		관형격조사 JKG	78	1.5928	0	0
		목적격조사 JKO	197	4.0228	3	1.0067
		부사격조사 JKB	231	4.7171	6	2.0134
		호격조사 JKV	1	0.0204	0	0
		인용격조사 JKQ	0	0	0	0
	보 조 사 JX		209	4.2679	7	2.3489
	접속조사 JC		8	0.1633	1	0.3355

관계언을 보면 서로 부사격조사와 보조사의 순위가 바뀌었다. 소설이 부사격조사를 많이 사용하고 있다는 것을 고려하면 이러한 순서의 바뀜은 이해될 수 있는 것이다. 전자게시판문의 경우 전체적인 형태소 수도 적을 뿐만 아니라 사용된 관계언의 비율을 보아도 일반소설에 비해 매우 낮다. 관계언만 고려할 경우 형태소의 분포가 서로 유사하게 나타나

고 있다. 형태소 빈도 대조를 통하여 통신언어와 일반언어를 구분하는 것은 텍스트의 특성을 배제하면 유사하게 나타나는 것으로 생각된다.

[표 4-64] 의미부와 형태부 비율

텍스트	분 류	빈 도	백분율
일반소설	의미부	2,398	48.9681
	형태부	2,182	44.5571
전자게시판문	의미부	154	51.6771
	형태부	101	33.8910

다른 일반언어와 통신언어의 대조와 마찬가지로 통신언어에서 형태부의 사용률이 낮다. 전자게시판문은 통신언어 표현이 가장 자유로운 유형이다. 형태부를 약화시키고 의미부를 강화하여 변이된 어휘로 의미전달이 가능하게 만드는 것이다.

[표 4-65] 일반소설과 전자게시판문 음소 빈도

일반소설	초성	ㄱ	ㄲ	ㄴ	ㄷ	ㄸ	ㄹ	ㅁ	ㅂ	ㅃ	ㅅ				
		809	68	597	653	62	466	310	244	15	469				
		ㅆ	ㅇ	ㅈ	ㅉ	ㅊ	ㅋ	ㅌ	ㅍ	ㅎ	합계				
		23	1,591	411	30	113	40	80	46	292	6,319				
	중성	ㅏ	ㅐ	ㅑ	ㅒ	ㅓ	ㅔ	ㅕ	ㅖ	ㅗ	ㅘ	ㅙ			
		1,495	334	50	2	727	256	258	12	600	79	7			
		ㅚ	ㅛ	ㅜ	ㅝ	ㅞ	ㅟ	ㅠ	ㅡ	ㅢ	ㅣ	합계			
		47	51	366	30	1	46	15	946	82	915	6,319			
	종성	ㄱ	ㄲ	ㄴ	ㄷ	ㄹ	ㅁ	ㅂ	ㅅ	ㅆ	ㅇ	ㅈ	ㅊ	ㅋ	ㅌ
		238	5	842	20	606	197	61	120	295	261	19	14		13
		ㅍ	ㅎ	ㄳ	ㄵ	ㄶ	ㄺ	ㄻ	ㄼ	ㄽ	ㄾ	ㄿ	ㅀ	ㅄ	합계
		20	20		6	22	7	3	3				2	29	2,803

전자게시판문	초성	ㄱ	ㄲ	ㄴ	ㄷ	ㄸ	ㄹ	ㅁ	ㅂ	ㅃ	ㅅ				
		45	5	42	47	6	16	25	19	3	32				
		ㅆ	ㅇ	ㅈ	ㅉ	ㅊ	ㅋ	ㅌ	ㅍ	ㅎ	합계				
		1	71	33	1	9	9	7	2	22	397				
	중성	ㅏ	ㅐ	ㅑ	ㅒ	ㅓ	ㅔ	ㅕ	ㅖ	ㅗ	ㅘ	ㅙ			
		90	20	2		36	19	29		42	2				
		ㅚ	ㅛ	ㅜ	ㅝ	ㅞ	ㅟ	ㅠ	ㅡ	ㅢ	ㅣ	합계			
		1	7	25	2		6	2	40	1	64	388			
	종성	ㄱ	ㄲ	ㄴ	ㄷ	ㄹ	ㅁ	ㅂ	ㅅ	ㅆ	ㅇ	ㅈ	ㅊ	ㅋ	ㅌ
		16		48		37	14	8	1	16	20		1		2
		ㅍ	ㅎ	ㄳ	ㄵ	ㄶ	ㄺ	ㄻ	ㄼ	ㄽ	ㄾ	ㄿ	ㅀ	ㅄ	합계
			1			2								2	168

음소빈도를 보면 일반소설은 초성 'ㅇ', 'ㄱ', 'ㄷ', 'ㄴ', 'ㅅ', 중성 'ㅏ', 'ㅡ', 'ㅣ', 'ㅓ', 'ㅗ', 종성 'ㄴ', 'ㄹ', 'ㅆ', 'ㅇ', 'ㄱ'의 순으로 빈도가 나타나고 전자게시판문은 초성 'ㅇ', 'ㄷ', 'ㄱ', 'ㄴ', 'ㅈ', 중성 'ㅏ', 'ㅣ', 'ㅗ', 'ㅡ', 'ㅓ', 종성 'ㄴ', 'ㄹ', 'ㅇ'의 순이고 'ㄱ'과 'ㅆ'이 같은 빈도를 보인다. 상위 빈도의 음소가 동일하게 나타난다.

전자게시판문 초성에서 'ㄷ'의 빈도가 높은 것은 'ㅈ'이 'ㄷ'으로 변이되는 현상에 의한 것이다. 'ㅅ'보다 'ㅈ'이 상위빈도로 사용된 것은 통신언어에서 치음 'ㅅ'이 유성음화한 것으로 보인다. 'ㅅ'음을 부드럽게 하여 음성대화에서 나타나는 음감을 문자로 표현한 것이다. 전자게시판문에서 중성 'ㅕ'의 사용이 높은 것도 앞서 논했듯이 'ㅛ'가 'ㅕ'로 변이되는 과정에서 나타난 결과로 보인다.

일반소설의 종성 'ㅋ', 'ㄳ', 'ㄽ', 'ㄾ', 'ㄿ'와 전자게시판문의 중성 'ㅒ', 'ㅖ', 'ㅙ', 'ㅞ'와 종성 'ㄲ', 'ㄷ', 'ㅈ', 'ㅋ', 'ㅍ', 'ㄳ', 'ㄵ', 'ㄺ', 'ㄻ', 'ㄼ', 'ㄽ', 'ㄾ', 'ㄿ', 'ㅀ'은 사용되지 않았다. 비사용 음소에서 많은 차이를 보이는 것은 분석된 텍스트의 양에서 나타나는 차이로 볼 수도 있지만 일반언어와 통신언어의 근본적인 차이로 볼 수도 있다. 통신언어가 표기에 음소의 제한을 두지 않는 다는 것은 앞서 논한 바 있다. 그러나 근본적으로 표기를 간략화하는 경제원리가 적용되고 있다고 보는 것이 타당하다. 의식되지 않은 표기에서는 언어 경제원리가 적용되고, 의식적인 표기를 하면 간략화가 적용되기는 하지만 다양한 음소를 활용하여 표기하는 것이다.

초성 겹자음 사용은 일반소설에서 3.1334%, 전자게시판문에서 4.0302%으로 통신언어가 초성에서 의미강화를 위한 된소리표기가 많은 것으로 나타났다. 중성 이중모음 사용은 일반소설이 31.9657%, 전자게시판문이 12.6288%으로 통신언어가 음소를 이중으로 표기하는 것을 기피하고 있다. 종성 겹자음 사용도 마찬가지여서 일반소설이 13.2714%, 전자게시판문이 11.9047%로 통신언어는 글자판을 이용한 문자입력을 단순화하고 있는 것으로 보인다. 이러한 이중모음이나 겹자음의 입력은 같은 손을 사용하여 조합해야하기 때문에 양손을 한번씩 번갈아 글자판을 두드리면서 입력의 효율을 높이는 것이다.

[표 4-66] 초성 : 중성 : 종성 비율

일반소설	초성 음소수	6,319 40.9235%	중성 음소수	6,319 40.9235%	종성 음소수	2,803 18.1529%	전체 음소수	15,441
	초성 : 중성 : 종성				1 : 1 : 0.4435			
전자 게시판문	초성 음소수	397 41.6579%	중성 음소수	388 40.7135%	종성 음소수	168 17.6285%	전체 음소수	953
	초성 : 중성 : 종성				1 : 0.9773 : 0.4231			

통신언어가 초성 : 중성이 1 : 1로 대응되지 않음으로 차이를 나타내고 있다. 통신언어는 모음을 생략하고도 의미전달이 가능한 언어라는 것은 앞서 논한 바 있다. 종성의 사용도 일반소설이 일반언어 텍스트 중에서 가장 낮음에도 불구하고 전자게시판문에서 종성의 사용률이 더 낮게 나타난다. 특히 전자게시판문의 종성 사용률은 통신언어 텍스트 중 가장 낮기 때문에 어떠한 의도를 가지지 않고 무의식적으로 음성대화를 문자화하는 과정에서 표기를 간략화하고 있다는 것을 알 수 있다.

4.4 텍스트 분석 종합

일반언어와 통신언어 텍스트 전체를 종합하여 대조하여 보겠다. 앞에서 논한 대로 형태소와 음소 빈도에 음절어 빈도를 더하여 대조하기로 하겠다.

[표 4-67] 형태소 빈도

형태소 분류			일반언어 텍스트		통신언어 텍스트	
			빈도	백분율	빈도	백분율
체언	명 사	일반명사 NNG	1,936	21.5130	2.082	20.3882
		의존명사 NNB	309	3.4333	298	2.9178
		고유명사 NNP	132	1.4666	162	1.5862
		명사범주 NF	4	0.0444	99	0.9693
	대 명 사 NP		214	2.3777	211	2.0659
	수 사 NR		13	0.1444	25	0.2447
용언	동 사 VV		725	8.0555	703	6.8833
	형 용 사 VA		240	2.6666	242	2.3695
	보조용언 VX		244	2.7111	209	2.0464
	지정사	긍정지정사 VCN	16	0.1777	26	0.2545
		부정지정사 VCP	146	1.6222	248	2.4282
	용언범주 NV		3	0.0333	127	1.2435
수식언	관형사	관형사 MM	125	1.3888	159	1.5568
		관형사범주 NMM	0	0	4	0.0391
	부사	일반부사 MAG	255	2.8333	333	3.2605
		접속부사 MAJ	61	0.6777	71	0.6951
		부사범주 NMA	0	0	32	0.3133
독립언	감 탄 사 IC		6	0.0666	40	0.3916
관계언	격조사	주격조사 JKS	249	2.7666	294	2.8786
		보격조사 JKC	1	0.0111	0	0

관계언	격조사	관형격조사 JKG	163	1.8111	146	1.4295
		목적격조사 JKO	357	3.9666	262	2.5653
		부사격조사 JKB	418	4.6444	372	3.6424
		호격조사 JKV	1	0.0111	1	0.0097
		인용격조사 JKQ	4	0.0444	5	0.0489
	보 조 사 JX		372	4.1333	399	3.9067
	접속조사 JC		43	0.4777	41	0.4014
의존형태	어 미	선어말어미 EP	293	3.2555	219	2.1443
		종결어미 EF	386	4.2888	409	4.0046
		연결어미 EC	680	7.5555	768	7.5198
		명사형전성어미 ETN	49	0.5444	54	0.5287
		관형형전성어미 ETM	541	6.0111	507	4.9642
	접두사	체언접두사 XPN	6	0.0666	12	0.1174
	접미사	명사파생접미사 XSN	111	1.2333	146	1.4295
		동사파생접미사 XSV	185	2.0555	185	1.8114
		형용사파생접미사 XSA	69	0.7666	96	0.9399
		부사파생접미사 XSB	1	0.0111	0	0
	어 기 XR		37	0.4111	57	0.5581
기호	마침표, 물음표, 느낌표 SF		365	4.0555	374	3.6619
	쉼표, 가운뎃점, 콜론, 빗금 SP		76	0.8444	92	0.9008
	따옴표, 괄호표, 줄표 SS		85	0.9444	257	2.5164
	줄임표 SE		2	0.0222	258	2.5261
	붙임표(물결, 숨김, 빠짐) SO		0	0	1	0.0097
	외국어 SL		12	0.1333	31	0.3035
	한자 SH		0	0	0	0
	기타기호 SW		0	0	4	0.0391
	숫자 SN		65	0.7222	68	0.6658
	이모티콘 EI		0	0	84	0.8224
합 계			9,000	100.0000	10,213	100.0000

체언은 두 텍스트 모두 전체 텍스트에서 가장 많은 비중을 차지하고 있다. 그중 명사가 가장 많이 사용되고 있음을 알 수 있다. 명사 중에서도 일반명사, 의존명사, 고유명사의 순으로 사용빈도를 보인다. 의존명사는 통신언어가 분석에 사용된 형태소 수가 많음에도 불구하고 일반언어보다 적게 사용되었는데 이는 통신언어가 일반언어에 비해 의존명사의 사용이 적음을 나타낸다. 의존명사는 다른 형태소와 어울려 의미를 이루는데 의미부를 강화하는 통신언어에서는 상대적으로 사용이 적은 것으로 보인다. 명사범주의 경우 조사 등과 어울려 형태소를 구분하기 힘든 경우인데 축약이나 연철이나 후행 초성이 선행 종성으로 사용되는 경우가 많은 통신언어가 절대적으로 많음을 보여준다. 이는 용언의 경우도 마찬가지이다.

용언의 형태소 빈도도 두 텍스트가 비슷한 분포를 보이나 용언범주의 경우 절대적으로 통신언어가 많이 나타나고 있다. 체언과 용언의 경우 전체 형태소에서 차지하는 비율이 비슷하게 나타난다.

수식언의 경우 일반언어보다 통신언어에서 조금 더 높은 비율을 보인다.(일반언어 4.8998% : 통신언어 5.8648%) 또한 독립언, 감탄사는 통신언어가 일반언어보다 더 많이 사용되고 있다.(일반언어 6회 0.0666% : 통신언어 40회 0.3916%) 이모티콘 등으로 감정표현이 자유로운 통신언어에서 굳이 감탄사가 많이 사용되는 것은 특이한 일이다. 그러나 이모티콘이 여러 기호를 조합해야하는 번거로움이 있기에 문자로 쉽게 표현할 수 있는 감탄사가 많이 사용되는 것으로 보인다.

관계언의 경우 통신언어가 형태소의 수가 더 많음에도 불구하고 일반언어에서 더 높은 사용률을 보이고 있다(일반언어 17.8663% : 통신언어 14.8825%). 통신언어가 일반언어보다 조사의 사용이 더 적은 것으로 나타난다. 이것은 명사범주나 용언범주처럼 명사나 동사의 어간과 결합되어 하나의 형태소로 구분한 어휘가 많기 때문이기도 하지만 기본적으로 통신언어가 일반언어에 비해 조사를 적게 사용하는 것으로 볼 수 있다. 관계언에서 특이할 만한 것은 일반언어는 부사격조사, 보조사, 목적격조사, 주격조사의 순으로 빈도가 높게 나타나는데, 통신언어는 보조사, 부사격조사, 주격조사, 목적격조사의 순서로 높게 나타난다. 특히 부사격조사와 목적격조사의 차이가 크다. 이것은 통신언어에서 부사격조사나 목적격조사가 덜 사용되고 있음을 보여주는 것이다. 특히 목적격조사의 경우 체언과 결합하면서 종성 'ㄹ'로 변화하여 다른 형태소로 분석되었기 때문으로 보인다. 다른 형태소와 결합하는 의존형태 역시 마찬가지이다.

의존형태도 일반언어가 통신언어보다 많은 사용률을 보인다.(일반언어 26.1995% : 통신언어 24.0179%) 그러나 체언이나 어간과의 결합을 고려한다 하더라도 통신언어에서 의존형태의 사용이 적다. 관계언과 의존형태의 대조를 통해 통신언어가 한국어의 첨가어적인 요소를 덜 사용하는 것을 알 수 있다.

기호를 대조해보면 통신언어가 일반언어보다 두 배에 가까운 사용률을 보인다.(일반언어 6.7220% : 통신언어 11.4457%) 통신언어의 경우 따옴표, 괄호표, 줄표, 줄임표 등의 사용에서 큰 차이를 보인다. 통신언어가 문장표현에 있어서 각종 기호를 더 많이 사용하는 것이다. 이모티콘을 따로 계산하였음에도 불구하고 이런 차이가 나타나는 것은 통신언어가 기호도 형식에 맞추어 사용한 것이 아님을 보여준다. 문장을 작성할 당시 그때 그때에 따라서 사용자의 편의대로 사용하고 있는 것이다. 특히 줄임표의 경우 마침표를 대신하여 사용되는 경우가 많다. 일반적으로 '…'의 형태를 취하나 통신언어에서는 '...'의 형태로도 나타나며, 점의 숫자도 분석에 이용된 텍스트만 한정하여 볼 경우 최대 12개까지 보이고 있다.

일반언어와 통신언어의 의미부와 형태부 비율을 보면 다음과 같다.

[표 4-68] 의미부와 형태부 비율

	일반언어		통신언어	
	빈 도	백분율	빈 도	백분율
의미부	4,429	49.2103	5,071	49.6514
형태부	3,966	44.0658	3,973	38.9004

통신언어에서 관계언이나 의존형태의 비율이 더 적다는 것을 앞의 형태소 대조에서 논했다. 그런 결과가 의미부와 형태부 대조에서도 나타났다. 의미부의 비율도 통신언어가 일반언어에 비해 근소하게 높게 나타나 형태부가 의미부 범주에 결합되거나 생략되었음을 알 수 있다. 결국 통신언어는 의미를 강화시키고 형식을 약화시킨 언어라고 할 수 있을 것이다. 이것은 음성언어를 문자화하는 과정에서 비롯되기도 하지만 그 문자화의 과정이 컴퓨터 자판을 두드리는 단조로운 작업이라는 점이기 때문에 단조로운 작업을 단순화시킨 것으로 생각된다. 그럼에도 의미부가 일반언어에 비해 확연히 높은 비율을 보이지 않는 것은 이모티콘 등 기호의 사용에 의한 것으로 보인다. 기호를 사용하여 어떠한 형식을 표현하는 것이 아니라 의미를 전달하고 있는 것이다.

음절어 빈도를 보면 다음과 같다.

[표 4-69] 음절어 빈도

음절수	일반언어		통신언어	
	빈도	백분율(%)	빈도	백분율(%)
1음절어	382	9.0822	462	9.9761
2음절어	1,400	33.2857	1,248	27.1152
3음절어	1,454	34.5696	1,562	33.9621
4음절어	644	15.3114	843	18.2840
5음절어	238	5.6585	383	8.2535
6음절어	55	1.3076	88	1.8208
7음절어	22	0.5230	24	0.4253
8음절어	3	0.0713	9	0.0982
9음절어	5	0.1188	1	0.0218
10음절어	2	0.0475	2	0.0436
11음절어	0	0	0	0
12음절어	1	0.0237	0	0
합 계	4,205	100.0000	4,586	100.0000

음절어 빈도를 보면 일반언어와 통신언어가 분포상 큰 차이를 보이지 않고 있다. 통신언어가 축약형을 많이 사용하기 때문에 일반언어보다 다음절어의 사용이 적을 것이라 가정할 수 있다. 그런데 분석된 결과는 이런 가정이 잘못된 것이라는 것을 보여준다. 단음절어가 통신언어에서 높게 나타나기는 하지만 6, 7, 8음절어 비율도 통신언어가 더 높게 나타난다. 9음절 이상은 일반언어가 더 많지만 전체에서 차지하는 비중이 별로 높지 않아 통신언어와 일반언어의 차이를 보여주기에는 미흡하다. 따라서 통신언어가 음절을 축약하기 때문에 음절수가 적은 단어를 사용하는 것은 아니다. 통신언어가 의존명사나 보조사, 보조용언 등 문장에서 단독으로 의미를 갖지는 못하지만 띄어쓰기로 단어를 구분해야 할 형태소를 의미가 연결되는 단어와 붙여서 표기하는 것으로 생각된다. 이 때 붙여쓰는 형태소는 붙여 표기하였을 때 5음절어 이하일 때 많이 나타나는 것으로 보인다. 통신언어의 음절어 빈도가 5음절어 이하와 6음절어 이상에서 명확한 차이가 나타나기 때문이다. 통신언어가 5음절어 이하 어휘의 경우 띄어쓰기 원칙을 적용하지 않는 것으로 생각할 수 있다.

음소 빈도를 보면 다음과 같다.

[표 4-70] 음소 빈도

초성	일반언어	ㄱ	ㄲ	ㄴ	ㄷ	ㄸ	ㄹ	ㅁ	ㅂ	ㅃ	ㅅ	
		1,499	95	908	1,194	103	834	520	465	22	982	
		ㅆ	ㅇ	ㅈ	ㅉ	ㅊ	ㅋ	ㅌ	ㅍ	ㅎ	합계	
		39	2,822	888	37	246	60	149	100	779	11,742	
	통신언어	ㄱ	ㄲ	ㄴ	ㄷ	ㄸ	ㄹ	ㅁ	ㅂ	ㅃ	ㅅ	
		1,857	116	982	1,397	139	875	750	539	42	1,054	
		ㅆ	ㅇ	ㅈ	ㅉ	ㅊ	ㅋ	ㅌ	ㅍ	ㅎ	합계	
		130	2,852	1,122	48	312	69	176	115	898	13,463	
중성	일반언어	ㅏ	ㅐ	ㅑ	ㅒ	ㅓ	ㅔ	ㅕ	ㅖ	ㅗ	ㅘ	ㅙ
		2,698	626	93	2	1,330	493	470	33	1,137	198	14
		ㅚ	ㅛ	ㅜ	ㅝ	ㅞ	ㅟ	ㅠ	ㅡ	ㅢ	ㅣ	합계
		149	111	757	73	4	105	35	1,599	188	1,627	11,742

중성	통신언어	ㅏ	ㅐ	ㅑ	ㅒ	ㅓ	ㅔ	ㅕ	ㅖ	ㅗ	ㅘ	ㅙ			
		3,185	637	81	6	1,462	623	654	41	1,288	172	24			
		ㅚ	ㅛ	ㅜ	ㅝ	ㅞ	ㅟ	ㅠ	ㅡ	ㅢ	ㅣ	합계			
		161	122	919	85	3	76	40	1,613	158	2,115	13,454			
종성	일반언어	ㄱ	ㄲ	ㄴ	ㄷ	ㄹ	ㅁ	ㅂ	ㅅ	ㅆ	ㅇ	ㅈ	ㅊ	ㅋ	ㅌ
		587	8	1,617	29	1,115	359	127	186	433	647	29	20		29
		ㅍ	ㅎ	ㄳ	ㄵ	ㄶ	ㄺ	ㄻ	ㄼ	ㄽ	ㄾ	ㄿ	ㅀ	ㅄ	합계
		41	38		6	34	14	10	6				3	52	5,390
	통신언어	ㄱ	ㄲ	ㄴ	ㄷ	ㄹ	ㅁ	ㅂ	ㅅ	ㅆ	ㅇ	ㅈ	ㅊ	ㅋ	ㅌ
		599	11	2,105	35	1,103	396	168	175	280	753	18	17		44
		ㅍ	ㅎ	ㄳ	ㄵ	ㄶ	ㄺ	ㄻ	ㄼ	ㄽ	ㄾ	ㄿ	ㅀ	ㅄ	합계
		22	40		5	54	4	2	2				3	48	5,883

초성의 고빈도 음소를 보면 일반언어는 ‘ㅇ’, ‘ㄱ’, ‘ㄷ‘, ’ㅅ‘, ’ㄴ‘, ’ㅈ‘이, 통신언어는 ‘ㅇ’, ‘ㄱ’, ‘ㄷ’, ‘ㅈ’, ‘ㅅ’, ‘ㄴ’이 상위빈도를 나타낸다. 상위빈도를 나타내는 음소가 동일하게 나타난다. 통신언어에서 ‘ㅈ’의 빈도가 높은 것은 의미 강조를 위한 청각적 인상에 변이를 주기 위해 ‘ㅅ’을 유성음화 하였기 때문으로 생각된다. 초성의 홑자음과 겹자음 비율은 일반언어 1,1446(97.4791%) : 296(2.5208%), 통신언어는 12,988(96.4718%) : 475(3.5281%)로 통신언어에서 겹자음의 사용률이 높게 나타난다. 통신언어가 청각적 인상이 강한 된소리를 초성에 많이 쓰고 있음을 알게 해 주는 것이다.

중성의 고빈도 음소를 보면 일반언어는 ‘ㅏ’, ‘ㅣ’, ‘ㅡ’, ‘ㅓ’, ‘ㅗ’, ‘ㅜ’가, 통신언어는 ‘ㅏ’, ‘ㅣ’, ‘ㅡ’, ‘ㅓ’, ‘ㅗ’, ‘ㅜ’로 상위빈도 음소뿐만 아니라 순서도 완전히 동일하게 나타난다. 그러나 중성에서 ‘ㅕ’의 사용빈도수가 큰 차이를 보이는 것은 통신언어 어말어미에서 ‘ㅕ’가 많이 사용되기 때문으로 보인다. 중성의 경우 초성이나 종성과는 달리 글을 이루는 중심이기 때문에 일반언어든 통신언어든 한국어 사용에 동일하게 나타나는 것으로 보인다. 중성의 이중모음의 사용률은 일반언어가 9,857(83.9465%) : 1,885(16.0534%)이고, 통신언어가 11,468(85.2385%) : 1,986(14.7614%)로 통신언어보다 일반언어에서 이중모음의 사용이 더 많음을 알 수 있다. 통신언어에서 이중모음 입력의 불편함이 이러한 결과를 나타낸 것 같다. 또한 음성언어에서 이중모음이 명확하게 발음되지 않고 단모음으로 약화되어 발음되는데 통신언어가 음성언어를 문자화한 것이기 때문에 이중모음의 사용이 더 낮게 나타나는 것으로 볼 수 있다.

종성의 고빈도 음소를 보면 일반언어는 'ㄴ', 'ㄹ', 'ㅇ', 'ㄱ', 'ㅆ', 'ㅁ'이, 통신언어는 'ㄴ', 'ㄹ', 'ㅇ', 'ㄱ', 'ㅁ', 'ㅆ'이 상위빈도를 나타난다. 종성의 상위빈도 음소 역시 동일하게 나타난다. 'ㅆ'의 경우 과거시제 선어말어미인 '-았-, -었-' 사용에 의해 고빈도로 나타난 것으로 보인다. 다만 통신언어에서 'ㅆ'이 'ㅅ'으로 표기가 축약되는 것이 아니라 'ㅆ'이 그대로 사용되고 있다. 이것은 분석에 이용한 텍스트가 의식적으로 글쓰기 한 텍스트의 분량이 많기 때문으로 생각된다. 신문기사나 소설의 경우가 그러하다. 어떠한 목적의식을 가지고 글쓰기를 하는 경우 통신언어의 특징이 약화되어 나타난다고 볼 수 있다. 이것은 통신언어로 인한 혼란에 대한 우려를 조금 가라앉혀 준다. 그러나 종성에서 홑자음과 겹자음의 비율은 일반언어는 4824(89.4990%) : 566(10.5009%)로, 통신언어는 5474(93.0477%) : 409(6.9522%)로 통신언어보다 일반언어가 종성에서 겹자음을 더 많이 사용하고 있는 것으로 나타난다. 아무리 의식적인 글쓰기라 하더라도 통신언어의 특성이 완전히 배제되지 않고 있음을 알 수 있다.

[표 4-71] 초성 : 중성 : 종성 비율

일반언어	초성 음소수	11,742 (40.6663%)	중성 음소수	11,742 (40.6663%)	종성 음소수	5,390 (18.6673%)
	전체 음소수			28,874		
	초성 : 중성 : 종성			1 : 1 : 0.4590		
통신언어	초성 음소수	13,463 (41.0457%)	중성 음소수	13,454 (41.0182%)	종성 음소수	5,883 (17.9359%)
	전체 음소수			32,800		
	초성 : 중성 : 종성			1 : 0.9993 : 0.4369		

초성, 중성, 종성의 비율을 대조해보면 우선 일반언어는 초성과 중성이 반드시 1 : 1로 대응되는데 비하여 통신언어는 초성과 중성이 반드시 1 : 1로 대응되는 것이 아님을 보여준다. 통신언어가 축약형을 사용함에 있어 모음까지 생략하여 초성과 중성이 1 : 1로 대응되지 않는 것이다. 통신언어는 표기에서 음절을 이루지 못해도 의미전달이 가능한 언어라는 것을 보여주는 결과라 할 수 있다. 종성의 사용률도 통신언어보다 일반언어가 더 높게 나타난다. 이것 역시 통신언어가 축약이나 생략 등 언어경제원리를 충실히 반영함을 알게 해준다.

이상의 분석 결과를 통해 일반언어와 통신언어를 구별하는 특징은 정리하면 다음과 같다.

첫째, 이모티콘의 사용유무이다. 이모티콘은 컴퓨터 통신에서 발생한 순수 컴퓨터 통신언어라고 할 수 있다. 다른 통신언어가 일반언어의 변이형인데 비하여 이모티콘은 컴퓨터 네트워크에서 발생한 것이기 때문이다. 따라서 통신언어와 일반언어를 구분짓는 가장 확실한 징표는 이모티콘이라고 할 수 있다.

둘째, 독립언, 보조사 등 감정을 표현하는 형태소의 사용이 많다는 것이다. 이모티콘도 마찬가지이다. 감탄사, 보조사 등은 객관적 표현보다는 주관적인 정서의 표현에 사용되기 때문에 통신언어 텍스트는 일반언어 텍스트에 비해 객관성이 떨어지는 것을 알 수 있다. 이는 통신언어가 익명성에 의해 자아를 드러내지 않기 때문에 감정적 조절에서 자유롭기 때문으로 보인다. 그리고 통신언어 텍스트는 일반언어 텍스트가 문자언어를 기반으로 하는데 비하여, 컴퓨터라는 매체로 대화하기 위해 문자를 이용하게 된 것이어서 음성언어를 기반으로 하고 있기 때문에 일반언어 텍스트에 비해 감정적인 표현이 더욱 자연스러운 것으로 볼 수 있다.

셋째, 통신언어가 초성에서 된소리 표기가 많이 쓰인다. 통신언어가 음성대화를 문자화하는 과정에서 발생하였기 때문에 음성언어에서 의미의 보조적인 수단으로 사용되는 음량, 음색, 음감 등을 문자에서 표현하기 위한 것이다. 된소리를 사용하여 문자가 전달하는 의미를 보조하여 강화시키고 있는 것이다.

넷째, 중성의 이중모음과 종성 겹자음 또는 종성 전체 사용률이 쓰기 편리를 위해 낮게 나타난다는 것이다. 이것을 통해 통신언어가 초성에서는 된소리로 의미를 강화시키고 이중모음이나 종성을 생략하여 음절을 변이시키고 있음을 알게 해준다. 극단적으로 음절을 이루는 중심이 되는 모음을 생략하여 자음만으로 의미를 전달하기도 한다.

다섯째, 통신언어에서 의미부가 강화되고 형태부가 약화된다. 통신언어는 의미를 중시하는 언어이다. 그렇기 때문에 어휘 형태를 변이시키기도 하는 것이다. 표기 형식에서 일탈하고 의미만 살리는 것이다. 자음만으로 단어를 이루는 것도 같은 이유에서이다. 이런 결과는 통신언어로 인해 한국어의 첨가어적인 특징이 약화되고 있는 것이다.

전반적으로 형태소보다 음소에 의해 통신언어의 특징이 나타나고 있다. 음소의 차이는 통신언어에서 어휘의 형태가 변이되기 때문에 나타나는 것이다. 따라서 통신언어는 결국 어휘 형태변이가 주를 이루고 있는 것이다. 통신언어로 인한 문제도 어휘 형태변이로 인한 문제라고 할 수 있을 것이다.

5. 컴퓨터 통신언어 극복 방안

컴퓨터 통신언어 극복방안을 마련하기 위하여 통신언어의 부정적인 측면과 긍정적인 측면을 먼저 논의하겠다. 통신언어의 양면을 고찰함으로써 극복해야할 문제점이 명확해 질 것이다.

5.1 부정적인 측면

컴퓨터 통신이 한국어에 미치는 부정적인 영향은 크게 두 가지로 생각할 수 있다. 컴퓨터 통신에서 나타나는 언어폭력과 한국어 자체의 형태와 의미가 변질된다는 것이다.

5.1.1 언어폭력

컴퓨터 통신에서 나타나는 첫 번째 문제는 언어폭력이다. 욕설, 비방, 선정적인 언어 등으로 언어폭력이 나타난다. 이러한 언어폭력은 컴퓨터 통신이라는 공간적 배경에서 비롯된 것으로 볼 수 있다 컴퓨터 통산은 익명성의 공간이다. 실명이 아닌 ID로 나를 대신한다. 이러한 익명성은 인간에게 일탈을 부추길 수 있다. 그러한 현상이 컴퓨터 통신 공간상의 언어폭력으로 나타나는 것이다. 누가 했는지 알 수 없기 때문에 현실공간에서와는 달리 언어에 대한 책임감이 사라진다.

언어폭력의 증가는 비속어 사용과 금기되던 성과 관련된 언어 사용의 증가도 보여 사회 전반에 부정적인 영향을 주고 있다.

> 오늘 어쩌다가 일본개새끼들이 한짓을 보았는데 아주 가관이더군요
> 그 좆같은 개새끼들이 별지랄을 다하는군
> 아주 영화를찍으면 대박액션일꺼같군요
> 미국도 쳐죽일놈들이지만 일본에비하면 좆도 없습니다
> 그개새끼들 가서 총으로 죽이지말고 젓갈이나 포크로 죽을때까지 찔러죽여야되요
> 물론 좋은 사람도 많지만 그런거 가리다간 다 살려줄꺼같으니 아주 몰살을 시켜버려야합니닷!
> 우리 유물가져가고 몇십년동안 식민지 삼은걸로 족하지 못해 고문이나하고 심지어 죽이기까지 했습니다. 아유 씨발 이순신 천명만 있었어도 다 디지는건데...
> 아니 어쩌면 차리리 죽는게 날수도있습니다.
> 여자들은 애어른 가릴거없이 강간을 밥먹듯이 합니다! 그 개 좆도 없는 새끼들....
> 하기야 좆이 있었으니 그짓을했겠죠
> 하루에 몇백명이 되는 여자들이 하루에 몇십명에게 강간당했다고 생각해 보십시오
> 아주 좆갔습니다
> 어쨌든 그 개새끼들 기회봐서 다조저 버려야합니다
> 미국도 마찬가지고! 미국은 그 부시 개새끼 !!!!!!!!!!!!!!40)

> 열라 짱나구..재섭다..
> 쵸티 가~!
> 정말..니가 누군지는 몰라두 너 정말루 재수없다..
> 너는 안티..아니냐??
> 병신같은..
> 지랄하구 앉았네..
> 니가 몬데 나한테 답변을 날리냐??

---

40) 「좆같은 개 존만한 일본개새끼들!!」, 안티재팬 사이버시위 게시판, 게시번호 2759, http://www.antijap.net/

난 너한테 답변하라구 안했어..
근데..왜 지 혼자 지랄이야..
오늘은 너땜에 쳐티 비방글.. 안쓸꺼다..
진짜 기분 드러워..
내가 쓴글을 다 보기라두 한모양이구나..
그리구 나에대해 얼마나 안다구..
혼자서 지랄떨지 말구..
내글들..천천히 다~~ 읽어바..
내가 여기까지 어떻게 왔는지..
나두 첨엔 쳐티 옹호하는 입장이었지..
근데..빠순이들이 싫더라구..
지네가 잘난줄 알구..
너 알지도 못하는 주제에 떠들지마..
그리구 나한테 이런 답변 날린거..
최근에는 없었는데..
너같이 병신같은 것이 날리는구나..
똑바로 알어..[41]

'2 대 2 X 같은 매너 게임' '1 대 1 X발 나 여자다 덤벼봐' 등은 점잖은(?) 표현에 속한다.

성행위를 직설적으로 표현하는 저질 '오빠시리즈'에서부터 'XX칠 사람 오시구랴' 'XX와 XX사이' 등 남녀 성기를 묘사한 저속한 언어들이 난무하고 있다. 여기에 김희선, 고소영, 한고은 등 인기 여자 연예인의 이름 뒤에 저속한 언어를 넣은 방이름도 유행하고 있다. 그래도 낮 시간은 좀 괜찮은 편, 심야시간대로 갈수록 차마 입에 담을 수 없는 노골적인 성행위를 묘사한 방제목이 수시로 떠오르고 있다.

서로 보이지 않는 공간이라는 이유로 욕설도 난무하고 있다. 게임 중 아군이나 적군과의 대화 때 'X발'이나 '18', '너 몇 살 쳐먹었냐' 등 욕설을 예사로 사용하며, '2대 2, 좀하는 X들 와라', '3대 3, 아까 그 새끼 다시 와', '1대 1, 어서 들어와 XX놈아', '1대 1, 하자이노무 쉐끼' 등 욕설 투성이의 방제목이 수시로 올라온다.[42]

---

41) 「진짜 짱난다..재수가 없으려니까..」, HOT은퇴운동본부, 비리폭로대 게시판, 게시번호 1114, http://againsthot.tripod.com/
42) 스포츠 조선, 「pc통신에 난무하는 "스타크언어폭력"」, 1999. 9. 28.

컴퓨터 통신 공간상에서의 언어폭력은 단순히 개인적 측면을 떠나 집단적인 현상을 나타내기도 한다. 컴퓨터 통신의 확장성은 손쉽게 동조자를 모집할 수 있고 서로 경쟁적으로 언어폭력을 사용하기도 한다. 더구나 청소년들이 그러한 언어를 배우면서 그들 자신들의 공간에서 그대로 사용하고 있다는 것이 더욱 문제이다. 컴퓨터 통신상에서 자유롭게 비속어를 사용하던 청소년들은 가상 공간과 현실 공간이 점점 밀접하게 연관되는 상황 속에서 자연스럽게 현실 언어활동에서도 그런 비속어를 자연스럽게 사용하게 된다.

> "학생의 잘못을 바로잡으려다가 다음날 인터넷에 뜰 욕설을 생각하고 참아버릴 때가 많습니다."
> "학교 홈페이지는 학교와 학생을 연결하는 매개체가 아니라 인격모독과 불신의 공간이 되어 버렸습니다."[43]

비록 일부에서 자정 노력을 기울이고 있다고는 하나 학생들을 지도해야 하는 교사도 컴퓨터 통신의 언어폭력에 희생당하고 있는 실정이다.

5.1.2 언어 변질

컴퓨터 통신이 한국어에 미치는 또 다른 부정적 영향은 바로 한국어 그 자체의 변질에 있다고 할 수 있다. 통신공간에서 사용되는 한국어는 형태나 의미가 변이되어 일반 언어활동과는 다르게 사용되고 있다. 더구나 이렇게 변질된 언어가 일반언어 활동영역으로 역류되는 것이 문제가 된다.

> "대빵 방가.빠이룽."(아주 반가워요. 안녕.)
> 온라인 채팅방에서 흔히 사용되는 언어들이 오프라인상에 나와 일상적으로 쓰이고 있다. 신조어, 의태어, 변형어, 약어, 은어 등 다양한 온

43) 한국일보, 「'사이버 폭력' 위험 수위 도달, 이래서는 안된다」, 2000. 10. 4.

라인상의 언어 표현들이 오프라인에서 그대로 사용되고 있는 것이다.

30·40대 등 기성세대들은 언뜻 이해하기 어렵다. 뜻은 고사하고 무슨 말인지도, 맞춤법도 모른다.

이처럼 더욱 재미있기를 원하고, 무엇이든 짧고 강렬하게 표현하고 싶어하는 N세대들이 만든 사이버 언어가 오프라인으로 나오고 있다. 이렇듯 온·오프라인에 혼존하는 언어를 '퓨전 용어'라 부른다.[44)]

㉯㉯납,패밀린귀 ⓡⓖ힙?(안녕, 패밀리인거 알지요?)/ 긍?= ⓔ데 ㉯ 서울뤄 뎐학乙 家힙(그런데 이제 나 서울로 전학을 가요)/ 탸콰 뎌응 칭九들乙 ㉯드 설 家힙(착하고 좋은 친구들을 놔두고 서울 가요)/ 굴애 家능귀 ☆上관 없능귀능 亞능뒈힙(그래서 가는데 별 상관 없는 거는 아는데요)/ ⓡ려듀九 싀풔쉬힙 어(그래도 알려주고 싶었어요)'

15세기 언어로 표기된 '용비어천가'나 '월인천강지곡'의 한 문장이 아니다. 현재 인터넷 PC통신 게시판을 통해 네티즌들이 보편적으로 사용하는 문장 중 한 부분이다.[45)]

초창기 컴퓨터 통신에서는 주로 한글의 형태나 의미를 변이시켜 통신언어로 사용하였다. 초기의 대표적인 컴퓨터 통신어의 예로 '-여'나 '방가', '하이루' 등을 들 수 있다. 이들은 이미 현재 일반 언어생활에서도 흔하게 사용되는 어휘이다.

초기의 컴퓨터 통신언어가 채팅 등을 중심으로 한 대화의 개념을 기본으로 하여 발달된 것이라면 현재의 컴퓨터 통신언어는 전자게시판이나 전자우편 등을 매개로 하여 이루어지고 있다. 그렇기 때문에 신속성을 생명으로 하는 대화와는 달리 시각적 효과를 중시하여 한글을 변이시키는 것뿐만 아니라 비문자언어를 포함하여 형태적으로 한글과 비슷하다면 그것으로 그 의미를 전달하고 있다. 아래의 예는 컴퓨터 통신에서 사용되고 있는 극단적인 예 중 일부이다.

鉉⑨㏇②ㅃㅂⓔ△4ⓤ㏇"(친구 많이 사랑하는)
"2뻥Yo"(이뻐요)

44) 스포츠투데이, 「온라인 언어 오프라인 외출 러시」, 2001. 7. 22.
45) 스포츠투데이, 「'탸콰 뎌응 칭九들乙'…한글 맞아?」, 2001. 10. 8.

"번애쥬세孝"(보내주세요)

"어릐 타콰긁 더웅 칭九들乙 ㉯드긐 설릌 家흌"(우리 착하고 좋은 친구들을 놔두고 서울로 가요)

"ズ 1 λざ읍ㅎF_しち흐ロっㅉヴ횾_≥▽≤☆"(지성이 오빠 너무 멋져요)

그나마 이 정도는 어느 정도 해석이 가능하지만 다음의 문장들의 경우 해석조차 불가능하다.

"읍ㅎ°F_ズй_ザウてエ_ϕΓϕノでㅓ_친구등록_ㅎħ㈜λЙㅎゴ_ °"
"요조夙女…♧ 친그등록_ㅎħ㈜λ 1 ㅠうズ 1 홍?_≥▽≤★"
"ㅎḃ㈜λ 1 ㄸй ㅠじズ 1_글올ㄹらし 1 て°F_∽*"
"ㅁЙ휠_ぜつじĦ㈜λ 1 ㅠっズき¿?"

위의 문장을 살펴보면, 한글, 일본의 가나, 로마자, 러시아 키릴문자, 한자 그리고 각종 기호가 사용되었다. 전반적인 문장의 외형만을 보면 한글표기와 매우 유사하다. 한글의 음소와 형태가 비슷한 여러 가지 입력 가능한 음소, 기호들이 사용되었다. 그러나 그 의미의 전달에 있어서는 짐작이 불가능하다.

현재 사용되지 않고 있는 한국어 옛글자를 사용하는 예도 나타난다. 현대 표기로 제한되어 있는 한국어 표현 방법을 풍부하게 만들어 준다라는 긍정적인 면을 고려할 수도 있다. 그러나 위의 예들에서 보면 옛글자의 쓰임에 맞추어 사용하는 것이 아니라 형태가 사용자의 필요성에 부합되기 때문으로 보아야 할 것이다. 예를 들면 'ㅿ(반치음)'을 사용하기는 하지만 '△(삼각형)'을 사용해도 무방한 것이다.

한자의 경우 향찰표기와 유사성을 보이기도 한다. '乙'을 목적격조사인 '을' 대신 사용하는 경우가 그러한 것이다. 그러나 이것 역시 한자음과 한글음이 동일하여 사용된 것이다. 한자를 사용할 정도로 교육 수준이 있는 컴퓨터 통신 사용자가 의식없이 변질된 언어를 사용할 정도로 컴퓨터 통신에 의한 언어 변질은 심각하다 할 수 있다.

이러한 극단적인 어형 변이는 몇 단계를 거쳐 이루어진 것으로 보인다. 초기 컴퓨터 통신은 일반 전화선을 이용한 모뎀으로 이루어졌고 느린 속도로 인해 비용이 많이 들어갔다. 그 때문에 경제원리에 의해 글자를 축약하거나 은어를 사용하는 등의 어형 변이가 주를 이루었다고 할 수 있다. 또한 컴퓨터 통신에서 입력 가능한 기호나 언어 등이 현재에 비해 매우 제한적이기도 했다.

이후 국가적인 통신망 구축 사업과 더불어 인터넷 전용선 등의 상용화는 속도와 비용의 문제를 해결하였고, 좀더 저렴하게 빠른 속도의 컴퓨터 통신이 가능하게 되었다. 이때부터는 경제성의 원리가 아닌 컴퓨터 통신을 즐기는 그 자체의 유희적 차원에서 컴퓨터 통신언어 변이가 시작되었다고 본다. 여기에 컴퓨터의 발달과 그에 따른 각종 프로그램들의 발달은 컴퓨터 통신에서 사용할 수 있는 문자와 기호의 폭을 넓혀 놓았다고 할 수 있다.

현재에 이르러서는 인터넷 등의 컴퓨터 통신을 이용하기 매우 편리하게 발달되었고, 그에 따라 일상과 매우 밀접하게 연관을 맺고 있다. 또한 각종 프로그램들의 발달 속도는 이용자가 인식하지 못하는 수준에 이르고 있다. 초기의 컴퓨터 통신에 비해서 시·공간적으로 컴퓨터 통신이 확장되었고 그에 따른 기술적인 발달도 급속하게 이루어지고 있다. 시·공간적으로 컴퓨터 통신 접속이 늘어가면서 컴퓨터 통신언어는 이제 광범위하게 전파되어, 초기 컴퓨터 통신언어의 특징인 통신공간에서 쓰이는 말이 아닌 일상 언어활동에까지 사용되게 되었다. 이에 일부의 컴퓨터 통신언어 사용자층에 의해 새로운 형태의 컴퓨터 통신언어들이 양산되었고 이것은 컴퓨터 통신망을 타고 급속하게 전파되게 된다.

초기의 통신언어와 현재의 컴퓨터 통신언어의 가장 큰 차이점이라 할 수 있는 것은 물론 그 형태적인 측면이나 비문자언어 사용의 증가도 있지만 통신언어 생성에서 차이를 보인다고 할 수 있다. 초기의 컴퓨터 통신언어가 통신공간의 특성에 의해 발생한 것이라면 현재의 컴퓨터 통신언어는 사용자의 유희적 측면에서 생산되고 있는 것이다. 물론 초기의 원

칙은 지켜지고 있다. 거기에 유희적 측면이 이전보다 더 강화된 것이다.

초기의 컴퓨터 통신언어는 속도와 비용의 문제로 인해 그리고 컴퓨터 통신기술의 부재로 인해 사용자들이 기존의 언어를 변형한 것이다. 사용자들이 만들어 낸 것이기보다는 컴퓨터 통신공간의 특성에서 그 발생 원인을 찾을 수 있다 하겠다. 당시 통신망의 사용 비용과 속도로 인한 시간적인 낭비를 막고자 컴퓨터 통신에 맞추어 언어가 생성된 것이다. 그러나 현재의 경우에는 통신공간의 특성에 맞추어 통신언어가 생성되는 것이 아니라 사용자들이 컴퓨터 통신언어라는 그 자체에 유희적 초점을 맞추어 고의적으로 언어를 변형시키고 있는 것이다. 즉 이전에는 컴퓨터 통신을 위한 통신언어였지만 현재에는 컴퓨터 통신언어를 위한 통신언어가 되어 가고 있다.

이 점에 대해서 주목할 필요가 있다. 통신언어가 필요에 의해서 생성되는 것이 아니라 단순한 유희적 차원서 생성되고 있다는 것은 상당한 문제를 안고 있다. 초기의 통신언어가 필요에 의해서 생성되었다면 기술적인 문제 - 비용과 속도, 컴퓨터의 하드웨어와 소프트웨어의 개선 - 의 해결을 통해서 통신어 사용을 제어할 수 있지만 사용자가 유희적 차원에서 통신언어를 양산하는 것은 통신어로 인한 한국어의 변질을 제어할 수 있는 방법이 없다는 것이다. 사용자 스스로의 올바른 언어사용에 대한 인식과 컴퓨터 통신공간에서의 자율적인 자제가 없이는 언어의 변질을 막을 수 없는 것이다.

컴퓨터 통신언어가 단순하게 컴퓨터 통신공간에서만 사용되고 있다면 사실상 문제는 그리 심각하다고 할 수 없을지도 모른다. 컴퓨터 통신언어가 안고 있는 가장 큰 문제점은 컴퓨터 통신공간을 벗어나서 사용된다는 데 있다고 할 수 있다.

> 실제로 최근 서울 마포구 한 초등학교에서는 학생들이 일기나 시험답안지 등에 통신언어를 마구 사용하는 것으로 파악돼 학교측이 대책마련에 나섰다. 또 인터넷 전문조사업체인 나라리서치가 최근 네티즌 1814명을 대상으로 설문조사를 한 결과 56.2%가 통신언어 사용

으로 표준어 맞춤법에 익숙하지 않다는 응답을 하기도 했다.[46)]

최근 국립국어연구원이 펴낸 '2001 신어'에 따르면 지난해 3월부터 9월까지 주요 중앙일간지에 사용된 신조어는 모두 2884개에 달했다. 연구원 측은 2000년 2900여 개, 99년 2800여 개 등 매년 3000개에 가까운 신조어들이 새로 만들어지고 있다고 밝혔다. 신조어는 청소년들에 의해 만들어진 것이 대부분이다.

(중략)

서울 삼양초등학교의 한 교사는 "숙제를 검토하다 보면 어법이나 맞춤법을 무시하고 비속어나 은어를 사용하는 학생들이 적지 않다"며 "무분별한 통신용어의 난립이 심각한 우리말 파괴현상을 가져오고 있다"고 우려했다.[47)]

문화관광부는 한말연구학회에 의뢰해 지난해 5월부터 12월까지 인터넷게시판이나 대화방에서 사용되고 있는 통신 언어를 조사, 분석한 결과를 담은 보고서 '통신 언어 어휘 보고'에서 이같이 밝혔다.

사이버 공간에서 사용되는 2530개 언어를 분석한 결과, '10002'(많이), '감솨'(감사) 등의 형태 변이 종류가 1592개로 가장 많이 나타났다. 이어 '도배방'(도배 + 방, 게시판에 연달아 글을 올리는 것)처럼 기존 말을 합성(合成)하거나 파생시켜 새로운 말로 만든 것이 253개, '번개'(갑자기 약속을 정해 실제로 만나는 일)처럼 의미가 달라진 경우가 77개였다. 또 접미사에서 2인칭 대명사로 변한 '님'과 같이 품사가 변한 것은 5개였다.[48)]

통신언어가 일반 언어생활로 역류하는 현상은 세대간의 의사소통 문제뿐만 아니라 언어습득에도 문제를 주고 있다. 사실 세대간의 의사소통 문제는 컴퓨터 통신언어가 없던 시절에도 어느 정도는 있었던 문제이다. 신문화를 빠르게 습득하는 신세대와 구문화를 고수하는 구세대 사이에는 문화적인 괴리감과 함께 신문화에 따라 새로이 생성되거나 전해진

---

46) 국민일보, 「답안·일기장에도 '넵' '안농' 인터넷 언어훼손 영향 심각」, 2002. 10. 8.
47) 파이낸셜뉴스, 「도넘어선 채팅은어 일상용어까지 변질」, 2002. 2. 18.
48) 소년한국일보, 「변형된 통신 언어, "어린이 의사 소통 장애 일으킬 수 있다"」, 2002. 1. 24.

언어의 차이는 어느 정도 인정할 수 있는 부분이라 할 수 있다. 그러나 언어의 습득 과정에 있는 초·중·고등학교 청소년 언어의 변질은 매우 심각한 문제라 아니할 수 없다. 한국어에 대한 올바른 인식과 사용법을 채 알기도 전에 변질된 언어를 받아들이고 사용함으로써 한국어 언어 전체에 심각한 위기를 불러오고 있는 것이다. 올바른 언어습득 이전에 변질된 언어에 길들여진다면 그들이 언어활동의 주체가 되었을 때는 한국어가 어떻게 변질될지는 전혀 알 수 없다.

컴퓨터 통신에서 변질된 언어의 전파 속도는 가히 상상을 불허한다. 이전의 언어 변화는 점진적으로 이루어졌고, 하나의 언어가 받아들여지거나 생성된 이후 언어 사용자들 전체에 걸쳐 동의를 이루어 일반화되어 사용되기까지는 매우 오랜 시간이 걸렸고 그 변화의 양상에 대한 추적도 가능한 것이었다. 그러나 컴퓨터 통신언어의 전파 속도는 언어 사용자들이 인식하지 못하는 사이에 이루어지고 있으며 그 변화의 양상을 추적하기가 거의 불가능하다 할 수 있다.

5.2 긍정적인 측면

컴퓨터 통신언어가 많은 문제점을 안고 있다고 하지만 긍정적인 측면이 전혀 없는 것은 아니다. 새로운 말을 만들어 내거나 기존의 규범적인 표현 방식에서 일탈하여 한글 표현 방식을 다양하게 만들어 주는 긍정적인 면도 나타난다.

5.2.1 새말 만들기

컴퓨터 통신언어에 대한 긍정적인 면 중 가장 먼저 들 수 있는 것이 새말을 만들어 내는 것이다. 어느 언어든지 언어 사용자들에 의해 자연스럽게 새로운 어휘가 생성되고 사용되게 된다. 컴퓨터 통신에서 변화된 언어는 사용자들에 의해 일반언어활동의 영역으로 역류하여 새로운 어휘를 만들어 가고 있는 것이다. 물론 그 속도가 매우 빠르기 때문에 언어 사용자들이 수용할 수 있는 용량을 넘어서고 있다. 그러한 면 때문에 도태되는 많은 어휘가 있고 일반언어활동 영역에서 살아남은 어휘는 새로운 어휘로 자리를 잡을 수 있는 것이다.

이정복(2000가, 114)의 경우 컴퓨터 통신에서의 '님'의 사용에 대해 분석하면서 사전적 의미의 '님'과 통신공간 '님'을 비교하여 통신공간의 익명성과 평등성, 경제성에 부합하는 성공적인 새말이라고 하였다.

통신공간에서 새롭게 만들어져 사용되는 말 중 '아햏햏'이란 말이 있다. 디시인사이드에서 시작한 '아햏햏'이라는 단어가 많은 '햏자(?)[49]'들을 양성하며 인터넷 상에서 이슈가 되고 있다. '아햏햏' 매니어들을 티셔츠를 제작 판매하고 있으며 사이트도 개설한 바 있고 최근에는 모 사이트 게시판 상에서 '아햏햏'의 사용을 두고 뜨거운 설전을 벌이고 있기도 하다. '아햏햏'은 가벼운 웃음, '해해' 보다는 약하나 '헛헛' 보다는 강한 웃음인 '햏햏'과 감탄사 '아'가 결합된 단어로 약간의 감탄이 섞인, 그리고 과하지도, 모자라지도 않은, 탄식 어린 웃음의 의미를 갖고 있다.[50]

요즘에 인터넷에서 한참 유행을 타고 있는 '얼짱'의 경우도 컴퓨터 통신에서 만들어진 새말이다. 인터넷이 텍스트 위주로 구성되다가 멀티화

---

49) 이 '햏자'란 '아햏햏'을 옹호하고 사용하는 사람을 말하는데 '아햏햏'의 의미를 확대 해석하여 무분별하게 사용하는 사람을 말한다.

50) "황당", "엽기", "허탈" 등으로는 다 표현을 하지 못한다. 이때 등장한 단어가 "아햏햏"이다. (중략) "귀여움", "엉뚱함", "불쌍함" 이 모든 것을 한번에 표현하자면 "아햏햏" 만한 단어가 없다.
「아햏햏이란?」, 디시인사이드, http://www.dcinside.com/new/dcissue/2002_top_01.htm

하면서 등장한 말인데 '얼굴 짱, 얼굴이 잘생겼다'라는 의미이다. 인터넷에 올린 개인 사진 등이 인기를 얻으면서 생겨난 말이다. '얼짱'은 '몸짱, 노래짱' 등의 유사한 형식의 새말을 만들어 내고 있다.

앞서 논한 이정복(2000가)의 '님'에 대한 경우와 더불어 '-여'의 경우도 마찬가지로 존칭어미인 '-요'와 비존칭어인 '-어'가 결합되는 과정에서 발생한 것으로 '-요'보다는 낮고 '-어' 보다는 높은 수준에서 상대방을 높이는 말로 상대방의 수준을 고려하지 않는 두루높임의 형태가 된다고 할 수 있다. 이러한 통신 공간에서 나타나는 언어 평등성은 상대방의 사회적 신분에 대한 사전인지가 없는 과정에서 매우 적절하다 할 수 있다.

5.2.2 표현의 다양성

통신언어의 새말 생성은 유희적 측면이 강하게 작용하고 있는 것이 사실이다. 사이버 공간이라는 것이 현실에서 일탈 과정이듯이 언어의 일탈도 자연스러운 현상이 되는 것이다. 이러한 일탈은 표준적인 표기체계를 벗어나 다양한 표현을 가능하게 해 준다.

> 모대학 2학년인 홍광선 씨는 "말을 축약하기 때문에 빨리 타이핑할 수 있다. 게다가 나름대로 위트가 있고 감정도 함께 표현할 수 있다. 이모티콘(Emoticon · 문자를 이용해서 표정을 나타내는 문자아이콘)도 섞어 쓰면 직접 얼굴을 보면서 얘기하는 것과 비슷한 느낌을 전달할 수 있다"며 오히려 진보한 표현방법이라고 주장한다. 때문에 학교 리포트나 입사원서처럼 공식적인 서류를 작성할 때를 빼면 늘 사이버언어를 사용한다는 것이다.
>
> 가만히 보면 홍씨의 말처럼 '반가워요'보다 '방가방가'라는 단어가 때로는 '더 반갑게' 느껴지기도 한다. 뉘앙스가 그렇다. 제법 리드미컬한 것이 마치 손짓이라도 하는 듯하다. 자신은 참석할 수 없다며 '쩝'이라고 표현한 것도 유머러스하다. 입맛을 '쩝' 다시며 아쉬워하는 모습이 보일 듯한 게 재미있다. 거기다 이모티콘까지 곁들이니 시각적 효과는 더욱 배가된다. 마치 문자에 시각적 상상력을 불어넣은

모양새다. 기존의 어법, 문법체계가 무시되었다는 것만 잊어준다면 새롭고 재미있는 글쓰기라 할 수도 있겠다. for나 to 대신에 4(four), 2(two)를 쓴다거나 you를 U로 바꿔 쓰는 사이버영어에 비할 수 없이 훌륭하고 창조적인 어법이다.51)

쉽고 재미있는 유희가 인터넷에서 이루어진다. 내가 타이핑한 '말'이 상대방의 모니터로 전달되어 보여진다. 다시 상대방의 반응이 금방 내 모니터에 떠오른다. 마치 대화 상대자의 얼굴을 보는 것처럼.

이런 과정에서 이모티콘(emoticon)이 저절로 나타난다. 웃음, 윙크하는모습, 어지러운 모습 등 주로 얼굴 표현을 하다 보면 마치 상대방의 표정을 보면서 대화를 나누는 느낌이 들게 된다.

손가락으로 수다를 떠는 채팅의 묘미는 여기에 있다. 밋밋한 글에 정감이 들어가고 한국어를 모르는 외국인에게까지 의미가 전달된다. 이런 종류의 언어는 온라인상의 논리에 맞는 것이며 채팅 사용자라는 공동체 의식을 느끼도록 고안된 그 집단의 은어이다. 무조건 부정하기보다는 문제점을 보완한다면 우리의 언어 생활을 풍요롭게 해줄 수 있지 않을까?52)

통신언어는 제한되어 있는 표기체계에서 벗어나 한글표현에 다양성을 부여하고 있다. 이러한 다양한 표현 양식을 가진 일련의 통신언어는 통신공간에서의 의사소통에 매우 중요한 요소가 되어 있는 것이 사실이다. 통신공간에서 사용되는 통신언어는 단순하기 쉬운 활동 - 자판을 두드리는 것 - 에 활력을 주는 것이다. 일반언어활동과 마찬가지로 통신언어는 어색하기 쉬운 새로운 친교의 장을 부드럽게 해 주는 역할을 한다고 할 수 있다.

통신공간의 비문자언어는 언어형태적으로 보았을 때 가히 획기적이라 할 수 있다. 더구나 신세대들의 감성을 자극하면서 모든 통신 공간에서 사용하는 유희로 자리잡아 가고 있다.

"안녕하세요. *^ ^* '슬기의 이모티콘 세상'으로 오세요. 이모티콘에 대한 모든 것을 알려 드릴께요^ ^/" 이화여대 사회생활학과에 재학중인 김슬기씨(23)는 "이모티콘 스타"다.

---

51) 스포츠투데이, 「사이버언어」, 2000. 11. 15.
52) 매일경제, 최혜실, 「손가락으로 수다떨기」, 2002. 1. 4.

(중략)

"이모티콘은 '사막의 오아시스'와도 같죠. 건조해지기 쉬운 사이버 공간의 커뮤니케이션을 정감있게 만들어 주는 유용한 수단입니다. 열 줄의 글보다 이모티콘 하나가 더 정확하게 뜻을 전달할 수도 있답니다" 슬기 씨는 이모티콘을 통해 세상을 느낀다. 이모티콘은 사회의 변화에 민감하다. 스타크래프트 테크노댄스가 유행할 땐 어김없이 관련 이모티콘이 쏟아져 나온다. 또 이모티콘으로 알게 되는 사람들과의 교류를 통해서도 세상에 대해 많은 것을 배운다고 한다.[53]

신세대 통신언어로 많이 쓰이는 이모티콘으로 다양한 주제를 표현한 '창작 이모티콘 전시회'가 지하철 4호선 혜화역 구내 전시장에서 열려 행인들의 눈길을 사로잡고 있다.

(중략)

월드컵에서 한국팀의 선전을 기원하는 <코리아팀 파이팅> <월드컵 공인구 피버노바> 등 다양한 소재의 작품 47점이 선보이고 있다. 행인들은 언뜻 봐서는 뭔지 모를 그림들에 고개를 갸웃거리다가도 액자에 걸린 이모티콘마다 재치가 번뜩이는 것을 확인하고는 지긋이 웃음을 머금곤 한다. 대부분 반응이 '신기하다'는 것. 강민정양(숙명여대 문화관광과)은 "문자를 가지고 이렇게 다양하게 표현할 수 있다니 놀라워요. 앞으로 예술의 한 표현 방법으로도 발전할 수 있을 거 같아요."라고 말했다.[54]

비문자언어는 감정을 전달하는 매개체로 사용되어 가고 있다. 또한 그 형태의 새로움은 많은 사람들에게 신선함을 주고 있는 것이다. 이러한 비문자언어를 이용하여 새로운 문화 형태를 만들어 내는 것도 가능하다는 이야기가 된다. 이미 비문자언어는 컴퓨터 통신세대에게는 일반화되어 있다. 앞의 예문에서도 보았듯이 학교 리포트나 시험 등에 이미 사용하고 있는 경우가 많다. 비문자언어가 언어의 한 영역을 차지하고 의사소통을 부드럽고 원활하게 해주는 요소가 될 것이라는 주장도 타당성이 있어 보인다.

---

53) 한국경제, 「'이모티콘스타' 김슬기씨. 기호등에 감정넣는 '요술공주'」, 2000. 6. 28.
54) 일간스포츠, 「문자그림 "신기해요… 놀라워요"」, 2002. 1. 31.

5.3 해결 방안

컴퓨터 통신언어의 긍정적인 측면을 강조하더라도 통신언어가 갖고 있는 문제점이 현재에는 더욱 크게 다가온다. 새말의 생성과 표현의 다양성이 언어 그 자체의 기능인 의사소통을 불가능하게 만든다면 그것은 커다란 문제가 아닐 수 없다. 따라서 컴퓨터 통신언어에 대한 대안이 절실하게 필요한 실정이다.

이정복(2000나:192~199)은 이에 대한 해결 방안으로서 크게 교육적 방법, 통신망 안에서의 방법, 가정 및 사회 생활에서의 방법을 제시하고 있다. 교육적 방법으로는 학교 문법교육의 강화, 국어교육 속에 통신언어 관련 내용을 필수적으로 포함시킬 것, 컴퓨터 교육의 시작 단계에서 바른 문장을 통한 자판 익히기 지도, 교사와 학부모의 통신언어에 대한 깊이 있는 이해를 필요로 했다. 통신망 안에서의 방법으로는 통신 사용자들 스스로 어문규범에 어긋난 표기가 통신언어가 본 모습이 아니라는 인식하에 어문규범에 대한 지식을 점검하는 등의 노력을 기울일 것, 통신 운영자의 바른 언어사용을 위한 홍보 활동의 강화와 통신망 운영체계에서의 비표준어휘에 대한 교정 또는 거름 장치의 채용, 언어 및 통신 관련 정책자들 통신언어에 대해 올바르게 실태를 파악하고 바른 통신언어 사용을 위한 교육에 노력할 것 등을 제시하였다. 가정 및 사회 생활에서의 방법으로는 가정이나 사회에서 타인에 대한 배려의 문화를 가꿈으로써 통신이용자와 비이용자 사이에 나타날 수 있는 거리와 간절 현상을 줄이고, 일상언어에서도 바른 언어 사용을 위한 시민운동의 강화를 제시하였다.

조오현 · 김용경 · 박동근(2002:288)은 통신언어의 긍정적인 측면과 부정적인 측면을 잘 조화시켜야 한다고 주장한다. 통신언어 사용에 대한 분명한 인식을 가져야 하며, 친교적 수단으로 사용되는 통신언어의 사용을 막을 필요는 없다고 하였다. 그 이유는 통신언어의 효과는 통신상에서

극대화되기 때문에 일반 대화 환경에서 사용하는 것은 크게 효과가 없다고 보았다. 다만 초등학생들의 경우 언어에 대한 의식이 거의 갖추어지지 않았다는 점을 고려하여 통신언어의 사용을 최대한 자제시키고 통신언어에 대한 잘못된 생각을 깨우쳐 주어야 할 것이라고 강조했다.

통신언어가 언어의 기본적인 목적인 의사소통을 불가능하게 만든다면 심각한 문제이다. 이에 대한 대안으로 생각할 수 있는 것은 앞서 논한 연구자들에게서 크게 벗어나지는 못할 것이다. 기본적으로는 언어 사용자들에 대한 올바른 언어에 대한 교육을 강화하고 사용자 스스로 통신언어를 일반 언어활동에서 적절히 사용하는 것이 가장 바람직한 방법이라 할 수 있다. 여기에 통신망 자체의 통신언어 사용에 대한 기술적 제어 여건이 충족된다면 더욱 바람직할 것이다.

통신언어가 10여 년의 짧은 역사를 가지고 한글 500년의 역사를 뒤흔들고 있는 것은 그 언어 사용자들의 의식 부족에 기인하는 바가 높다. 현대의 정보 통신과 기술의 발달은 이미 인간의 수용능력의 한계를 넘어서고 있다. 인터넷으로 대표되는 컴퓨터 네트워크는 가상의 공간을 형성하여 근래의 정보 생성과 보급, 소멸을 주도하여 왔다. 컴퓨터 네트워크의 가상의 공간은 언어에 있어서도 생성과 보급, 소멸을 주도하고 있는 것이다. 인간이 통신공간에서 언어를 사용하기 시작한 지 얼마 안 되는 시간에 인간의 언어 전반에 걸친 변화를 인간이 인식하지 못하는 사이에 이루어 내고 있는 것이다. 이러한 상황에서 언어 사용자가 자신의 언어에 대한 올바른 사용 의식이 없다면 언어의 혼란은 가중되고 언중들은 제2의 바벨탑을 세운 결과를 초래할 것이다. 특히 언어의 습득 과정 초기의 어린 언어 사용자들에게 이러한 혼란을 정제하지 않고 그대로 받아들이게 둔다면 언어의 미래는 불투명하다. 따라서 어린 시절에 올바른 언어 의식을 교육하고 자라나는 과정에서 언어 사용에 대한 응용력을 키워 간다면 컴퓨터 통신어로 인한 혼란을 줄여 나갈 수 있을 것이다.

현재 컴퓨터 통신 사용 추세와 전망을 볼 때 통신언어에 의한 표준어의 오염은 명확해 보인다. 일부에서 통신상에서 표준어를 사용하는 자발적인 노력을 보이고 있으나[55] 사이버 공간의 일탈성과 통신상의 단조로움을 벗어나기 위한 통신언어의 사용은 계속되고 있다. 더욱이 청소년들의 분별되지 않은 수용으로 인해 그 파급은 줄어들 기미를 보이지 않는다. 비록 몇몇의 컴퓨터 통신과 관련된 업체에서 비표준어와 비속어에 대해 사용이 불가능하도록 시스템을 운영하고는 있으나, 사용자들은 오히려 그러한 상황을 피해가듯이 언어를 변화시켜 새로운 통신어휘를 양산하고 있다.

통신언어에 대한 표준어의 오염을 막는 방법은 두 가지라고 볼 수 있다. 하나는 통신언어를 하나의 언어체계로 수용하고 일상과의 경계를 완전히 허물어 표준어의 테두리에 수용하는 것이다. 이미 영국에서는 옥스퍼드 사전 개정판에 통신언어의 일종인 휴대전화의 문자메세지를 등재하기도 하였다.[56] 이미 컴퓨터 통신과 일상생활이 밀접한 관계를 맺은 이상 언어 또한 구분하기보다 한국어의 표현영역의 확장이라는 의미에서 수용이 가능 측면이 있을 것이다. 통신언어를 일반언어에 끌어들여

---

55) 일부 통신상의 동호회에서 채팅이나 전자메일, 전자게시판 등에 표준어를 사용하고는 있다. 2001년 10월 5일에 유니텔, 하이텔, 천리안 등 3대 PC통신사 동호회 연합이 '인터넷 상의 우리말 살리기 강연회'를 열고 인터넷언어가 의사소통의 벽을 만듦을 심각하게 인식하고 우리말글을 되살리는데 앞장선다는 내용의 '인터넷 상의 우리 말글 살리기 네티즌 운동 선언문'을 발표하였다. 『한글새소식』 제350호, 한글학회, 2001. 10.

56) 휴대전화를 통한 문자 메시지가 폭발적인 인기를 끌고 있는 가운데 메시지에 자주 쓰이는 '축약형' 단어와 얼굴 표정을 상징하는 기호들이 영국 옥스퍼드 사전에 등재됐다고 런던타임스가 최근 보도했다.
개정된 옥스퍼드 사전에는 'WERV U BIN · (where have you been? · 어디 갔었니?)', 'B4(before · 전에)', 'BBL(be back later · 곧 돌아오겠다)', 'BCNU(be seeing you · 나중에 보자)', 'HAND(have a nice day · 좋은 하루가 되길)', 'TX(thanks · 고맙다)' 등이 기재됐다. 또 얼굴 표정을 상징하는 기호들인 '-)'(기쁘다), '-('(우울하다), '-o)'(놀랍다) 등도 등록됐다.
옥스퍼드대 신문의 주디 피어설은 "문자 메시지의 급증현상을 주의깊게 관찰해왔다"며 "휴대전화 이용자들이 만들어낸 언어를 더 이상 무시할 수 없게 됐다"고 말했다. 피어설은 또 "문자 메시지의 영향력이 매우 커졌기 때문에 그것을 영어의 합법적인 일부분으로 취급할 때가 왔다"고 밝혔다.
스포츠투데이, 「문자메세지 상징 기호 옥스퍼드 사전 올랐다」, 2001. 7. 16.

사용하다 보면 자연스럽게 통신언어로 인한 문제는 해결될 것이다.

또 언어란 생산, 성장, 소멸의 과정을 거치기 때문에 언어사용자에 의한 자정효과도 나타날 것이다. 그러나 그러한 기간은 아무리 컴퓨터 통신의 파급력이 강하다 하더라도 길어질 것이며, 그 기간 동안 또 다른 통신언어의 변이형이 등장할 수 있다는 문제점을 갖고 있다. 그리고 각종 공공문서에서 그러한 애매모호한 통신 어휘의 사용은 커다란 문제를 야기할 수 있다. 자연스럽게 통신언어를 일상에 접목하는 것이 가장 올바른 방법이기는 하지만 시간이 많이 걸리며 그동안의 혼란이 너무나 커질 것이기 때문에 현실적으로는 타당하지 않을 듯 싶다.

다른 하나는 컴퓨터에서 비표준어휘가 사용될 수 없도록 프로그램을 개발하고 강력한 표준어 교육을 통하여 사용자를 강제하는 것이다. 그러나 방대한 통신공간에서의 언어 사용을 일일이 감시하고 체크할 수 없을 뿐만 아니라 통신 어휘의 사용을 제한하는 프로그램은 역으로 다른 변이형의 통신언어를 양산하는 문제점을 보이고 있다. 일부의 인터넷사이트에서는 욕설과 비속어의 입력을 제한하는 프로그램을 사용하고 있다.[57] 그러나 가령 '개새끼'라는 욕설을 입력하려다 프로그램에 의해 제한되어 입력이 되지 않으면 '가이쉐ㄱㄱㅣ'와 같이 변이형을 사용한다. 이러한 변이형을 프로그램만으로 처리하기는 무리이다.

우선은 통신 사용자들에게 표준어에 대한 명확한 인식을 심어 주어야 하고, 통신언어와 표준어의 차이를 인식하게 하여 사용자들 스스로 표준어를 통신상에서 사용하도록 해야 한다. 즉 통신언어란 통신공간의 언어

---

57) 인터넷 업체들도 언어 순화에 나서 = 온라인 게임은 특히 욕설이 많이 등장하는 공간이다. 이 분야에서도 네티켓 지키기에 앞장서는 회사들이 있다. '바람의 나라', '어둠의 전설', '크레이지 아케이드' 등으로 유명한 (주)넥슨(대표 정상원)이 대표적. (중략) 넥슨은 게임에서 욕설을 줄이기 위해 자체적으로 개발한 욕설 필터링 프로그램을 사용한다. 이 프로그램을 수백 종류의 욕과 음란한 표현을 완곡한 단어로 바꿔 상대방에게 보여준다. 예를 들어 '새끼'라고 입력하면 '아이'로 바꿔 화면에 보여주는 것. 이 회사는 작년 5월부터 다른 업체나 기관에서 요청이 있을 경우 욕설 필터링 DB를 무상으로 제공하기 시작했다. 서명기 팀장에 따르면 현재 60여 곳의 회사가 넥슨에서 개발한 욕설 필터링 DB를 사용중이다.
동아일보, 「사이버욕설 예쁜 말로 바꿔줍니다」, 2003. 12. 15.

이지 일반공간의 언어가 아님을 인식시키고 사용자 스스로가 구별해 사용할 수 있도록 해야 한다는 것이다. 통신언어에 의한 문제점이 무엇인지 명확히 인식시키고 사용자 스스로 문제점을 해결해 나가도록 해야한다.

통신언어가 음성언어를 문자화하는 과정에서 파생된 언어이기 때문에 말하기와 쓰기를 분리시켜 교육시켜야 할 것이다. 쓰기 교육을 강화시켜 말하기와 쓰기를 분리시키고 쓰기 교육과정에서 올바른 표기를 이해시킨다면 통신언어로 인한 한글의 변질을 막을 수 있을 것이다. 아무리 문자가 인간의 음성을 시각적으로 표현하고자 하는 노력의 결과라고 하여도 표준적인 체계가 없이 여러 형태가 사용된다는 것은 의미 전달에 혼란을 가져오게 된다. 그렇기 때문에 올바른 쓰기 교육을 강화하여 말하기와 쓰기를 분리하여 인식하게 해야 한다.

그리고 앞서 논한 것처럼 통신언어가 일반언어와 가장 큰 차이를 보이는 것은 어휘 형태의 차이이기 때문에 통신에서 사용되는 어휘를 표준적인 표기체계에서 사용되는 어휘로 대체 할 수 있다면 통신언어와 일반언어의 차이를 많이 해소할 수 있을 것이다. 현재 국립국어연구원에서 진행되고 있는 세종계획을 통해 한국어 말뭉치가 구축되고, 온라인 전자사전과 어휘목록이 완성되면 그것을 컴퓨터 통신에서 활용하게 하여 한국어 전체의 표준적인 표기체계를 확립할 수 있을 것이다.

6. 결 론

컴퓨터 통신언어는 컴퓨터 통신에서 사용되는 일반언어와 구별되는 변이된 언어를 의미한다. 컴퓨터 통신의 변이된 언어는 탈일상과 탈억제, 그리고 탈대중화, 즉 현실에서 일탈이라는 특징을 지닌다. 통신언어는 일반언어와는 그 형태가 달라야 한다는 차별성과 일탈이라는 통일성이 공존하는 언어이다.

컴퓨터 통신언어와 일반대화는 차이를 나타내는데 첫째, 음성언어로 이루어지는 것이 아니라 문자언어로 이루어진다. 둘째, 대화 전달이 직접적이지 못하고 컴퓨터를 매개로 하여 간접적이어서 경제적 원리에 의해 원래 어휘를 변이시켜 사용하는 경우가 많다. 셋째, 컴퓨터 통신에서 사용되는 언어를 살펴보면 일반 언어활동에서 구어와 문어가 확연하게 구별되는 것과는 달리 구어와 문어의 특징이 함께 사용되고 있다는 것이다.

컴퓨터 통신언어 어휘와 텍스트에 대한 본 연구를 요약하면 다음과 같다.

1. 컴퓨터 통신 어휘는 형태와 의미에서 변이가 나타나는데, 의미변이보다 형태변이가 더 많이 나타난다. 통신언어는 음성언어를 문자화한 것이다. 그렇기 때문에 맞춤법에 맞는 표기를 하는 것이 아니라 음성을 그대로 표기하고 있어 형태변이가 많이 나타난다. 의미변이는 명사, 수사 그리고 용언에서 나타나는데 명사는 일반명사에서,

수사는 아라비아 숫자에서, 용언은 동사와 형용사를 구별하지 않고 의미변이가 나타난다. 형태변이는 모든 범주에서 나타난다. 음절이나 음소의 축약, 음소 첨가, 음소 변이 등이 나타난다. 다만 수사의 아라비아 숫자는 형태가 고정되어 형태변이가 나타나지 않는다. 문장부호는 동일한 문장부호를 중복 표기하는 경우가 많이 나타나고, 줄임표와 줄표가 많이 사용된다. 비문자언어 사용은 통신언어가 형태적으로 일반언어와 구별되는 가장 큰 차이이다. 비문자언어는 주로 이모티콘이 많이 사용되며, 전자게시판 이용이 증가하면서 그림문자의 사용도 늘어나고 있다.

통신언어 어휘 분석에서 나타난 특징으로는 첫째, 음절보다는 음소를 생략하거나 변이시키고 있다. 음소변이는 자음보다는 모음에서 많이 나타나고 있다. 자음에서 음소 생략은 'ㅇ'이 주를 이루며, 음소변이는 'ㅈ → ㄷ'의 역구개음화가 나타난다. 모음의 음소 생략은 주로 'ㅣ'가 많이 생략되고, 음소 변이는 'ㅛ → ㅕ', 'ㅣ → ㅟ' 변이가 가장 많이 나타난다. 모음 변이는 모음조화가 나타나는 단어에서는 모음조화에 역행하는 변이로 모음조화가 되지 않은 단어에서는 모음조화를 이루는 변이로도 나타난다.

둘째, 음성언어를 맞춤법을 고려하지 않고 발음나는 대로 표기하는 음성표기가 광범위하게 나타난다. 그래서 연철표기가 많이 나타나고 있다. 또한 이중모음을 단모음으로 표기하는 경우도 많이 나타나고 있다.

셋째, 음소 첨가로 의미 강조가 나타나고 있다. 의미를 강조하기 위해 첨가되는 음소는 주로 자음이다. 모음의 경우 의미강조를 위해서는 'ㅣ → ㅟ'처럼 단모음을 이중모음으로 바꾸고 있다. 초성이 된소리로 변이되는 것도 의미 강조를 위해서다. 된소리표기나 자음 첨가는 청각적 인상의 차이를 시각적 차이로 표현하고자 하는 것이다.

2 일반언어와 통신언어 텍스트 대조를 보면 체언은 두 텍스트 모두

전체 텍스트에서 가장 많은 비중을 차지하고 있다. 그중 명사가 가장 많이 사용되고 있음을 알 수 있다. 용언의 형티소 빈도도 두 텍스트가 비슷한 분포를 보이나 용언범주의 경우 절대적으로 통신언어에서 많이 나타나고 있다. 수식언의 경우 일반언어보다 통신언어에서 조금 더 높은 비율을 보인다. 독립언, 감탄사는 통신언어가 일반언어보다 더 많이 사용되고 있다. 관계언은 일반언어에서 더 높은 사용률을 보이고 있다. 의존형태도 일반언어가 통신언어보다 많은 사용률을 보인다. 기호를 대조해 보면 통신언어가 일반언어보다 두 배에 가까운 사용률을 보인다.

일반언어와 통신언어 텍스트의 의미부와 형태부 대조에서 의미부 비율이 통신언어가 일반언어에 비해 근소하지만 높게 나타나고, 형태부 비율은 낮게 나타나고 있다. 이것은 컴퓨터 통신언어에서 형태부가 의미부 범주에 결합되거나 생략되었음을 알게 해준다. 결국 통신언어는 의미를 강화시키고 형식을 약화시킨 언어라고 할 수 있을 것이다.

음절어 빈도를 보면 일반언어와 통신언어가 분포상 큰 차이를 보이지 않고 있다. 통신언어가 축약형을 많이 사용하기 때문에 일반언어보다 다음절어의 사용이 적을 것이라는 추측이 옳지 않음을 알게 해 준다.

초성의 고빈도 음소를 보면 일반언어는 'ㅇ', 'ㄱ', 'ㄷ', 'ㅅ', 'ㄴ', 'ㅈ'이, 통신언어는 'ㅇ', 'ㄱ', 'ㄷ', 'ㅈ', 'ㅅ', 'ㄴ'이 상위빈도를 나타낸다. 초성에서 홑자음과 겹자음 비율이 일반언어는 11,446(97.4791%) : 296(2.5208%), 통신언어는 12,988(96.4718%) : 475(3.5281%)로 통신언어에서 겹자음의 사용률이 높게 나타난다. 통신언어가 청각적 인상이 강한 된소리를 초성에 많이 쓰고 있음을 알게 해 주는 것이다.

중성의 고빈도 음소를 보면 일반언어는 'ㅏ', 'ㅣ', 'ㅡ', 'ㅓ', 'ㅗ', 'ㅜ'가, 통신언어는 'ㅏ', 'ㅣ', 'ㅡ', 'ㅓ', 'ㅗ', 'ㅜ'로 상위빈도 음소뿐만 아니라 순서도 완전히 동일하게 나타난다. 그러나 중성에서 'ㅕ'의 사용빈도수가 큰 차이를 보이는 것은 통신언어 어말어미에서 'ㅕ'가 많이 사용되기 때문으로 보인다. 중성의 이중모음의 사용율은 일반언어가 9,857(83.9465%) : 1,885(16.0534%)이고, 통신언어가 11,468(85.2385%) : 1,986(14.7614%)로 통신언어보다 일반언어에서 이중모음의 사용이 더 많음을 알 수 있다.

종성의 고빈도 음소를 보면 일반언어는 'ㄴ', 'ㄹ', 'ㅇ', 'ㄱ', 'ㅆ', 'ㅁ'이, 통신언어는 'ㄴ', 'ㄹ', 'ㅇ', 'ㄱ', 'ㅁ', 'ㅆ'이 상위빈도를 나타난다. 종성에서의 홑자음과 겹자음 비율을 보면 일반언어는 4,824(89.4990%) : 566(10.5009%)로, 통신언어는 5,474(93.0477%) : 409(6.9522%)로 통신언어보다 일반언어가 종성에서 겹자음을 더 많이 사용하고 있는 것으로 나타난다.

초성, 중성, 종성의 비율을 대조해보면 우선 일반언어는 초성과 중성이 반드시 1 : 1로 대응되는데 비하여 통신언어는 초성과 중성이 반드시 1 : 1로 대응되는 것이 아님을 보여준다. 통신언어가 축약형을 사용함에 있어 모음까지 생략하여 초성과 중성이 1 : 1로 대응되지 않는 것이다.

텍스트 분석을 통해서 통신언어는 일반언어에 비해 첫째, 이모티콘이 사용되었다는 것, 둘째, 독립언, 보조사 등 감정 표현 형태소를 많이 사용한다는 것, 셋째, 통신언어가 초성 된소리 표기를 많이 사용한다는 것, 넷째, 중성의 이중모음과 종성 겹자음 또는 종성 전체 사용률이 쓰기 편리를 위해 낮게 나타난다는 것, 다섯째, 통신언어에서 의미부가 강화되고 형태부가 약화되어 한국어의 첨가어적인 특징이 약화되고 있다는 차이를 알 수 있다.

3 컴퓨터 통신언어는 새로운 말을 만들어 내거나 기존의 규범적인 표현 방식에서 일탈하여 한글 표현 방식을 다양하게 만들어 주는 긍정적인 측면이 있지만, 언어폭력과 한국어 변질의 부정적인 측면이 더 강하게 작용하고 있다. 이러한 컴퓨터 통신언어로 인한 문제를 해결하기 위해서는 우선 통신 사용자들에게 통신언어와 표준어의

차이를 인식하게 하여 사용자들 스스로 표준어를 통신상에서 사용하도록 해야 한다. 그리고 통신언어가 음성언어를 문자화하는 과정에서 생겨난 언어이기 때문에 쓰기 교육을 강화하여 말하기와 쓰기를 분리시키고 쓰기 교육과정에서 올바른 표기를 이해시켜야 할 것이다. 또한 국립국어연구원에서 진행되고 있는 세종계획에서 한국어 말뭉치 구축을 통해 온라인 전자사전과 어휘목록을 만들어 그것을 컴퓨터 통신에서 활용하게 하면 한국어 전체의 표준적인 표기체계를 확립할 수 있을 것이다.

통신언어는 지금도 계속 변이되는 언어이다. 그 변화의 양상에 대해 어느 정도 연구가 진행되었다고 하더라도 컴퓨터 통신에 의한 일탈은 계속 일어나게 될 것이다. 특히 텍스트를 중심으로 하는 연구가 아직도 미흡하다. 통신언어가 문자언어인 만큼 일반언어와 텍스트 비교를 통한 연구는 매우 중요하다. 그런 연그를 통하여 통신언어에서 구어적 요소들을 찾아내고 그것을 문어적 요소로 전환하는 작업을 통해 한국어의 문법을 구체화하고 발전시킬 수 있을 것이다. 그러다 보면 한국어의 미래상도 제시할 수 있게 될 것이다.

이 책에서 텍스트를 통해 통신언어에 접근하려는 노력을 했으나 아직은 부족한 점이 많다. 특히 대상 텍스트의 범위가 한정된 점이 있었을 것이다. 따라서 앞으로 더 광범위한 텍스트를 대상으로 세밀한 연구가 진행되어야 할 것이다.

참고문헌

Ⅰ. 학술자료

강규선(2000), 「尊敬法 硏究」, 『인문과학논집』 20호, 청주대학교 인문과학연구소.

고광규(1997), Structural Characteristics of Computer-mediated Language, 『언어학』, 20권 1호 한국언어학회.

교양국어교재편찬위원회(1998), 『우리말과 글』, 청주대학교출판부.

구기철(2002), 「통신언어 필터링을 적용한 정보통신윤리 체험학습 시스템 설계 및 구현」, 부산교육대학교 교육대학원.

구현정(2002), 「통신언어 - 언어 문화의 포스트모더니즘」, 『국어학』 39권, 국어학회.

권상한(2001), 「청소년 통신언어의 문화적 의미 연구」, 석사학위논문 서강대학교 언론대학원.

권순희(2001), 「컴퓨터 통신 대화의 언어적 특성 고찰」, 『국어교육』 105권, 한국국어교육연구회.

권연진(1998), 「컴퓨터 통신의 언어학적 연구」, 『언어과학』 5권 2호, 한국언어학회 동남지회.

______(2000), 「컴퓨터 통신 언어의 유형별 실태 및 바람직한 방향」, 『언어과학』 7권 2호, 한국언어학회 동남지회.

권오경 · 서은아(2002), 『인터넷 통신어휘 사전』, 동인.

권혜련(2001), 「컴퓨터 통신 언어의 언어학적 연구-컴퓨터 통신 대화방 언어를 중심으로」, 석사학위논문 고려대학교 대학원.

김민수(1999), 『현대의 국어연구사』, 박이정.

김민희(2003), 「통신언어의 양상과 기능에 대한 연구」, 석사학위논문 홍익대학교 교육대학원.

김봉섭(1998), 「PC통신에서의 언어 폭력에 관한 연구」, 경희대언론정보대학원 석사논문.

김상태(2000), 「'형태자소적 쓰기(morphographemic writing)'에 대하여」, 『언어학』 제4호, 중원언어학회.

김영기(2003), 「고교생들의 채팅 언어 연구」, 석사학위논문 충북대학교 대학원.

김영명(2001), 「올바른 인터넷 문화 방해하는 언어훼손」, 『정보통신윤리』 26호, 정보통신윤리위원회.

김욱영(2002), 「통신언어가 가상공간의 숙의에 미치는 영향에 관한 연구」, 석사학위논문 연세대학교 대학원.

김완진(1996), 『음운과 문자』, 신구문화사.

김주덕(2002), 「고등학생의 통신 언어 사용 실태에 대한 연구」, 석사학위논문 강원대학교 대학원.

김지은(1996), 「언어 의식에 대한 사회언어학적 연구 - 한·일대학생의 실태조사를 중심으로」, 석사학위논문 중앙대학교 대학원.

김해성(1969), 「은어로 본 시대감각」, 『여성동아』 20호, 동아일보사.

김현주(1995), 「컴퓨터통신의 매체적 특성에 관한 연구」, 『한국언론학보』 34권, 한국언론학회.

김혜숙(1991), 『현대국어의 사회언어학적 연구』, 태학사.

김희숙(1994), 「공손 '-(어)요'의 비공손관계 '-어'의 통시적 분석」, 『어문논집』, 4집, 숙명여자대학교

______(1996), 「수행머뭇소 '-요'와 대화격률」, 『인문과학논집』 16집, 청주대학교 인문과학연구소.

노형남(2000), 「한국어 채팅 표현에 관한 연구」, 『사회언어학』 8권 2호, 한국사회언어학회.

도효근(2001), 「통신 언어가 국어 생활에 미치는 역기능 연구」, 『어문연구』 37권, 어문연구학회(어문연구회).

류승호(1997), 「싸이버스페이스에서의 자아와 공동체」, 『창작과 비평』, 창작과 비평, 봄호.

리의도 외 9인(2000), 『우리 말글과 문학의 새로운 지평』, 역락.

문화관광부(2001), 『(연구 보고서)통신언어 어휘집』, 문화관광부.

민현식(2001), 「정보통신 언어의 순화 및 정보윤리교육의 학교교육 활용방안 연구」, 교육인적자원부.

박동근(2001), 「통신언어의 유형에 따른 언어학적 기능 연구」, 『어문학연구』 11권, 상명대학교 어문학연구소.

______(2002), 「통신언어의 유형에 따른 언어학적 기능 연구」, 『한말연구』 10권, 한말연구학회.

朴秉喆(1990), 「國語 同音語의 定義와 範疇에 관한 硏究」, 『論文集』 26권 1호, 西原大學校.

박수자(2000), 「의사소통 매체와 언어 표현의 특징」, 『국어교육학연구』 10권, 국어교육학회.

박영순(1984), 「사회언어학이란」, 『문법연구 제5집』, 문법연구회.

박용찬(2002가), 「통신 언어의 이해 - 줄인 말」, 『새국어소식』, 42호, 국립국어연구원.

______(2002나), 「통신 언어의 이해 - 너無너無 사랑한Day(?)」, 『새국어소식』, 43호, 국립국어연구원.

______(2002다), 「통신 언어의 이해 - ㄱㅎ ㅊㅋ(?)」, 『새국어소식』, 44호, 국립국어연구원.

______(2002라), 「통신 언어의 이해 - 이모티콘」, 『새국어소식』, 45호, 국립국어연구원.

______(2002마), 「통신 언어의 이해 - 안냐세엽」, 『새국어소식』, 46호, 국립국어연구원.

______(2002바), 「통신 언어의 이해 - 하이루~」, 『새국어소식』, 47호, 국립국어연구원.

______(2002사), 「통신 언어의 이해 - CU@K리그」, 『새국어소식』, 48호, 국립국어연구원.

박현구(1997), 「PC통신 게시물의 유사언어적 표현에 관한 연구」, 연세대 석사논문.

백경녀(2001), 「청소년의 언어 사용실태와 개선방안 연구-통신언어 및 일상언어를 중심으로」, 석사학위논문 가톨릭대학교 대학원.

부재희 외(1999), 『인터넷 세레나데 1』, 감자.

석원정(1998), 「사이버스페이스에서의 언어생활에 관한 고찰」, 『청파문학』 21집, 숙명여대 국어국문학과.

소만섭(2000), 「컴퓨터에 의한 언어적 커뮤니케이션」, 『獨逸文學』 73권 1호, 한국독어독문학회.

손지영(2001), 「이모티콘」, 『연세춘추』 1433호.

송경숙(2000), 「Interaction Strategies in Cyber, Computer-Mediated Communication: Metaphor and Repetition」, 『한국사회언어학회 학술발표자료집』.

송민규(2000), 「PC 통신 언어에 나타나는 음절 수 감소 현상에 대한 고찰-최적상 이론을 중심으로」, 석사학위논문 고려대학교 대학원.

______(2001), 「PC 통신 언어에서 나타나는 폐음절화의 경향」, 『국제어문』 24권, 국제어문학회

양난주(1994), 「컴퓨터통신의 무법자 김완섭 : 얼굴없는 외침, 성역없는 컴퓨터통신의 토론문화 - 섹스를 말하고 운동권을 자극하면 뜬다」, 『월간 사회평론 길』 94권 10호, 사회평론.

연규동(1998), 『통일시대의 한글맞춤법』, 박이정.

오은영(2000), 「PC통신 어휘에 관한 연구」, 석사학위논문 인천대교육대학원.

왕문용 · 민현식(1993), 『국어 문법론의 이해』, 개문사.

월터 제이. 옹(1995), 『구술문화와 문자문화』, 이기우, 임명진 옮김, 문예출판사.

윤상한(2001), 「韓,日 컴퓨터 通信言語의 社會言語學的 硏究」, 석사학위논문 동국대학교 대학원.

윤희수 · 유상철 · 신경선(2002), 「e - Learning을 활용한 정보교육의 방향 : 인터넷 통신 언어의 올바른 사용을 위한 웹 기반 프로그램 개발」, 『2002년 동계 학술발표논문집』 7권 1호, 한국정보교육학회.

이경민(2003), 「통신언어의 국어학적 연구 - 게시판 언어를 중심으로」, 석사학위논문 조선대학교 대학원.

이동우(1998), 「채팅언어의 특성에 관한 연구」, 석사학위논문 상지대학교 교육대학원.

이동현(2000), 「가상공간의 언어사용 실태 연구 - 컴퓨터 통신 및 인터넷의 대화방과 게시판을 중심으로」, 석사학위논문 한남대학교 대학원.

이미재(1989), 「언어변화에 관한 사회언어학적 연구 - 경기도화성방언을 중심으로」, 박사학위논문 서울대학교 대학원.

이미진(2003), 「통신언어 순화 시스템 설계 및 구현」, 석사학위논문 이화여자

대학교 교육대학원.

이민재(1997), 「한국 PC통신 문화에 대한 연구」, 박사학위논문 경희대학교 대학원.

이선희(2000), 「컴퓨터 대화방 언어 고찰」, 석사학위논문 전남대학교 대학원.

이승후(2002), 「통신 언어의 특징과 문제점」, 『새국어교육』 64권, 한국국어교육학회.

이용욱(1997), 「전자 언어의 구술성과 문자성」, 『한국사회와 정보문화』, 한국정보문화센터.

이익섭(1986), 『국어학개설』, 학연사.

______(2000), 『사회언어학』, 민음사.

이익섭 · 임홍빈(1988), 『국어문법론』, 학연사.

이익환(1995), 『의미론 개론』, 한신문화사.

이정민(1994), 「PC에 나타난 청소년 언어사용 유형 분석」, 『PC통신이 청소년 언어 생활에 미치는 영향』, 청소년 유해 환경 감시단 보고서 7, 서울 YWCA.

이정복(1997), 「컴퓨터 통신 분야의 외래어 및 약어 사용 실태와 순화 방안」, 『외래어 사용 실태와 국민 언어 순화 방안』, 국어학회.

______(1998), 「컴퓨터 통신 분야의 외래어 사용」, 『새국어생활』, 8권 2호, 국립국어연구원.

______(2000가), 「통신 언어로서의 호칭어 '님'에 대한 분석」 『사회언어학』 8권 2호, 한국사회언어학회.

______(2000나), 『바람직한 통신언어 확립을 위한 기초연구』, 연구보고서, 문화관광부.

______(2001가), 「10대 청소년들의 통신언어 사용의 문제점」, 『한글사랑』, 2001 봄호, 한글사.

______(2001나), 「통신 언어 문장종결법의 특성」, 『우리말글』 22권, 우리말글학회.

______(2001다), 「인터넷 통신 언어의 밝은 미래를 위하여」, 『정보통신윤리』 26호, 정보통신윤리위원회.

______(2002가), 「전자편지 언어에 나타난 우리말 변용 현상」, 『사회언어학』 10권 1호, 한국사회언어학회.

______(2002나), 「통신 언어 문장종결법의 사회언어학」, 『사회언어학』 10권 2호, 한국사회언어학회.

______(2003), 「인터넷 통신 언어의 이해」, 월인.

이종옥(2002), 「통신 언어의 어휘 오용 실태 연구」, 석사학위논문 여수대학교 대학원.

이진성(1999), 「약자 언어 및 통신어(chatting language)에 대한 고찰: 신세대 언어를 중심으로」, 『사회언어학』 7권 2호, 한국사회언어학회.

______(2001), 「한국대학생들의 맞춤법 오용 실태 - 통신어의 영향을 중심으로 -」, 『사회언어학』 9권 2호, 한국사회언어학회.

이채연(2001), 「인터넷의 매체 언어성과 국어 교재화 탐색」, 『국어교육』 104권, 한국국어교육연구회.

이희승 · 안병희(1989), 『한글 맞춤법 강의』, 신구문화사.

임규홍(2000), 「컴퓨터 통신 언어에 대하여」, 『배달말』 27권, 배달말학회.

임지룡(1992), 『국어의미론』, 탑출판사.

임칠성(2000가), 「컴퓨터 대화방 '글말'의 어휘에 대한 계량적 고찰」, 『국어교육학연구』 10권, 국어교육학회.

______(2000나), 「컴퓨터 공개 대화방 대화의 매체 언어적 성격과 대화양식 고찰」, 『텍스트 언어학』 9호, 텍스트언어학회.

장태진(1998), 『국어 변말의 사회언어학적 연구』, 한국문화사.

전병용(2002), 「통신 언어의 음운론적 특성에 대한 연구 - 대화방 언어를 중심으로 -」, 『한국언어문화』 21권, 한국언어문화학회.

全炳徹(1997), 「錦山 地域語의 音韻現象에 대한 社會言語學的 硏究」, 박사학위논문, 충북대학교 대학.

______(2000), 「채팅 언어에 대한 연구」, 『개신어문연구』, 제17집, 개신어문연구학회,

전은진(2000), 「컴퓨터 통신 대화 연구」, 석사학위논문 한양대학교 대학원.

鄭光俊(2000), 「PC通信이 青少年에게 미치는 惡影響에 관한 硏究」, 석사학위논문 수원대학교 대학원.

정기도(2000), 『나, 아바타, 그리고 가상세계』, 책세상.

정명규(2001), 「컴퓨터 통신 언어 지도 방안 연구」, 석사학위논문 경상대교육대학원.

정무사(2002), 「국어 통신언어 교육의 방향 연구」, 석사학위논문 건국대학교 대학원.

정연찬(1994), 『한국어 음운론』, 개문사.

정정덕(2000), 「요즘 고교생들의 사이버 어휘 특징」, 『人文論叢』 7권 1호, 창원대학교 인문과학연구소.

정태영(1997), 『사이버스페이스 문화읽기』, 나남출판.

정호성(1999), 「통신 언어의 이해 - 컴퓨터 대화방의 언어」, 『새국어소식』 14호, 국립국어연구원.

조성문(2002), 「국어 어문규정에 대한 신세대의 인지도 분석」, 『사회언어학』 10권 1호, 한국사회언어학회.

조오현 · 김동경 · 박동근(2002), 『컴퓨터 통신언어 사전』, 역락.

조항범(1997), 『다시 쓴 우리말 어원 이야기』, 한국문원.

眞田信治외 3인 공저(1995), 『사회언어학의 방법』, 임영철 외 2인 공역, 시사일본어사.

차인태(2001), 「PC통신 언어 분석」, 『음성과학』 8권 3호, 한국음성과학회.

천세옥(2003), 「통신언어 사용 실태 분석을 통한 국어 순화 방안」, 석사학위논문 충북대학교 대학원.

최용호(2000), 『언어와 시간』, 박이정.

崔元福(2003), 「컴퓨터 通信言語의 實態와 改善 方向」, 석사학위논문 원광대학교 대학원.

최은설(2003), 「청소년 통신언어 사용실태와 지도방안 연구」, 석사학위논문 상명대학교 대학원.

최인주(2003), 「가상 공간에서의 언어 오용 실태와 지도 방안 연구」, 석사학위논문 여수대학교 대학원.

최창열 · 심재기 · 성광수(1995), 『국어의미론』, 개문사.

태평무(1999), 『사회언어학연구』, 박이정.

한국정보문화센터(1999), 『정보통신 용어해설집』, 한국정보문화센터.

한세규(2002), 「전자 게시판의 언어 연구 - 수원 소재 중학교 홈페이지를 대상으로」, 석사학위논문 경기대학교 대학원.

한인숙(2001), 「인터넷 언어에 대한 고찰」, 석사학위논문 한양대학교 교육대학원.

홍경하(2002), 「통신언어 사용에 대한 한일 비교연구」, 석사학위논문 中央大學校 大學院.허웅(1997), 『국어음운학』, 샘문화사.

황상민 · 한규석 편저(1999), 『사이버공간의 심리』, 박영사.

Jennifer Coats(1998), *Women, men and Language* 김희숙 역, 『성과 언어』, 청주대

학교출판부.
Larry Dwan Chong(2000), 「Cybernyms as a Sociolect」, 『한국사회언어학회 학술발표자료집』.
Nina Vinogradova(2000), 「On the Function of Russian Computer Sublanguage in Comparison with other Sublanguage and Argots(The Sociolinguistic Aspects of the Problem)」, 『한국사회언어학회 학술발표자료집』.
Peter Trudgill(1998), *Sociolinguistics : An Introduction*, 황보근 역주, 『사회언어학 입문』, 문창사.
Ralph Fasold(1994), *Sociolinguistics of Language*, 황적륜외 공역, 『사회언어학』, 한신문화사.
Ronald Wardhaugh(1999), *An Introduction to Sociolinguistics*, 박의재 · 정미령 공역, 『현대사회언어학』, 한신문화사.

2. 보도자료

경향신문, 「'채팅상대 만나 좋았다' 40% 천리안 네티즌 1,400명 설문조사」, 1999. 10. 11.
국민일보, 「스타크는 청소년들 공통언어」, 1999. 9. 19.
________, 「인터넷 '언어오염'」, 2000. 10. 9.
________, 「통신언어 문법파괴 심각」, 2002. 1. 22.
________, 「답안 · 일기장에도 '넵', '안농' 인터넷 언어훼손 영향 심각」, 2002. 10. 8.
________, 「'문팅'에도 예절교육을」, 2002. 10. 10.
굿데이, 「[신 러브은어의 기원] 사이버 공간 발달, 인터넷 한몫」, 2001. 1. 7.
______, 「신세대 언어 '이모티콘' 만드는 여자 세종대왕」, 2002. 8. 19.
내외경제, 「언어 오 남용 심각」, 2001. 7. 12.
대한매일, 「오염된 통신언어」, 2001. 7. 27
동아일보, 「PC통신 유료가입 1백명 돌파」, 1996. 5. 7.
________, 「PC통신 이용자 年 1천 3백억원 '헛돈' 쓴다」, 1996. 11. 6.

________, 「올해 유행어 '공주병, 빠떼루 줘얍니다'」, 1996. 12. 15.
________, 「김현주의 넷? 넷! — 출발! PC통신 ①」, 1998. 1. 6.
________, 「김현주의 넷? 넷! - 대화방 초대」, 1998, 1, 13.
________, 「'넷'으로 사는 '넷세대' - '21세기 주역' 떠올라」, 1998. 7. 20.
________, 「디지털사회의 새좌표 - 문학/문자 - 전자매체의 공존」, 2000. 5. 8.
________, 「한국문화 세계화를 위하여」, 2000. 4. 20.
________, 「알쏭달쏭 사이버언어 2350개...우리말 훼손 심각」, 2002. 1. 23.
________, 「펀버누? 쇠욜?...'통신언어 다시보기'展」, 2002. 10. 8.
________, 「사이버욕설 예쁜 말로 바꿔줍니다」, 2003. 12. 15.
디지털타임스, 「한글파괴 "네티즌 인식조사"」, 2002. 10. 9.
__________, 「잠깐! 당신의 채팅언어 실력은..」, 2002. 10. 9.
__________, 「<e라이프-眞e Life> 진이, 타이포그래피 전시회 "한울전" 가다.."색다른 한글" 다 모였네」, 2002. 10. 15.
매일경제, 최혜실, 「손가락으로 수다떨기」, 2002. 1. 4.
________, 「괴상한 인터넷언어 고치자」, 2002. 10. 8.
________, 「남북언어 공동연구협의회 만든다」, 2002. 10. 9.
문화일보, 「PC통신인구 500만명 넘어서」, 1998. 12. 3.
소년동아일보, 「초등생 48% 일상생활서 통신언어 사용」, 2002. 8. 1.
소년한국일보, 「사이버 공간에서 올바른 언어를 사용하자」, 2000. 8. 16.
__________, 「변형된 통신 언어, "어린이 의사 소통 장애 일으킬 수 있다"」, 2002. 1. 24.
스포츠서울, 「PC통신 · 인터넷 대화방 은어」, 1999. 9. 27.
스포츠조선, 「PC통신에 난무하는 "스타크 언어폭력"」, 1999. 9. 28.
__________, 「'스타크'용어 모르면 왕따」, 1999. 4. 5.
__________, 「신세대는 '이모티콘'으로 통한다」, 2000. 4. 3.
__________, 「PC통신 은어, 괴단어 남발 사회적 확산」, 2000. 12. 27.
스포츠투데이, 「인터넷에선 모음(母音)도 필요없다?」, 2000. 3. 17.
__________, 「사이버언어」, 2000. 11. 15.
__________, 「문자메세지 상징 기호 옥스퍼드 사전 올랐다」, 2001. 7. 16.
__________, 「온라인 언어 오프라인 외출 러시」, 2001. 7. 22.
__________, 「'탸콰 더응 칭九들乙'…한글 맞아?」, 2001. 10. 8.

__________, 「'아햏햏 인도 외계송' 인기」, 2002. 10. 9.
시티라이프, 「우리말, 자부심을 갖고 쓰자」, 2002. 8. 22.
연합뉴스, 「통신언어, 표준어 사용에 악영향」, 2002. 10. 7.
오마이뉴스, 「"인터넷"상의 언어 테러」, 2002. 5. 9.
__________, 「'랑그'에서 해방된 '빠홀'」, 2002. 10. 1.
__________, 「언어파괴는 이제 그만!」, 2002. 10. 12.
일간스포츠, 「문자그림 "신기해요… 놀라워요"」, 2002. 1. 31.
__________, 「'인터넷 언어능력시험' 도전해보세요」, 2002. 10. 8.
제주일보, 「신세대 - 은어, 그들만의 언어」, 2000. 4. 30.
조선일보, 「말의 폭력」, 1997. 10. 9.
________, 「PC통신이 국어 오염시킨다」, 1997. 12. 13.
________, 「PC통신 '번개모임' 활발」, 1998. 11. 12.
________, 「인터넷 채팅에 네티즌 몰린다」, 1999. 3. 3.
________, 「사이버 공간 영어」, 1999. 10. 28.
중부매일, 「청소년 통신 유행어 확산」, 2000. 4. 25.
________, 「사이버 공간 예절 지키자」, 2000. 4. 27.
중앙일보, 「PC통신 언어파괴」, 1997. 10. 8.
파이낸셜뉴스, 「도넘어선 채팅은어 일상용어까지 변질」, 2002. 2. 18.
파이낸셜뉴스, 「'빗나간' 채팅언어 '멍'드는 한글」, 2002. 10. 8.
한겨레신문, 「"통신언어가 일상언어도 바꿔" 68%」, 1999. 11. 8.
한겨레신문, 「WP, 네티즌 채팅용어 소개」, 1999. 12. 15.
한겨레신문, 「방송·통신이 먼저 우리말 아름답게」, 2002. 10. 8.
한국교육신문, 「<이렇게 생각한다> 통신 언어예절 지키자」, 2000. 10. 9.
한국교육신문, 「'사이버폭력과 학교공동체 붕괴' 토론회 중계」, 2000. 10. 9.
한국경제신문, 「네티즌 사이버문화 '이모티콘' 사이버언어로 인기」, 1999. 11. 2.
____________, 「'하루 3시간이상 서핑' 48% - 설문조사 주용내용」, 2000. 5. 25.
____________, 「'이모티콘스타' 김슬기씨. 기호등에 감정넣는 '요술공주'」, 2000. 6. 28.
____________, 「[사이버 우먼] 조문주 <지어소프트 디자이너>. 신세대 언어 '조련사'」, 2002. 12. 10.
한국일보, 「인터넷라이프/그래픽뉴스 ; 전자우편, 채팅 이용정도」, 1999. 10. 8

________, 「네티즌 은밀한 채팅 온라인글 분석되고 있다」, 2000. 4. 24.
________, 「통신 비속어의 '염치없는 외출'」, 2000. 7. 2.
________, 「'사이버 폭력' 위험 수위 도달, 이래서는 안된다」, 2000. 10. 4.
________, 「추카등 통신비속에 삼가자」, 2001. 10. 8.
________, 「문화부 통신언어 분석 '어휘집' 발간」, 2002. 1. 23.
________, 「gㅔ시㉸ㄴ」, 2002. 10. 4.
________, 「한글의 빛과 그림자」, 2002. 10. 8.
________, 정준영, 「국어오용 감시기구 만들자」, 2002. 10. 16.
Moneytoday, 「인터넷 한글파괴현상 우려수준」, 2002. 10. 7.
inews24, 「인터넷 한글파괴현상 심각」, 2002. 8. 28. http://www.inews24.com
_______, 「사이버세계를 강타하는 '아햏햏' 신드롬」, 2002. 8. 29.
_______, 「e사람 - '아햏햏' 신드롬의 산파...김유식 디지털인사이드 사장」, 2002. 8. 30.
_______, 「인터넷 언어 바로 쓰기 운동 확산」, 2002. 10. 4.

3. 인터넷 자료

「통신언어모음」, 골드뱅크 홈페이지, http://www.goldbank.co.kr/gb_event/chat
「청소년만의 은어」, 데임클럽라이프 웹사이트, http://dame.street.co.kr/education/high/4040105.htm
「또다른 만남」, 문화칼럼 홈페이지, http://culture.w21.net/report/chat-1.htm
「사이버 공간의 언어」, 문화칼럼 홈페이지, http://culture.w21.net/report/chat-2.htm
「김상욱의 껨방 24시 텍스트 채팅의 모든 것」, 사이버 저널 홈페이지, http://www.ssyber.com/site/data/html
「사이버 세대의 은어통신」, 사이버연구소 홈페이지, http://user.chollian.net/~hocon
「채팅방의 무법자를 체포하라!」, 서강대학교 홈페이지, http://www.sogang.ac.kr/~sogpr/albatross/vol17/34.htm
「컴퓨터 통신언어의 사회언어학적 연구」, 서경대 국어국문학과, 전국국어국문학과연합 홈페이지, http://www.kukmun.co.kr

「퓨전문화에 대한 짧은 글」, 서윤아의 홈페이지 About21, http://my.netian.com/~yunasuh/han.html
「N generation」, 성골롬방병원보, 목포카톨릭병원 웹사이트, http://www.mpcatholic.co.kr/mag/num100/100_31.html
슬기의 '이모티콘 세상' 홈페이지, http://special.hompy.com
「또 다른 세계 속 그들의 언어- 사이버 공간 속 통신언어 이야기」, 영생고등학교 홈페이지, http://w235.contest21.com/~zozick/bbg/1999/text38.htm
「1318, 그들만의 언어가 있다」, 예잔티 홈페이지, http://yesanti.com/webzink/gigigo/mal.htm.
「단원 4 통신어(인터넷 영어)의 분석 및 영향」, 용문의 홈페이지, http://dragon.skku.ac.kr/~sungeum/ocu/NetEng/21401.html
「네티즌이 사용하는 인기 채팅용어」, 원주권알림터 홈페이지, http://www.wonju.co.kr
「'사이버언어' PC통신 언어」, 이름과 운명 홈페이지, http://baby.name.co.kr/main4-8.htm
「"담탱이한테 당하고 쑝쑝대?"」, 이상현의 국어책에 없는 국어이야기 웹사이트, http://edu. nuguna.com/classroom/class10.html
「이모티콘의 세상(EMOTICON)」, 이정식의 홈페이지, http://myhome.hananet.net/~jslee402/이모티콘.html
「컴퓨터 통신어 연구 - 통신대화실 Chatting語를 중심으로」, 인하대학교 국어국문학과, 천리안. 「지상토론 10대의 은어사용」, 제주도 교육청 웹사이트, 제주교육리뷰 77호 99. 7. 1. http://203.234.44.2/~review/review77/77-6.htm
「"인터넷, 채팅 등에서 은어, 비어를 사용하는 것에 대해"에 대한 토론 내용」, 젝시틴틴 홈페이지, http://tt.xy.co.kr/main/discuss
「컴퓨터 통신 언어 사용의 문제점(PC통신)」, 천리안 홈페이지, http://user.chollian.net~godshand/old/bd002.html
「신세대 채터들의 새로운 언어, 채팅 은어 & 약어」, 충북대학교 안재형 교수 홈페이지, http://image.chungbuk.ac.kr/doc/life/chatword.html
「통신 언어 오용 및 언어 폭력」, 클린존 프로젝트 홈페이지, http://www.baikdoo.pe.kr/cleanzone/data/data.htm
「한국 인터넷 사용자 실태조사」, http://members.tripod.lycos.co.kr/basicgrp/ec/kiuse.html
「청소년들의 은어 "왕따되기 싫어요!"」, 한국천주교 살레시오회 웹사이트,

http://www.donboscorea.org/dboscorea/news/97-11/24.html
「퓨전시대」, 한국통신프리텔 n016 웹사이트, http://www.n016.co.kr/inyou2/theme/fusion/age/age.html
「통신어학당1」, Cybersix's home 사이트, http://user.chollian.net/~cybersix/1-01.html
「통신어학당2」, Cybersix's home 사이트, http://user.chollian.net/~cybersix/1-02.html
「편지쓰는 남자, 통신하는 여자」, Daum 기획/특집 사이트, http://issue2.daum.net/20020502_language
「사이버 사랑」, Game Game 홈페이지, http://www.ggam.co.kr/webzin/칼럼/column06-사이버사랑.htm
「N세대 이해하기 - 언어편」, IMAZINE 홈페이지, http://imazine.co.kr/ibcolumn/ibz_09.htm
「답」, mirugi's ROSEBUD 웹페이지, http://mirugi.com/k/cafe/ktaff268.html
「N세대의 대화법」, POTATOZINE 홈페이지, http://www.potatozine.pe.kr
「채팅초보를 위한 인터넷 채팅특강」, SBS방송국 컴퓨터 잡지 목차 서비스 웹페이지, http:// ps.sbs.co.kr/IT/Mag/9809/int09a.htm
「통신언어 맞춤법 통일안」, Weekly매일 홈페이지, http://www m2000.co.kr/week/

저자 정진수(鄭震秀)

- 1973년 충북 청주 출생
- 청주대학교 국어국문학과 졸업
- 청주대학교 대학원 석사 및 박사과정 수료, 문학박사
- 현 청주대학교, 영동대학교 강사

| 논저 |

- 컴퓨터 통신언어 연구(박사논문)
- 우리말과 말하기(공저)
- 우리말과 글쓰기(공저)

컴퓨터 통신언어 연구

인 쇄 2005년 01월 25일
발 행 2005년 01월 31일

저 자 정 진 수
펴낸이 이 대 현
편 집 박 윤 정
펴낸곳 도서출판 역락
서울 성동구 성수 2가 3동 301-80 (주)지시코 별관 3층
전 화 : 3409-2058, 3409-2060 FAX : 3409-2059
홈페이지 : http://www.youkrack.com
이메일 : youkrack@hanmail.net
등 록 1999년 4월 19일 제2-2803호

정 가 10,000원
ISBN 89-5556-350-7-93710